Klaus Schuller, Heino Stöver (Hrsg.)

Akzeptierende Drogenarbeit

Ein Gegenentwurf zur traditionellen Drogenhilfe

Für Erhard Hoffmann, den ehemaligen Leiter der Justizvollzugsanstalt Bremen-Oslebshausen, der in einem schwierigen Wirkungsfeld stets engagiert, kritisch und mutig geblieben ist.

Klaus Schuller, Heino Stöver (Hrsg.)

Akzeptierende Drogenarbeit

Ein Gegenentwurf zur traditionellen Drogenhilfe

Lambertus

Die Deutsche Bibliothek – CIP-Einheitsaufnahme

Akzeptierende Drogenarbeit: ein Gegenentwurf zur traditionellen Drogenhilfe / Klaus Schuller; Heino Stöver (Hrsg.). – 2., aktualisierte Aufl. – Freiburg im Breisgau: Lambertus, 1991

ISBN 3-7841-0581-5

NE: Schuller, Klaus [Hrsg.]

2., aktualisierte Auflage 1991

Umschlaggestaltung: Christa Berger, Solingen
Umschlagfoto: Christoph Maas, Solingen
Satz: Computersatz Diesch, Freiburg im Breisgau
Druck: F. X. Stückle, Ettenheim
ISBN 3-7841-0581-5

Inhalt

Einleitung

Die Drogenarbeit in der BRD befindet sich in einer Umbruchphase, in der es zu einer Neudiskussion der theoretischen Prämissen und praktischen Ausrichtungen ihrer bisherigen Arbeit kommt. Zwei Prozesse haben diesen Umbruch maßgeblich beeinflußt:
1. Immanente Kritik an der inhaltlichen Ausrichtung, Wirksamkeit, Reichweite und an den Zielperspektiven traditioneller Drogenarbeit.
2. Ansteigen der HIV-Infektion und AIDS-Erkrankung unter intravenös (i.v.) applizierenden Drogenkonsumenten.
Die Grenzen der traditionellen Drogenarbeit werden evident, und ihre Ausrichtung auf unmittelbare Abstinenz als Zielvorgabe für die Gesamtheit der behandlungs- und hilfsbedürftigen Drogenkonsumenten wird zunehmend hinterfragt.

Die Kritik richtete sich vor allem an:
- Die Eindimensionalität des Angebots. Mit der Dominanz des Konzeptes "Stationäre Langzeittherapie" wurden andere Ansätze in der Drogenarbeit vernachlässigt. Formen "ambulanter Therapie" etwa wurden inhaltlich und materiell kaum gefördert ebensowenig wie Angebote, die nicht primär dem Abstinenzanspruch verpflichtet waren, sondern vor allem eine Verbesserung der sozialen und medizinischen Grundversorgung der Heroinkonsumenten zum Ziel hatten.
- Die Selektivität der Hilfe. Die hochschwellige Forderung nach Abstinenz als Voraussetzung für qualifizierte Hilfe konnte all diejenigen nicht erreichen, die ihren Drogenkonsum momentan nicht aufgeben wollten oder konnten. Sie blieben von den ausschließlich abstinenz-orientierten Angeboten unerreicht.
- Die Reichweite dieses herrschenden Angebots wird als relativ gering eingeschätzt (10 - 30 %). Insbesondere eine wachsende gesundheitliche und soziale Verelendung eines großen Teils von Drogenabhängigen (die sogenannten Altfixer, oder "therapieresistenten Fixer") machte deutlich, daß man dieser Klientel wenig anzubieten in der Lage war.
Auch das Bundesmodellprogramm, das sich schwerpunktmäßig mit der nachgehenden Sozialarbeit auf diesem Sektor befaßte, konnte keine überzeugenden Ergebnisse erbringen.
Formen medikamentengestützter Rehabilitation konnten sich nicht, wie etwa im gesamten übrigen europäischen Ausland, entwickeln oder gar bewähren.
- Geringe Effizienz der Behandlung. Kritik wurde laut angesichts einer - gemessen an dem großen materiellen und personellen Aufwand - relativ

geringen Effizienz der Behandlung. Die hohen Abbrecherquoten innerhalb der ersten 4 bis 8 Wochen nach Therapiebeginn machten eine geringe Haltekraft und Akzeptanz dieses Angebots deutlich.
- Mangelnde Akzeptanz des Angebots. Problematisiert wurde vor allem die Unfreiwilligkeit des Zugangs sowie das Theorem des "Leidensdrucks", das davon ausgeht, Klienten müßten erst am Tiefpunkt ihrer Karriere angelangen, um ausreichend für eine Abstinenztherapie motiviert zu sein. Ein sehr hoher Anteil der Zugänge erfolgt über richterliche Auflagen (§ 35ff BtMG).

Die geringe Reichweite der traditionellen Drogenarbeit erschwerte es, eine wirksame AIDS-präventive Arbeit im Drogenbereich zu entwickeln und elementare Maßnahmen im Bereich der praktischen Gesundheitsfürsorge zu verwirklichen. Die Verbreitung der Immunschwächekrankheit unter i.v. Drogenabhängigen konfrontierte die traditionelle Drogenarbeit mit der Sinnfrage. Der Anspruch von Drogenfreiheit rückte dabei in den Hintergrund zugunsten von Notwendigkeiten, mit den Klienten in einen direkten und vertrauensvollen Dialog zu treten, Kontakt herzustellen und mehr voraussetzungs- und bedingungslose Hilfe zu leisten.
Nicht zuletzt die Angst vor dem Eindringen der HIV-Infektion in die heterosexuelle "Normalbevölkerung" ermöglichte eine bisher nicht gekannte Offenheit im fachlichen Diskurs. Allerorts werden Konzepte diskutiert, die deutlich werden lassen, woran es derzeit in der professionellen Hilfe mangelt: an der Akzeptanz des Süchtigen. Plötzlich werden aus den unterschiedlichsten politischen Lagern Ausstiegshilfen und Methadonprogramme für weibliche und männliche Prostituierte oder Methadon für AIDS-kranke Drogenabhängige gefordert. Spritzenumtauschprogramme, niedrigschwellige Entgiftungsangebote und Übergangswohnprojekte ohne absoluten Abstinenzanspruch sind weitere Tätigkeitsfelder, die diskutiert und konzeptionell entwickelt werden.
Beide Prozesse der Infragestellung traditioneller Umgehensweisen mit Drogenkonsumenten führten bereits zu einer größeren Pluralität in den Angeboten. Dabei wurden neue Konzepte eines adäquaten Umgangs entwickelt: "suchtbegleitende", "klientenorientierte", "nicht-bevormundende", "niedrigschwellige" oder "akzeptierende Drogenarbeit". Die letzten beiden Konzepte erhielten in der Diskussion der letzten Jahre eine besondere Relevanz. Eine Betrachtung dieser Konzepte ergibt, daß das, was unter "niedrigschwelliger Drogenarbeit" und "Suchtbegleitung" verstanden wird, eher eine Ergänzung bisheriger Angebote, eine Herabsenkung bisher zu hoher Schwellen und eine eher therapeutisch kontrollierte Begleitung der Sucht zum Ziel hat. Eine Erweiterung und Differenzierung traditioneller Angebote also.

Akzeptierende Drogenarbeit hingegen versteht sich als Gegenentwurf zum Selbstverständnis traditioneller Drogenarbeit. Ein Konzept, das unter den Bedingungen einer Kriminalisierung und Ausgrenzung Drogenabhängiger jedoch nur bedingt realisierbar ist: Der Mensch soll als Drogengebraucher akzeptiert werden, ohne eine Beratungs- und Behandlungsbedürftigkeit per se zu unterstellen und Lebensweltеingriffe vorzubereiten. Voraussetzung von unterstützender Hilfe sollte nicht ein bekundeter Abstinenzwille sein, sondern der Wunsch nach Veränderung oder Verbesserung der aktuellen Lebenslage.

Diesen Prämissen liegt die Erkenntnis zugrunde, daß ein Großteil der Probleme Heroinabhängiger und auch der Probleme, die die Gesellschaft mit ihnen hat, bedingt sind durch die Kriminalisierung des Umgangs mit dieser Droge, und daß nur ein geringer Teil dieser Probleme der Abhängigkeit von dieser Droge selbst geschuldet ist. Demgemäß versteht sich akzeptierende Drogenarbeit auch als politische Aufforderung, indem sie sich aktiv mit den sozialen und politischen Bedingungen ihrer Arbeit auseinandersetzt: Ausgrenzung und Konsequenzen einer entweder strafenden oder verkrankenden Umgehensweise werden deutlich gemacht, regionale, kommunale Versorgungslücken, Defizite aufgezeigt und voraussetzungslose Hilfe angeboten.

In den folgenden Beiträgen wird sichtbar, daß der Anspruch der Akzeptanz vor dem Hintergrund des politisch Machbaren, insbesondere in bezug auf den "Krieg gegen die Drogen", diskutiert und realisiert werden muß. Darüber hinaus geht es darum, ohne Denkverbote weitergehende Perspektiven zu erörtern. Die heutigen Aufgaben im Bereich der Drogen- und AIDS-Hilfe machen deutlich, daß es notwendig ist, Prämissen in Frage zu stellen, die gestern noch selbstverständlich waren.

Bremen, im August 1990 Klaus Schuller, Heino Stöver

Teil I

Entwicklungen in der Drogenpolitik und Drogenarbeit in der Bundesrepublik Deutschland

1. Akzeptierende Drogenarbeit - Entwicklungen, Bedingungen und Perspektiven (1)

Heino Stöver

In der professionellen Drogenarbeit sowie in der Selbsthilfe sind seit Mitte der 80er Jahre konzeptionelle und/oder praktische Umorientierungen festzustellen. Diese Umorientierung wurde in Begriffe gefaßt wie "nicht-bevormundende", "suchtbegleitende", "offensive", "klientenorientierte", "risikomindernde", "akzeptierende" oder "niedrigschwellige" Drogenarbeit mit "schwellenlosen Angeboten".

Bereits eine semantische Betrachtung dieser Begriffe weist auf Abgrenzungen gegenüber einer Drogenarbeit hin, die als "bevormundend" und "hochschwellig" wahrgenommen wurde. Zudem deuten diese Begriffe neue Akzente und Inhalte an, die in der traditionellen Drogenarbeit offenbar nicht oder nur ungenügend berücksichtigt wurden, wie etwa Angebote einzurichten, die darauf abzielen, gesundheitliche und soziale Risiken des kriminalisierten Drogenumgangs zu reduzieren.

In der Negation des Bestehenden wird allerdings nur ein vages Gegenkonzept zur herrschenden Drogenhilfe deutlich:

Schwellen im Zugang zur Drogenhilfe sollen abgebaut werden, um die Reichweite der Hilfsangebote zu vergrößern, insbesondere für die Drogengebraucher, die hochschwellige drogenfreie Angebote nicht mehr erreichen können oder wollen.

Eine Erhöhung der Reichweite ist nur durch bedürfnisgerechte, lebensweltnahe Ausgestaltung der Angebote möglich, die sich auf die Alltagsprobleme und Risiken der Gebraucher einlassen.

Eine Bevormundung durch beratende oder therapeutische Institutionen wird aufgegeben zugunsten der Betonung der Selbstbestimmung der Drogengebraucher.

Wenn für das vorliegende Buch der Begriff "Akzeptierende Drogenarbeit" gewählt wurde, so deshalb, weil in ihm Elemente einer praktischen und normativen Umorientierung ausgedrückt werden.

Auf der praktischen Ebene geht es also darum, den Drogengebrauch derjenigen zu akzeptieren, die ihren Gebrauch derzeit nicht aufgeben wollen oder können. Es werden Angebote eingerichtet, die voraussetzungslos genug sind, um zunächst Kontakt zu diesen Drogengebrauchern herzustellen. Ziel dieser Angebote ist es, die gesundheitlichen und sozialen Risiken des Drogengebrauchs zu reduzieren. Das sind Überlebenshilfen und Maßnahmen der Gesunderhaltung, die die Lebensphase der Abhängigkeit überhaupt und dann ohne irreversible Schäden (wie eine HIV-Infektion) überstehen helfen: Angebote des Gesundheitsschutzes (Spritzenabgabe, medizinische Basishilfen, nahrhaftes und billiges Essen, Organisation einer Substitutionsbehandlung) und der Wohnraumversorgung (Übernachtungs-, Übergangshäuser, Hilfe bei der Wohnungssuche). Rechtliche Hilfen (Rechtsbeistand, Sozialhilfeberatung, Schuldenregulierung, Haftvermeidung) dienen vor allem der Abfederung des Kriminalisierungsdrucks. Dabei sollen die Angebote bedürfnisgerecht ausgestaltet werden und niemanden von Hilfe ausschließen, sondern für alle Betroffenen zugänglich und erreichbar sein. Unterstützung soll daher auch nicht von einem Drogenfreiheitswunsch abhängig gemacht werden.

Auf der normativen Ebene können folgende Prämissen akzeptierender Drogenarbeit formuliert werden:

Drogengebraucher haben, auch und gerade unter den Bedingungen des fortgesetzten Konsums, ein Recht auf menschenwürdige gesundheitliche und soziale Lebensbedingungen, sie müssen es nicht erst durch abstinentes und angepaßtes Verhalten erwerben,

Drogenkonsumenten können für sich selbst verantwortlich handeln. Freiwilligkeit in den therapeutischen Beziehungen und anderen Hilfsangeboten bildet daher eine unveräußerliche Grundlage.

Auch scheinbar unverständliches Drogenkonsumverhalten kann als eine persönliche Entscheidung mit einem anderen Wertkonzept akzeptiert werden, als ein Lebensstil - selbst wenn man ihn niemals übernehmen wollte.

Als professionelle Drogenarbeiter können und brauchen wir somit nicht zu wissen, was für Drogenkonsumenten richtig, sinnvoll und "gut" ist. Drogenarbeiter können zusammen mit den Gebrauchern Alternativen diskutieren und entwickeln; die Gebraucher entscheiden letztlich selbst.

Diese Prämissen deuten ein anderes Verständnis von Abhängigkeit an, das die Anteile von Selbstbestimmung und Verantwortlichkeit des Abhängigen neben suchtspezifischen Zwängen wieder betonen sowie die subjektive Bedeutung auch des fortgesetzten Konsums illegaler Drogen für einen Lebensstil bzw. die Zugehörigkeit zu einer Subkultur verstehen will (vgl. Wiese 1989, 177f). Es geht darum, die Objekt- und Opferzuschreibung für Drogengebraucher zu überwinden, um Selbstheilungskräfte und Betroffenenkompetenz besser fördern und nutzen zu können (siehe Teil IV, Kapitel 2). Dabei soll nicht die Ambivalenz jedes Drogenabhängigen von Aufhören- und Weitermachen-Wollen ausgeblendet werden. Für viele Drogengebraucher ist diese Ambivalenz jedoch nicht leicht auflösbar, und es müssen Formen des Umgehens damit gefunden werden.

Während also Akzeptanz des Drogenkonsumenten mit seiner Abhängigkeit die normative Handlungsanleitung darstellt, sind die Methoden ak-

zeptierender Drogenarbeit lebensweltnah und bedürfnisgerecht ausgestaltet. Ob diese Methoden dann schließlich "niedrigschwellig", "suchtbegleitend" oder "risikomindernd" genannt werden, ist relativ belanglos; diese Begriffe werden im folgenden synonym verwendet.
Die oben genannten Begriffe einer drogenarbeiterischen Umorientierung haben derzeit Hochkonjunktur: Es ist jedoch bei den einzelnen konkreten Angeboten zu fragen, ob es sich lediglich um eine - zweifellos notwendige - Methodenerweiterung, um eine neue Spielart innerhalb traditioneller Zusammenhänge der Drogenarbeit handelt oder ob sich tatsächlich normative Veränderungen in der Sichtweise gegenüber Rechten und Bedürfnissen von Drogengebrauchern und praktische Verbesserungen der Lebens- und Konsumbedingungen ergeben haben. Ist also das Abstinenzparadigma abgelöst worden durch eine differenzierte Sichtweise des Drogenkonsumenten und seiner Bedürfnisse oder wird das Abstinenzparadigma nur mit neuen, angemesseneren und verfeinerten Methoden versucht aufrechtzuerhalten? Diese Frage ist wohl von den Ansprüchen und Motiven her zu klären. Wenn niedrigschwellige Arbeit als Methode den traditionellen Angebotsfächer erweitert, werden darüber jedoch zwangsläufig auch die Prämissen der dort stattfindenden Drogenarbeit verändert, denn in Kontaktläden etwa formulieren die Gebraucher ihre Bedürfnisse selbst und stellen damit Herausforderungen an die Drogenarbeit, denen sie sich nicht entziehen kann. Die Befürchtung, daß Niedrigschwelligkeit zu einem Lockmittel für drogenfreie Angebote verkommt, blendet sowohl Entscheidungsfähigkeit der Konsumenten als auch ihre praktischen Probleme aus.
Die Umorientierung in der Drogenarbeit kann auf zwei Entwicklungen zurückgeführt werden: immanente Probleme traditioneller Drogenarbeit, was Reichweite und Haltekraft, also Effizienz ihrer Angebote, aber auch die Legitimität ihrer Prämissen und Methoden anbelangt und die wachsende Verbreitung von HIV und AIDS unter i.v. Drogengebrauchern. Diese beiden Entwicklungsstränge sind natürlich miteinander verknüpft; im folgenden werden sie jedoch gesondert untersucht.

Praxis und (Legitimations-)Probleme traditioneller Drogenarbeit - Grundlagen akzeptierender Drogenarbeit

Abstinenzorientierung

Die traditionelle Drogenarbeit war bis vor einigen Jahren gekennzeichnet von der Abstinenzorientierung, d.h. Persönlichkeit und Lebensstil der Drogenabhängigen sollten so verändert werden, daß eine lebenslange Abstinenz von den abhängigmachenden Drogen bewirkt wird. Eine Akzeptanz der Abhängigkeit und die Verbesserung der gesundheitlichen und sozialen Lebensbedingungen galt als "Komplizenschaft mit der Sucht", "Suchtverlängerung" oder "Suchtstabilisierung". Die Abstinenz war das Ziel aller Bemühungen. Drogenhilfe, die nicht unmittelbar auf dieses Ziel ausgerichtet war, galt als "vergebliche Liebesmüh'" oder wurde ausdrücklich als kontraproduktiv bewertet.

Diese Abstinenzfixierung hat in der Bundesrepublik eine lange Tradition: So hat die deutsche Ärzteschaft im Gegensatz zur englischen eine Verschreibung von Opiaten an Opiatabhängige als lindernde Therapie bereits seit den 20er Jahren abgelehnt und Drogenabhängigkeit als soziales Problem der Zuständigkeit der Psychiater und später der Soziotherapeuten überantwortet. Diese ihrerseits haben sich insbesondere seit Anfang der 70er Jahre zunehmend professionalisiert und die drogenfreie stationäre Langzeittherapie zum "Königsweg" der Behandlung Drogenabhängiger ausgebaut. In dieser stationären Langzeittherapie war Drogenfreiheit nicht nur Resultat, sondern auch Voraussetzung: nach der Beratung und Entgiftung sollte der Klient einer etwa 18monatigen Persönlichkeitsveränderung unterzogen werden, an deren Ende die Fähigkeit stehen sollte, drogenfrei leben zu können. Abgestützt wurde dieser Prozeß durch Nachsorgeangebote.

Diese Abstinenzorientierung war schließlich auch gesetzlich vorgegeben: mit der Verquickung von Therapie und Strafe bzw. mit der Integration der Therapie in die Strafvollstreckung, waren sowohl Ziel (§ 35 BtMG) (2) als auch institutionelle Vorgaben (§ 36 BtMG) (3) wie auch inhaltliche Auflagen (§ 35 3) (4) für eine Abstinenztherapie geschaffen worden.

Diese starke Betonung der Drogenfreiheit und die fast ausschließliche Fokussierung auf den Ausbau entsprechender drogenfreier Angebote unter Ausblendung "gegenläufiger" Ansätze stellte europaweit eher eine Ausnahme dar. In den Niederlanden oder der Schweiz etwa wurden bereits seit Ende der 70er Jahre beide Ziele gleichzeitig verfolgt: Schadensminderung und Gesunderhaltung sowie abstinenzorientierte Angebote.

Das Mittel zur Durchsetzung dieser Abstinenzfixierung war oft genug das Konzept des Leidensdrucks als stille Übereinkunft aller involvierten Kräfte. Dieses Konzept bzw. dieses Theorem geht davon aus, daß es dem Süchtigen erst dann gelingt, einen Drogenfreiheitswunsch zu entwickeln, wenn er "ganz unten" ist, das Leiden also so stark ist, daß sich eine Therapiewilligkeit quasi wie von selbst einstellt. Die Helfer, Therapeuten sowie Eltern und Freunde können durch Ausgrenzung, Kontaktabbruch etc. an der Erhöhung dieses Leidensdrucks ebenso mitwirken wie die Strafverfolgungsbehörden mit ihren entsprechenden Maßnahmen. Die Kriminalisierung und ihre bekannten Folgen werden, soweit

nicht pädagogisch/therapeutisch sogar erwünscht, zumindest billigend in Kauf genommen. Die Notwendigkeit und der Sinn des "helfenden Zwangs" war ein unhinterfragt gültiges Theorem des Umgehens mit Drogenabhängigen bei nahezu allen Professionen. Die Integration dieses Theorems in das Betäubungsmittelgesetz (über das Motto "Therapie statt Strafe") legitimierte es noch mehr und machte es dadurch selbstverständlich. Es unterstützte das paternalistische "Wir wissen, was das Beste für dich ist" der "guten Absichten"; eine mangelnde Therapiebereitschaft galt als fehlende Krankheitseinsicht. "Initialzwänge" und "Fremdmotivation" waren schon aus diesem Grunde legitim. Diese stillschweigende Entmündigung der Drogengebraucher drückt sich etwa in den Therapieverträgen aus, die zwischen Einrichtung und Klient abgeschlossen wurden, in denen der Klient auf wesentliche Grund- und Persönlichkeitsrechte verzichten mußte - etwa Besuchs-, Ausgangs-, Telefon-, Post-, Radio-, Fernsehverbot in der Aufnahmephase. Die Ausgestaltung dieser stationären Langzeittherapie trieb seltsame Blüten und ist bis heute ein unaufgearbeitetes Kapitel bundesdeutscher Therapiegeschichte (Müller/Schuller/Tschesche 1983).
Trotz randständiger Bedeutung soll hier jedoch eine "gegenläufige" Drogenarbeit nicht ausgeklammert werden. Es gab seit der Release-Bewegung Anfang der 70er Jahre stets auch Bemühungen, Drogenhilfe außerhalb der "Therapiekette" zu leisten. Dazu zählen lebensweltnahe Orientierungen, wie sie in der streetwork deutlich werden (Steffan 1988), Versuche ambulanter oder außerstationärer Therapie auch für Opiatgebraucher, Übernachtungshäuser (Hiereth 1989) oder Therapie ohne Einhaltung gesetzlich vorgeschriebener Rückmeldung bei einem Abbruch.

Akzeptanz des Alltäglichen: Abhängigkeit

Die akzeptierende Perspektive der Drogenarbeit verzichtet auf die Abstinenz als vordringliches Ziel. Dieses Ziel stellt nicht für jeden Drogengebraucher und nicht zu jeder Zeit ein realistisches Ziel dar: Sei es, daß sich der Gebraucher noch in der "honeymoon-Phase" seines Konsums, seiner Integration in der Szene befindet, sei es, daß er gerade in einer Drogenfreiheitseinrichtung gewesen ist oder ihr grundsätzlich ablehnend gegenübersteht. Für viele Drogenkonsumenten gibt es vordringlichere und erreichbarere Ziele: Hilfe bei der Realisierung existentieller Bedürfnisse trotz oder wegen der Abhängigkeit (Übernachten, Essen, Spritzenaustausch, Wundversorgung), Rechtsschutz (Sozialhilfe- und Rechtsberatung), Wohn-, Arbeits- oder Ausbildungsmöglichkeiten oder Möglichkeiten der Substitution als Grundlage für Veränderungen. Die Abstinenz

steht für viele erst am Ende eines längeren Prozesses der Abhängigkeit und oft mehrerer Versuche, sich aus der Szene zu lösen und Lebensperspektiven außerhalb dieser Subkultur zu entwickeln. Soziale Integration, die Schaffung attraktiver Lebensumstände, die es wert erscheinen lassen, die Mühen des Entzuges und eines drogenfreien Lebens auf sich zu nehmen, sind wichtige Faktoren im Prozeß der Beendigung von fortgesetztem Drogenkonsum. Wichtig dabei ist, daß die Verzweiflung sowie die gesundheitliche (durch eine HIV-Infektion) und soziale Verelendung noch nicht so groß sind, daß diese Abwägung individuell nicht mehr vollzogen wird.
Wie wichtig eine soziale Integration ist, hat die sogenannte Hammer-Studie, eine Langzeituntersuchung von Biographien Drogenabhängiger einer Therapieeinrichtung in Hamm über 12 Jahre festgestellt: Eine berufliche und soziale Integration, eine Herauslösung aus dem Drogenkontext gehen oftmals der Möglichkeit und Fähigkeit zur Drogenfreiheit voraus und auch fortgesetzter Drogenkonsum schließt nicht in jedem Falle eine Integration aus (Raschke/Schliehe 1985).
Wie wichtig eine soziale Integration, d.h. Bezüge zu Eltern, Freunden, Partnern außerhalb der Szene, Wohnung, Jobs etc. für eine HIV-Prävention ist, hat auch die differentiell-epidemiologische Studie (n=1250) von Kleiber (1990) ergeben: "Die Ergebnisse legen nahe, daß insbesondere die soziale Integration i.v. Drogenabhängiger, die Entkriminalisierung ihres Verhaltens und die Eröffnung von sinnvollen Lebensperspektiven bedeutsame Strategien der HIV-Prävention und zur Verhinderung von Neuinfektionen sind" (Kleiber 1990, 45).

Theoretischer Hintergrund

Die jahrelange eindimensionale Ausrichtung der Drogenhilfe auf die Abstinenz und das Nicht-Leben-Können mit illegalem Drogengebrauch ist das Resultat tief verwurzelter Vorstellungen über Abhängigkeit von illegalen Drogen. Man kann davon ausgehen, daß viele Praktiker psychologische und/oder lerntheoretische Erklärungsansätze über Suchtentstehung, -verlauf und -beendigung verfolgen. Drogenabhängigkeit ist danach eine "entwicklungsbedingte Persönlichkeitsstörung", "falsch gelerntes Verhalten", "Ausdruck eines gestörten Reifeprozesses". Der defizitäre Drogenabhängige muß "entstört", "nachgereift", "nachsozialisiert" oder (im medizinisch/psychiatrischen Modell) "geheilt" werden. Der Kern dieser Konzepte zur Erklärung von Drogenabhängigkeit jedenfalls unterstellt eine "Persönlichkeitsstörung".
Wir wissen jedoch heute, daß Abhängigkeit nicht per se - weder subjektiv noch objektiv - eine Störung der Persönlichkeit darstellen muß: mit

einer ganzen Reihe von Abhängigkeiten leben wir überwiegend unbeschwert. Wenn wir einen weiten Drogenbegriff (5) zugrunde legen, dann ist Drogenabhängigkeit ein Alltagsverhalten, jedenfalls ein Normalverhalten und keine Abweichung als solche (vgl. Böllinger 1987, 22). Der Abhängigkeitsbegriff ist ein Kampf- und Negativbegriff, mit dem Menschen als beratungs- und behandlungsbedürftig ausgegrenzt werden. Der Abhängigkeitsbegriff kreiert zugleich den Idealtypus eines Menschen, der "un-abhängig" ist. Dies ist eine Fiktion: zumindest ist die psychische Abhängigkeit, die Gewöhnung, nicht nur an die Wirkung von Substanzen, sondern auch an alle möglichen Personen, Dinge, Umstände, Stoffe, Lebenslagen etc. gekoppelt. Psychische Abhängigkeit gehört somit zum Alltagsrepertoire (Vogt 1990) der Menschen. Erkenntnisse über angepaßt und sozial unauffällig lebende morphinsüchtige Ärzte oder medizinisches Pflegepersonal, die Zugang zu sauberen Opiaten hatten, belegen die Tatsache, daß ein geregelter Zugang selbst zu Opiaten nicht notwendigerweise in den körperlichen und psychischen Ruin führen muß, sondern - das zeigen "gutversorgte" Drogenabhängige ebenfalls - daß es sich durchaus mit Morphium- oder Heroinabhängigkeit leben läßt.
Es scheint, daß hedonistischer Gebrauch illegaler Drogen als Teil oder zentraler Inhalt eines devianten und auffälligen Lebensstils nicht nur alltäglich-praktisch, sondern auch theoretisch besondere Aufmerksamkeit auf sich zieht: die Störungshypothese ist selektiv, weil sie oft die Einteilung in legale/illegale Drogen übernimmt und damit die Relativität und Schnellebigkeit normativer Setzungen vernachlässigt. Innerhalb eines kulturellen Zusammenhangs kann ein bestimmter Gebrauch von Drogen toleriert oder massiv sanktioniert werden (etwa Cannabis in den Niederlanden und der Bundesrepublik). Drogengebrauch, der bei uns noch schwach negativ bewertet wird (Tabakgebrauch), kann in einer anderen Region (USA) als gravierendes volkswirtschaftliches und soziales Problem wahrgenommen werden. Kulturvergleichende Ansätze zeigen, daß ein und dieselbe Droge hier gefördert, dort verboten wird. Historische Rückblenden verdeutlichen schließlich, wie schnell sich gesellschaftliche Akzeptanz gegenüber sogenannten kulturfremden und störenden Drogen verändert (etwa Kaffee und Tabak; vgl. Schivelbusch 1983).
Zu fragen ist, ob nicht auch die Erklärungshypothesen für Suchtbeginn, -verlauf und -beendigung von der Vitalität kultureller Mythen über die Schädlichkeit der Drogen geprägt sind (Harding 1981; Herwig-Lempp 1988). Denn die Störungsannahme beruht zum Teil auf Fehlinformationen über die pharmakologischen Potenzen von Heroin (6), die Heroinkonsum als Einbahnstraße in die Sucht, in Siechtum und Tod wahrgenommen haben. Ganz im Gegensatz zu Alkohol etwa hinterläßt jedoch auch der chronische Konsum sauberer Opiate keine irreversiblen körper-

lichen Störungen (vgl. Wely 1989, 305). Gleichwohl ist die Atemdepression nach einer Überdosis die Ursache vieler Todesfälle. Unter den gegenwärtigen prohibitiven Bedingungen unkalkulierbarer Substanzeinnahme besteht dafür allerdings ein höheres Risiko als etwa bei Alkohol (7).

Zwei weitere Phänomene, die ein differenziertes und den gängigen Klischees widersprechendes Bild von Opiatkonsum zeichnen und damit zu einer nötigen Entmystifizierung beitragen, seien hier genannt: zunächst die Existenz von kontrollierten oder gelegentlichen Heroingebrauchern, die ihren Gebrauch nicht aufgeben möchten und erfolgreich in der Vermeidung negativer Begleiterscheinungen (wie Sucht, Entzugssymptome etc.) sind (Harding 1981) und die bisher zahlenmäßig scheinbar unterschätzten "Selbstheiler", also Drogengebraucher, die es geschafft haben, ohne professionelle Hilfe ihren Gebrauch zu beenden (Schneider 1989).

Das Prinzip der selektiven Wahrnehmung spielt vor allem in Erklärungsansätzen eine Rolle, da gewöhnlich aus der Erklärungstriade Droge - Individuum - Gesellschaft zumeist nur ein Faktor als zentraler Erklärungsansatz herausgegriffen wird und andere Faktoren und Interdependenzen zwischen ihnen weitgehend unberücksichtigt bleiben. Würde man diese Triade ernst nehmen, müßte man auch "Störungen" in der gesellschaftlichen Reaktion auf Konsumenten bestimmter Drogen, in Form der Prohibition feststellen. Das "Störungskonzept" muß auf jeden Fall erweitert werden um eine soziale Dimension: "gestört" ist möglicherweise auch die durch nichts zu begründende Einteilung in legale und illegale Drogen sowie die Ausgrenzung Abhängiger in Therapien und Gefängnisse.

Nun muß man aber Drogenabhängigkeit nicht unbedingt als "Störung" auffassen, den Konsumenten nicht als per se fremdbestimmt: Sklave der Drogen, Opfer der Händler. Wie bereits oben angedeutet, leben wir mit bestimmten Drogen(abhängigkeiten) relativ unbeschwert; teilweise sind sie sogar äußerst wichtige Hilfsmittel zur Bewältigung unseres Alltags. Wir besitzen jedenfalls ein umfangreiches Wissen über Wirkungen der Droge, Angemessenheit des Gebrauchs etc., kurz, die Drogen sind kulturell und gesellschaftlich völlig integriert. Auch die Abhängigkeiten von unseren Alltagsdrogen werden nur dort zum Problem, wo tatsächlich Dritte geschädigt bzw. in Mitleidenschaft gezogen werden. Die Bewertung und Bedeutung unseres Drogenkonsums ist also durchaus ambivalent: selbst Abhängigkeit erscheint nicht nur negativ. Das lenkt den Blick darauf, ob Abhängigkeit sich nicht auch betrachten läßt als eine menschliche Ausdrucksmöglichkeit, eine mitbestimmte Lebensform, die in bestimmten Phasen einer Biographie oder in den Lebensstilen oder Moden einer Subkultur eine gemeinschafts- und identitätsstiftende Bedeutung hat. Abhängiger Konsum kann dann auch eine Möglichkeit sein,

Zugehörigkeit auszudrücken, Intensitäten zu erfahren, mit Angst, Leiden umzugehen und sich dagegen zu wehren. Dabei "handelt es sich nie nur um ein Verhalten, sondern immer auch um ein Handeln von Menschen. In keinem Fall (selbst nicht im Delir oder beim Korsakow-Syndrom) ist der Mensch ausschließlich Opfer äußerer Umstände. Vielmehr ist er in jedem Fall auch Subjekt, Täter, der sein Handeln selbst herstellt, wenn auch vielleicht nur deshalb, weil er keine andere Möglichkeit mehr sieht" (Dörner 1981, 11).

Sucht soll hier nicht verharmlost, sondern entdramatisiert werden. Die ausschließlich negative Wahrnehmung von Sucht als quasi auswegloser Krankheit wird gesellschaftlich vielleicht für nützlich im Sinne einer Präventionswirksamkeit gehalten, sie entspricht jedoch nicht den tatsächlichen gesellschaftlichen Bewertungen.

Die Akzeptanz des Drogengebrauchs, die Aufgabe der dominant drogenorientierten Arbeit (vgl. Gerlach/Schneider 1990) macht zunächst auch die Sicht frei für andere Lebensbereiche und elementare Bedürfnisse des Menschen: Wohnen, Arbeiten, Beziehungen, Essen, geregelter Alltag. Die (drogen)problemzentrierte und verengte Perspektive wird überwunden zugunsten der Betrachtung der gesamten Persönlichkeit und ihrer Bedürfnisse.

Diese Perspektive nimmt dem Konsum die Dramatik und wird so leichter dazu führen, den Konsum evtl. ganz undramatisch zu drosseln - wenn der Betreffende das will. Entdramatisierung heißt auch allmähliche Normalisierung der Beziehungen und der Hilfe in einer Krise (siehe Teil III, Kapitel 3).

In gewisser Weise also ein Paradox: Indem dem Drogenkonsum und damit der Abstinenz als Ziel weniger Bedeutung und Gewicht beigemessen wird, kann es u.U. dem anderen eher ermöglicht werden, abstinent zu werden. Indem nicht mehr seine Abhängigkeit als sein zentrales (Lebens-) Problem thematisiert wird, wird es ihm mit einer veränderten Bedeutungsgebung ermöglicht, veränderte Interaktionsmuster zu finden und auch sich selbst als wieder entscheidungsfähig zu erleben. Bedingung ist gleichzeitig, daß ihm oder ihr auch tatsächlich das Recht auf eine freie, eigene Entscheidung zugestanden wird. Abstinenz kann, muß aber nicht am Ende stehen. Mit dieser Entdramatisierungs-Strategie werden auch Rückfälle entwertet und als manchmal unvermeidbare Stationen bewertet werden können.

Die Möglichkeit, sich selbst wieder als entscheidungsfähig zu erleben, wird eingeschränkt durch die gesellschaftlichen Bedingungen des Heroinkonsums. Eine diese Bedingungen verändernde Entkriminalisierung und Entdramatisierung der Heroinkonsumenten bzw. des Heroinkonsums muß daher wesentlicher Bestandteil akzeptierender Drogenarbeit sein. Das "eigentliche Suchtproblem", so denn hinter den kriminalisie-

rungsbedingten Problemen überhaupt eines steht, wird völlig überlagert (siehe zum Zusammenhang von Drogenarbeit und Drogenpolitik Teil IV, Kapitel 3).
Die professionelle Intervention in die Lebenswelt des Abhängigen, ihre radikale Veränderung galt und gilt als selbstverständlich und ähnlich notwendig wie die "Erste Hilfe am Unfallort". Dies war - einmal vom "Störungskonzept" ausgegangen - natürlich nur konsequent: mit der Abhängigkeit von illegalen Drogen kann man nicht leben, man kann sie nicht als Ausdrucksweise von Menschen oder Gruppen verstehen und akzeptieren. Die Frage ist allerdings, ob wir nicht lernen müssen, mit den Drogen zu leben, die Tatsache zu akzeptieren, daß die Drogen unter uns sind und Drogengebrauch einer dieser sensiblen Verhaltensbereiche darstellt, die durch Verbote kaum zu tangieren sind.

Drogenabhängigkeit als Krankheit - Was und wem nützt der Krankheitsbegriff?

In seiner Eröffnungsanspache zum Symposium "Therapie und Rehabilitation bei Drogenabhängigen - Möglichkeiten und Grenzen medikamentengestützter Rehabilitation" führt der nordrhein-westfälische Minister für Arbeit, Gesundheit und Soziales, Hermann Heinemann, aus: "In einem besteht, so glaube ich, Einmütigkeit: Die Drogenabhängigkeit wird überall als Krankheit angesehen. Als Krankheit, die wie jede andere Krankheit nach Möglichkeit schnell geheilt, zumindestens aber nach besten Kräften gelindert und in ihren sozialen und psychischen Folgen begrenzt werden muß" (Heinemann 1987, 11). Die Frage ist, ob diese Krankheitsdefinition tatsächlich Konsens und ob sie nützlich ist.
Ist Drogenabhängigkeit (wobei eben gemeinhin nur die Abhängigkeit von illegalen Substanzen gemeint ist) als solche bereits eine Krankheit, d.h. ein regelwidriger psychischer oder physischer Zustand, den man nicht allein mittels Willensanstrengungen selbst beenden kann und der daher beratungs- bzw. behandlungsbedürftig ist (vgl. Scheerer/Vogt 1989, 24)? Oder sind es erst die Folgekrankheiten, die mit einem Konsum unter illegalen Bedingungen oftmals verbunden sind? "Die Ausdehnung des Krankheitsbegriffs auf alle Formen der Drogenabhängigkeit verallgemeinert in unzutreffender Weise Vorstellungen über Regelwidrigkeiten, Kontrollverlust und Behandlungsbedürftigkeit, die in Bezug auf den 'Modellfall' Alkoholismus ihre Berechtigung besitzen, in Bezug auf die Abhängigkeit von anderen Drogen aber zu Lasten der Betroffenen in die Irre führen" (Scheerer/Vogt 1989, 25). Selbst also Abhängigkeit vom Cannabis-, Kokain oder Morphin-Typ muß nicht notwendigerweise die o.g. Krankheitskriterien erfüllen.

Für den Gebraucher wäre die Anerkennung des Krankheitscharakters seiner Abhängigkeit eine moralische Abwertung, da er nun als "Psycho- oder Soziopath" (Scheerer/Vogt 1989) beschrieben und entsprechend behandelt werden kann. Die Behandlungsbedürftigkeit durch meist professionelle Helfer wird damit objektiv festgeschrieben, quasi unabhängig vom subjektiven und tatsächlichen Behandlungsbedarf und Krankheitsempfinden. Wenn diese Fremdeinschätzung der Krankheitsdefinition übernommen wird, kann es dazu führen, sich auch subjektiv als krank, als Opfer der Krankheit Sucht zu verstehen, die Verantwortung abzuschieben auf die behandelnden Personen oder Institutionen: das erschwert Motivations-, Beratungs- und Behandlungsarbeit ganz wesentlich und führt eher zu Fixierungen auf die Autorität Medizin, Sozio- oder Psychotherapie (vgl. Antons-Volmerg 1989, 16).
Für den Betroffenen von größter Wichtigkeit ist die Frage der Finanzierung professioneller therapeutischer Hilfen. Dies geht vorerst nur über den Umweg der Übernahme der Krankheitsdefinition. Es ist allerdings eine Entmündigung, wollte man jeden Drogenabhängigen als krank, defizitär und damit hilfebedürftig charakterisieren: selbstbestimmte Entscheidungen, aber auch Selbst"heilungs"kräfte, Veränderungspotentiale, die Nutzung und Förderung vorhandener Ressourcen hätten damit nur eine geringe Bedeutung. Das oktroyierte Krankheitsstigma, die Ausblendung der sozialen Dimension von Drogengebrauch und seiner kulturellen Bedeutung wären geradezu das Gegenteil von Akzeptanz des Drogengebrauchers. Die Wahl zwischen den Stigmata kriminell und krank wäre eine äußerst problematische Reduktion der Drogenwirklichkeit.

Drogenabhängige mit HIV und AIDS - Dynamiken akzeptierender Drogenarbeit

Neben den oben beschriebenen immanenten Problemen traditioneller Drogenarbeit kam der Durchbruch einer Diskussion akzeptierender Ansätze erst mit der Notwendigkeit, im Zuge der Verbreitung von HIV und AIDS wieder (oder überhaupt) einen engeren Kontakt zu den Drogengebrauchern herstellen zu müssen. Spätestens Mitte der 80er Jahre war es für alle Drogenarbeiter klar, daß der gemeinsame Gebrauch benutzter Spritzen und Kanülen (needle sharing) der wesentliche Übertragungsweg von HIV bei Drogengebrauchern war. Nach und nach begann man kommunikative und instrumentelle Präventionsformen zu entwickeln. Dabei wurde deutlich, daß man, um HIV-präventive Botschaften übermitteln und Probleme bei der Einhaltung von Vorsichtsmaßnahmen und Infiziert-Sein mit den Drogengebrauchern diskutieren zu können, erst

einmal die Adressaten erreichen mußte. Eine zielgruppenspezifische Aufklärungs- und Infektionsprophylaxe begann erst nach und nach wirksam zu werden. Die hartnäckige Weigerung und Verunsicherung vieler Einrichtungen, suchtbegleitend zu arbeiten und etwa sterile Spritzen abzugeben, offenbarte ihre Hemmungen und fachliche Distanz zu den tatsächlichen Bedürfnissen der Drogengebraucher, aber auch ihre institutionelle Schwerfälligkeit.
In dieser Phase wurden die Distanz und die geringe Reichweite professioneller Drogenarbeit überdeutlich. Schätzungen gehen davon aus, daß lediglich etwa 5 Prozent aller Drogenabhängigen von den klassischen und damit sehr selektiven Angeboten erreicht werden.

Die entscheidenden Anstöße zu einer akzeptierenden Arbeit mit Drogenabhängigen kamen letztlich von freien Trägern, Intiativen, AIDS-Hilfen und nur wenigen Drogenberatungsstellen. Die Abstinenzfixierung in den traditionellen Einrichtungen und bei vielen Beratern wirkte lähmend und blockierend auf diesen Umorientierungsprozeß. Fachliche Bedenken eines "double bind" (Drogenfreiheit in der Beratung als Ziel zu formulieren und andererseits die Mittel für einen erleichterten Konsum zur Verfügung zu stellen) oder gar einer "Kapitulation vor der Sucht" wurden geltend gemacht. Im Spannungsfeld von notwendig gewordener Sucht- und AIDS-Prophylaxe in der Drogenarbeit blieb der Faktor AIDS unterrepräsentiert. Beispielhaft deutlich wird dies an der Frage der Vergabe von sterilen Spritzen für Drogenabhängige: nur sehr schwerfällig mit einem Nord-Süd-Gefälle wurden effektiv arbeitende Spritzenaustauschprogramme eingerichtet oder Spritzenautomaten installiert. In einigen Bundesländern ist man von einer flächendeckenden, billigen, anonymen 24-Stunden-Zugänglichkeit zu sterilem Spritzbesteck als notwendiger Voraussetzung einer Verhaltensänderung immer noch weit entfernt. Zum Teil wird diese Form der instrumentellen Prävention als therapeutisch "kontraproduktiv" (Landtag von Baden-Württemberg 1989) abgelehnt; Erwartungen an eine Verhaltensänderung haben unter diesen Umständen notwendigerweise moralischen Appellcharakter (Schuller/Stöver 1989). Ein weiteres Beispiel für die moralische Befrachtetheit und die fachliche Blockade bietet die Methadondiskussion (vgl. Bossong/Stöver 1989).
Gegenwärtig ist davon auszugehen, daß jeder fünfte intravenöse Drogengebraucher HIV-infiziert ist (Kleiber 1990); Inzidenzraten weisen eine starke Zunahme dieser Gruppe an der Zahl der Erkrankten aus.

Ein Ziel akzeptierender Drogenarbeit ist es, die eigenen - noch ganz im Zeichen allgemeiner Heroin-Hysterie und abschreckend-verbietender Drogen-Erziehung entstandenen - Ansprüche an den Heroinkonsumenten tatsächlich auf das o.g. Maß herunterzuschrauben. Die Befreiung aus unserem "Gedankengefängnis" (Quensel) ist als ein Prozeß zu verstehen, in dem wir uns langsam vor allem der Abstinenz-Ansprüche entledigen und den anderen - auch mit Heroinkonsum - akzeptieren können.

Selbst "fortschrittlichen" Ansätzen in der Sozialarbeit gelingt es jedoch nur mühsam, sich von dem Abstinenz-Paradigma zu lösen. Wir müssen lernen, unsere insgeheimen Abstinenz-Ansprüche zu problematisieren. Die Drogengebraucher müssen offen - ohne die Therapeuten-Erwartungen nach Abstinenz erfüllen zu müssen - über Aufhören oder Weitermachen sprechen können.

Die Arbeit in niedrigschwelligen Angeboten konfrontiert die Mitarbeiter immer wieder mit ihren eigenen Werten und ist Auslöser von Grundsatzdiskussionen über Theorien von Suchtentstehung, -verlauf und -beendigung. Traditionelle Fixerbilder werden relativiert, revidiert, klassische Erwartungen und Ansprüche mit pädagogischem Impetus müssen zurückgestellt werden. Das führt zum einen zu einer Sicht von Normalisierung und Dehysterisierung des Opiatkonsums, zum anderen führt das erlebte Elend zu Fragen nach der gesellschaftlichen Reaktion auf diesen Konsum oder auch zu Fragen nach den gesellschaftlichen Ursachen und Entstehungsbedingungen von Sucht und dem Bedürfnis nach Betäubung. Diese Erfahrungen der Ohnmacht mit wenigen Erfolgserlebnissen sollten unbedingt in Supervision oder auch anderen Formen der Verständigung bearbeitet werden.

Trotzdem wird das grundsätzliche Spannungsverhältnis nicht aufgehoben: von emotionaler Überforderung einerseits, angesichts eines Aushalten-Müssens von Nähe zur Drogenabhängigkeit, Krankheit, Elend, Tod, Szene und deren Dynamiken und Ansprüchen und von fachlicher Unterforderung andererseits, angesichts der täglichen Desillusionierung pädagogisch/therapeutischer Hoffnungen.

Dieses Spannungsverhältnis von Über- und Unterforderung kann zuweilen zu der einen oder anderen Seite kippen: wenn man sich stark einläßt auf die Bedürfnisse einzelner. Und natürlich kommt dies häufiger vor in niedrigschwelligen Einrichtungen als in solchen, die drogenfrei arbeiten. Dieses Sich-Einlassen steht nach traditionellem professionellem Verständnis stets im Geruch der Co-Abhängigkeit, der Kumpelei. In diesem Verständnis ist die Wahrung der Balance von Distanz und Nähe zur Klientel von enormer Wichtigkeit und kann in einem drogenfreien setting auch eher durchgehalten werden als etwa im Kontaktladen, wo es um Basishilfen geht.

Es ist notwendig zu akzeptieren, daß unsere Ziele nicht die der Abhängigen sein müssen, daß es andere Wertkonzepte und Lebensentwürfe gibt und vor allem, daß unsere pädagogische Potenz begrenzt ist. Die Drogenkonsumenten entscheiden letztlich selbst.

Vielleicht fällt es Angehörigen anderer Professionen mit geringeren pädagogischen Ansprüchen sogar leichter, in niedrigschwelligen Projekten zu arbeiten.

Bei der Einrichtung neuer Angebote sollte bedacht werden, daß es eine aufreibende und belastende Arbeit ist. Die Mitarbeiter sollten gut vorbereitet und ausgewählt werden.

Niedrigschwellige Angebote können auch ganz andere und den eigenen ursprünglichen Absichten zum Teil entgegenlaufende Ergebnisse bringen: daß man die Szene mit dem Kontaktladen verlagert, der Kontaktladen zum reinen Konsumladen wird, daß andere Einrichtungen ihre Klienten dorthin verweisen, man Gefahr läuft, eine gegebenenfalls stigmatisierende Sondereinrichtung zu schaffen und traditionelle Hilfsverpflichtungen anderer Einrichtungen ungewollt zu entlasten.

Akzeptierende Ansätze und Prävention

Der akzeptierende Ansatz schert aus dem bisherigen präventionspolitischen Konsens aus. Es kommt nicht mehr darauf an, bestimmte Drogen auszugrenzen und entsprechend ihres Verbots einen Nicht-Umgang zu empfehlen oder zu fordern. Es kommt vielmehr darauf an, zunächst aufzuklären statt zu verklären: nüchtern und differenziert über positive und negative Wirkungen für den Drogengebraucher und die Gesellschaft zu informieren, statt übermäßig zu dramatisieren. Ziel sollte ein kontrollierter und möglichst gefahrloser Gebrauch der Drogen sein, bei klarer Abschätzbarkeit des potentiellen Risikos. Prävention und Verbraucherschutz sind ebenso vereinbar wie die Vermittlung von Wissen und Fertigkeiten bezüglich des "richtigen" Umgehens mit Drogen. Drogen sind unter uns, werden wahrscheinlich auch in den nächsten zwanzig Jahren unter uns sein, und wir müssen lernen, damit umzugehen.

Schlussbemerkung

Die gegenwärtigen Ansätze "akzeptierender Drogenarbeit" stellen mehr dar als lediglich die Anwendung neuer Methoden. Ihnen liegen gleichzeitig auch veränderte Prämissen und Zielsetzungen zugrunde. Somit

können sie als Ausdruck einer veränderten Drogen(helfer)ideologie verstanden werden, bei der über veränderte Prämissen und Praxis hinaus auch ein Wandel in der Drogenpolitik angestrebt wird.
Akzeptierende Drogenarbeit ist damit nicht nur eine Ergänzung der Drogenhilfe, sondern gleichzeitig auch eine Herausforderung für einseitig abstinenzorientierte Angebote bzw. solche, die selbstverständlich mit einer Krankheits- oder Problemsicht des Drogengebrauchs arbeiten.
Die Diskussion über verschiedene Praktiken in der Drogenarbeit sollte jedoch nicht anhand eines "Entweder-Oder" geführt werden. Tatsächlich ist eine Vielzahl von Ansätzen in der Drogenarbeit dringend notwendig. Was jedoch die Prämissen der akzeptierenden Drogenarbeit anbelangt, so stellen sie tatsächlich eine Konkurrenz zur traditionellen Drogenarbeit dar. Doch die Ansätze sind in der Praxis miteinander verwoben: Die Bereitschaft bestehender Institutionen der Drogenarbeit zum Umdenken und zur Neuorientierung bei den Mitarbeitern ist sicherlich vorhanden, doch ist die Fähigkeit zur tatsächlichen Innovation - insbesondere bei behördlichen Sozial- und Gesundheitsdiensten und den großen Wohlfahrtsverbänden - beschränkt. Ein Paradigmenwechsel in der Drogenarbeit allerdings, d.h. Veränderungen der Prämissen und Zielsetzungen, kann nicht von heute auf morgen erfolgen. In konkreten Einzelfällen zeigt sich, daß Mitarbeiter in größeren Institutionen auf rigide Weise und unter Androhung von Strafmaßnahmen von einem Eingehen auf neue Ansätze abgehalten werden sollen.
Sowohl kleine, selbständige Vereine als auch Selbsthilfegruppen haben wesentlich bessere Möglichkeiten, sind flexibler und eher bereit, sich neuen Erfordernissen in der Drogenarbeit zu stellen. Tendenziell unterliegen sie der Gefahr, entweder vereinnahmt oder politisch ausgegrenzt zu werden. Eine drogenarbeiterische und gleichzeitig drogenpolitische Praxis wird daher immer eine Gratwanderung sein.
Auch Bestrebungen in den AIDS-Hilfen bringen innovative Schübe in die Drogendiskussion, wenn auch deren Konzepte vordringlich auf AIDS-Prophylaxe zugeschnitten sind.
Ziel aller beteiligten Hilfe-Institutionen muß es in einer wechselseitigen Ergänzung sein, der zunehmenden Verelendung der Drogenkonsumenten wirksam begegnen und vorbeugen zu können unter Respektierung der Würde des Menschen. Man darf nicht jemanden zwingen, sich auf eine bestimmte Art und Weise "helfen" zu lassen, der diese Hilfe ablehnt. Es gilt, in der Drogenarbeit Angebote zu entwickeln, die auch von den Drogenkonsumenten akzeptiert werden können.

Anmerkungen

(1) Für entscheidende gemeinsame Vorarbeiten danke ich Johannes Herwig-Lempp.

(2) Zurückstellung der Strafvollstreckung: Die Strafvollstreckung kann für längstens zwei Jahre zurückgestellt werden, "...wenn der Verurteilte sich wegen seiner Abhängigkeit in einer seiner Rehabilitation dienenden Behandlung befindet oder zusagt, sich einer solchen zu unterziehen..."

(3) Behandlung in einer Einrichtung, "...in der die freie Gestaltung seiner Lebensführung erheblichen Beschränkungen unterliegt..."

(4) "... die behandelnden Personen oder Einrichtungen teilen der Vollstreckungskammer einen Abbruch der Behandlung mit..."

(5) Drogen in dem hier verwandten Sinne sind alle psychoaktiven Substanzen, "die aufgrund ihrer chemischen Natur Strukturen oder Funktionen im lebenden Organismus verändern, wobei sich diese Veränderungen insbesondere in den Sinnesempfindungen, in der Stimmungslage, im Bewußtsein oder in anderen psychischen Bereichen oder im Verhalten bemerkbar machen" (Scheerer/Vogt 1989, 5f).

(6) Das gleiche gilt auch für Cannabis.

(7) Hier besteht eine tödliche Blut-Alkohol-Konzentration von rund 4 bis 6 Promille bei Erwachsenen, bei Kindern und Jugendlichen weitaus niedriger.

Literatur

Antons-Volmerg, K.: Was sollte und könnte an der Therapie des Alkoholismus geändert werden? In: Buchholtz, F. (Hrsg.): Suchtarbeit: Utopien und Experimente. Freiburg 1989, S. 13ff

Böllinger, L.: Drogenrecht, Drogentherapie. Frankfurt 1987

Bossong, H./Stöver, H. (Hrsg.): Methadon. Chancen und Grenzen der Substitutionsbehandlung. Berlin 1989

Dörner, K.: Sucht, psychische und psychosomatische Störungen als menschliche Möglichkeit - Krankheit als Grenze. In: Hermanns, O. (Hrsg.): Sucht und Psyche. Freiburg 1981, S. 9ff

Gerlach, R./Schneider, W.: Das deutsche Abstinenzparadigma, niedrigschwellige Drogenarbeit und Methadon - Problematisierung eines Zusammenhangs. (Manuskript) Münster 1990

Harding, W.M.: Kontrollierter Heroingenuß - ein Widerspruch aus der Subkultur gegenüber herkömmlichem kulturellen Denken. In: Völger, G.: Rausch und Realität. Drogen im Kulturvergleich, Bd. 2. Köln 1981, S. 694ff

Heinemann, H.: Eröffnungsansprache. In: Minister f. Arbeit, Gesundheit u. Soziales des Landes NRW (Hrsg.): Medikamentengestützte Rehabilitation bei Drogenabhängigen. Düsseldorf 1987, S. 7ff

Herwig-Lempp, J.: Der systemische Ansatz im Suchtbereich. In: Zeitschrift für systemische Therapie 6, 3/88, S. 195ff

Hiereth, K.: Die Hängematte - Notschlafstelle und Krisenhilfe für Suchtmittelabhängige. In: Buchholtz, F. (Hrsg.): Suchtarbeit: Utopien und Experimente. Freiburg 1989

Kleiber, D.: HIV-positiv und drogenabhängig. In: Sozialmagazin H. 1/1990, S. 41ff

Landtag von Baden-Württemberg: Stellungnahme des Ministeriums für Arbeit, Gesundheit, Familie und Sozialordnung. Drucksache 10/2139

Müller, R./Schuller, K./Tschesche, A.: "Freie Therapie" als totale Institution. In: Bossong, H./Marzahn, Chr./Scheerer, S. (Hrsg.): Sucht und Ordnung. Frankfurt 1983

Raschke, P./Schliehe, F.: Ziele und Ergebnisse der Untersuchung. In: Minister für Arbeit, Gesundheit und Soziales des Landes NRW (Hrsg.): Therapie und Rehabilitation bei Drogenkonsumenten. Langzeitstudie am Beispiel des "Hammer Modells". Düsseldorf 1985

Scheerer, S./Vogt, I.: Drogen und Drogenpolitik. In: Dies. (Hrsg.): Drogen und Drogenpolitik. Frankfurt/ New York 1989

Schivelbusch, W.: Das Paradies, der Geschmack und die Vernunft. Frankfurt/ Berlin/ Wien 1983

Schneider, W.: Zur Frage von Ausstiegschancen und Entwicklungsmöglichkeiten bei Opiatabhängigkeit - Auswertung von Ergebnissen aus Langzeitforschungen. In: Deutsche AIDS-Hilfe (Hrsg.): Chancen und Risiken aktueller Präventions- und Behandlungsansätze am Faktor AIDS bei Drogengebrauch und Abhängigkeit. Berlin 1989, S. 75ff

Schuller, K./Stöver, H.: Die Zugänglichkeit zu sterilem Spritzbesteck. DAH-Forum, Bd. III, Berlin 1989

Steffan, W.: Streetwork. Freiburg 1988

Vogt, I.: Abhängigkeit und Sucht: Anmerkungen zum Menschenbild in Suchttheorien. In: Drogalkohol 14/1990, S. 140-148

Wely, J.J.W.M.: Körperliche Wirkungen des Opiatkonsums. In: Scheerer, S./Vogt, I. (Hrsg.): Drogen und Drogenpolitik. Frankfurt/ New York 1989, S. 299ff

Wiese, M.: Beispiele effektiver niedrigschwelliger Angebote. In: Ministerium für Arbeit, Gesundheit und Soziales des Landes NRW (Hrsg.): Weiterentwicklung der Drogenhilfe in NRW. Düsseldorf 1989, S. 177ff

2. Von Release zur Therapeutischen Kette - und zurück?

Klaus Schuller

Wir befinden uns heute in einer Situation, in der unter dem Eindruck einer zunehmenden HIV-Ausbreitung und Verelendung unter i.v. Drogenkonsumenten häufig von einer Umorientierung oder gar von einem Neuanfang in der Drogenarbeit die Rede ist. Wenn man die Entwicklungsgeschichte der Drogenhilfe betrachtet, erkennt man jedoch, daß vieles von dem, was heute als niedrigschwellige und akzeptierende Drogenarbeit diskutiert wird, gar nicht so neu ist, sondern bereits in den frühen Anfängen der Release-Bewegung vor 20 Jahren seinen Platz im Spektrum der verschiedenartigen Angebote hatte: Teestuben und Kontaktläden, Notschlafstellen und Essenangebote, ambulante medizinische Versorgung und Arbeitsprojekte ohne Abstinenzanspruch existierten bereits Anfang der 70er Jahre.

Es ist erstaunlich, wie schnell und grundlegend sich die Drogenhilfe in den darauffolgenden Jahren verändern konnte. Wie ist es zu erklären, daß innerhalb von 5 bis 10 Jahren aus emanzipatorischen Ansprüchen und Ansätzen quasi "unter der Hand" rigide Behandlungsprogramme wurden, die von den Merkmalen Aussonderung, Kontrolle und Anpassung geprägt waren? Diese "Metamorphose" ist u.a. aufgrund der hohen Mitarbeiterfluktuation nur ansatzweise innerhalb der Drogenhilfe aufgearbeitet worden, da die Auseinandersetzung mit der Entwicklung häufig individuell und zeitlich begrenzt verlief. Es lohnt sich, diesen Fragen nachzugehen, zumal wir uns heute in einer Situation befinden, die neben deutlichen Unterschieden durchaus auch Parallelen aufweist.

Geschichte wiederholt sich nicht, das ist wahr. Nur, die Triebkräfte, die die Drogenhilfe im Spannungsfeld zwischen Kriminal-, Sozial- und Gesundheitspolitik bestimmen, sind weitgehend die gleichen geblieben. Vor 20 Jahren galt es, die "Cannabiswelle" abzuwehren (vgl. Deutsche Bundesregierung 1972); heute bedroht uns die "Kokainwelle". Der "Rauschgiftbekämpfungsplan" von 1990 stellt, wie das "Aktionsprogramm" von 1970, Unterstützung für innovative Ansätze in der Drogenhilfe in Aussicht - unter dem Primat einer krimimalpolitischen Expansion.

Die Beschäftigung mit der Geschichte unserer Drogenarbeit lohnt sich noch aus anderen Gründen: die Unterwerfungs- und Unterdrückungsmechanismen in Institutionen, die Hilfe und Behandlung versprechen, bedürfen einer aktuellen Reflexion. Die Schilderungen von demütigenden Aufnahmeritualen und Unterwerfungsprozeduren in mehrstündigen Gruppensitzungen wirken heute zwar fremd und bizarr, sie liegen jedoch

nicht länger als zehn Jahre zurück, waren nicht Ausnahme, sondern Regel in einer Zeit, die - glaubt man den Darstellungen offizieller Stellen - geprägt war vom Einzug der Professionalität und Rationalität in das Berufsfeld der Drogenhilfe.
Es ist angebracht, diesen Erfahrungshintergrund der langjährigen Drogenkomsumenten als Einflußfaktor, der ihr Verhältnis zum Hilfesystem geprägt hat, nicht auszublenden oder zu verdrängen. Auch wenn es leichter fällt, den starken Unwillen gegenüber stationärer Unterbringung theoretisch als "Therapieresistenz" zu verklären und als Schuldzuweisung oder Krankheitsmerkmal einseitig gegen die Drogenkonsumenten zu wenden. Wie steht es heute mit den Grundrechten in den Behandlungseinrichtungen?
Ist es überhaupt möglich, unter den Bedingungen von Zwang und sozialer Aussonderung Umgangsformen zu entwickeln, die die Bezeichnung Behandlung oder Therapie verdienen? Oder reproduzieren sich nicht quasi "naturwüchsig" Strukturen, die Unterordnung und Disziplinierung als Voraussetzungen der internen Funktionalität solcher Institutionen gewährleisten müssen?

Der Aufbau eines Behandlungssystems: von "Release" zur "Therapeutischen Kette"

Ab 1970 entstanden in der Bundesrepublik zahlreiche Basisinitiativen zur Unterstützung von Drogenkonsumenten, die sich als freie und sogenannte "gemeinnützige Vereine" zumeist unter dem Namen "Release" regional konstituierten. Diese Gruppen entstanden mit dem Ziel, eine bedürfnisorientierte und emanzipatorische Hilfe zu organisieren als Antwort auf die repressiven und erfolglosen Versuche der traditionellen Psychiatrie und der öffentlichen Jugendfürsorge.
Mit der Behandlung von psychischen Krankheiten und traditionellem Drogengebrauch (Alkohol, Tabletten) bereits überfordert, scheiterten die Landeskrankenhäuser und psychiatrischen Anstalten im Umgang mit dieser neuen, vielfach rebellischen Klientel völlig. Bei akuten Notfällen, gerichtlichen Behandlungsauflagen und Einweisungen nach den "Unterbringungsgesetzen für psychisch Kranke und Süchtige" waren sie zur Aufnahme verpflichtet, jedoch außerstande, eine qualifizierte Behandlung durchzuführen. Neben vereinzelten Gesprächen erschöpften sich ihre Methoden in der Verteilung von Beruhigungsmitteln, in Disziplinierungsversuchen und stupiden Beschäftigungsangeboten. Die Aufenthaltsdauer lag in der Regel zwischen einer und sechs Wochen. In den meisten Fällen konnte nicht einmal der körperliche Entzug erfolgreich durchgeführt werden, da die Patienten die Behandlung vorzeitig abbra-

chen oder während des Krankenhausaufenthaltes weiter Drogen zu sich nahmen. Man schätzte die Rückfallquoten bei Drogenkonsumenten, die sich freiwillig oder zwangsweise einer solchen Entziehungsbehandlung unterzogen hatten, auf 98 bis 100 Prozent (Jung 1974; Schulz 1974; Sollmann 1974; Schenk 1975).

Wohnkollektive, in denen Jugendliche, die von zu Hause oder aus Einrichtungen der Jugendfürsorge entwichen waren, mit politisch engagierten Studenten, Lehrlingen und Sozialarbeitern zusammenlebten, entstanden bereits früher in den Zentren der außerparlamentarischen Opposition wie Berlin, Heidelberg, Hamburg und Frankfurt (vgl. Brosch 1971). Sie wurzelten in der Verbindung von antiautoritären Ideen mit einer radikalen Praxis: Kritik der etablierten Wissenschaft zur Erklärung von psychischer Erkrankung und Kriminalität, sogenanntes abweichendes Verhalten generell, Auseinandersetzung mit den repressiven Verhältnissen in den Erziehungseinrichtungen, psychiatrischen Anstalten und anderen öffentlichen Institutionen; Befreiung von Heimzöglingen und Organisation von Wohngruppen ("Staffelbergkampagne 1969"), Entwicklung alternativer Lebensformen wie Kommunen und Wohngemeinschaften.

Anregungen vermittelten u.a. Vertreter der "Antipsychiatrie" wie Lang und Cooper mit ihrer Kritik an der traditionellen Behandlungsform in psychiatrischen Institutionen und den Interaktionsstrukturen in der "bürgerlichen Kleinfamilie". Beachtung als praktische Gegenentwürfe fanden auch ihre Wohn- und Lebensprojekte "Villa 21" und "Network" (Cooper 1971, 1972; Bopp 1980). In solchen Projekten, die sich als "Anti-Psychiatrie-Gemeinschaften" verstanden, sollten im Gegensatz zur herkömmlichen psychiatrischen Praxis im wesentlichen drei Grundsätze realisiert werden:

1. Verzicht auf eine Diagnose, "so daß der erste Schritt zur Verurteilung eines Menschen durch die Gemeinschaft unterbleibt" (Cooper 1972, 47).
2. De-Hierarchisierung der Gruppen, allmähliche oder sofortige Aufhebung des illegitimen und kontraproduktiven Arzt- bzw. Therapeut-Patient-Verhältnisses.
3. Keine Behandlung bestimmter Mitglieder der Gemeinschaft durch andere, sondern gleichberechtigte, aktive Interaktion. "... in diesen Gemeinschaften sollen die Menschen nicht in Behandlung sein, sondern einfach sein - dieses Sein aber ist aktiv und lebendig, es ist gegen die falsche Passivität der Behandlung gerichtet, dagegen, daß andere mit einem machen was sie wollen" (Cooper 1972, 47).

Die Anfänge von Drogenarbeit: die Release-Bewegung

Die erste deutsche Release-Gruppe wurde 1970 nach dem Vorbild einer Londoner Initiative in Hamburg gegründet und die zweite im Jahr darauf in Heidelberg. Ihre Aktivitäten in Drogenarbeit und -politik waren richtungweisend für andere. Auf einem gemeinsamen Treffen der deutschen Release-Gruppen waren im Frühjahr 1972 bereits Vertreter von 30 Regionalinitiativen anwesend (Sollmann 1974). Das angestrebte Ziel, einen Dachverband zu gründen, scheiterte an den vielfältigen Differenzen und Gegensätzen. Auch wenn von dem Phänomen einer Release-Bewegung gesprochen wird, so ist zu beachten, daß die Gruppen erhebliche Unterschiede in Struktur und inhaltlichem Selbstverständnis aufwiesen.
Eigene Betroffenheit als Drogenkonsument oder Ex-user, politisches Engagement im Zusammenhang mit der Jugend- und Studentenbewegung, caritative und religiöse Beweggründe sowie berufliche Interessen bestimmten die Motive der Mitglieder und erschwerten einen Konsens zwischen den verschiedenen Gruppen und innerhalb der Gruppen selbst. Die Mitglieder unterhielten in der Regel Beratungs- und Kommunikationszentren für Drogenkonsumenten und für "gefährdete Jugendliche". Informations- und Öffentlichkeitsarbeit hatten einen großen Stellenwert. Größere Zusammenschlüsse verfügten außerdem über Übernachtungsstellen, Wohngemeinschaften und Workshops zur Herstellung und zum Verkauf von handwerklichen und künstlerischen Produkten. In Zusammenarbeit mit engagierten Ärzten konnten einige Release-Zentren eine ambulante medizinische Versorgung und Krisenintervention für akute Notfälle (Überdosen, traumatische Drogenerlebnisse, Infektionen) einrichten.
Release Hamburg unterhielt ein sogenanntes Hostel mit 25 Schlafplätzen als kurzfristige Übernachtungsmöglichkeit für Wohnungslose im Zentrum. Die Versorgung mit Essen erfolgte durch eine makrobiotische Küche. Außer Fotolabor und Druckerei entstanden Werkstätten für Leder-, Schmuck- und Webarbeiten. Jugendliche Drogenkonsumenten konnten in drei Wohnkollektive auf dem Lande vermittelt werden (Otterndorf, Velgen und Köstorf), wo sie, nachdem sie im Krankenhaus körperlich entzogen hatten, zusammen mit anderen Jugendlichen lebten. Ein Stadtkollektiv (Graumannsweg) sollte die Leute aufnehmen, die in den Landkollektiven stabilisiert worden waren und in der Stadt eine Arbeit oder eine Ausbildung beginnen wollten. Haupteinnahmequellen von Release waren Spenden und Erlöse, die durch Herausgabe eines Taschenbuches und dem Verkauf zweier Benefiz-Schallplatten erzielt wurden. Die Jugend- und Sozialbehörde verhielt sich lange Zeit abwartend, bis sie sich durch die Zahlung von Tagessätzen in geringem Umfang an der Unterhaltung der Wohnkollektive beteiligte. Die Finanzie-

rung der zahlreichen Aktivitäten war ein ständiges Problem, das oftmals die Fortführung der Arbeit in Frage stellte, und, verbunden mit dem Anpassungsdruck und der Einmischung staatlicher Stellen über eine Finanzierungsbeteiligung, letztlich wesentlich zum Scheitern von Release Hamburg wie auch anderer Basisinitiativen beitrug (Release Hamburg 1971 u. 1972).

Im Februar 1971 lebten im Haus von Release Heidelberg, in der Stadtmitte gelegen (Brunnenstraße), 25 Kollektivmitglieder, von denen 7 den Status von Bezugspersonen hatten. Neben 15 ehemaligen Fixern, die dort wohnten, wurde ein großer Personenkreis extern betreut. Das Haus diente zusätzlich als Kontakt- und Beratungszentrum, in dem medizinische, soziale und juristische Hilfen kostenlos angeboten wurden. So fanden z.B. innerhalb der ersten sechs Wochen im Center bereits 500 ärztliche Beratungen, ambulante Untersuchungen und Behandlungen statt.

In der Regel handelte es sich bei den Initiatoren der Gruppen um Angehörige "helfender Berufe" - um Ärzte, Sozialpädagogen, Psychologen, Lehrer und Pastoren bzw. um Studenten dieser Fachrichtungen -, die die Unzulänglichkeit der bestehenden Drogenarbeit erkannt hatten und sich einer emanzipatorischen und solidarischen Praxis verpflichtet fühlten. Die Möglichkeit, sich befriedigendere, unkonventionelle Berufsfelder und Tätigkeitsbereiche zu erschließen, dürfte ebenfalls eine Bedeutung für das Engagement von Teilnehmern gehabt haben.

Viele waren innerhalb der Studentenbewegung aktiv gewesen und setzten sich für eine Emanzipation und Überwindung von sozialer Deklassierung ein: "Release ist die Selbstorganisation der jugendlichen/gesellschaftlichen Randgruppen, die durch ihr Alter, ihr Verhalten und ihre Zielvorstellungen die geringsten Chancen haben, ihr Leben nach ihren eigenen Wünschen zu gestalten, Release ist der Versuch, auf dem Wege der gegenseitigen organisierten Unterstützung eine solche Lebensgestaltung möglich zu machen" (Release Heidelberg 1973, 6). "Ziel der Hilfe ist die Auflösung des Abhängigkeitsverhältnisses zur Droge und die Transformation selbstzerstörerischer Potentiale in selbsterhaltende und Wendung gegen deren Ursachen. Die Arbeit von Release soll politisch, emanzipatorisch und menschlich sein" (ebd., 7).

Die "Unmündigkeit des Klienten" und die Konsequenzen für den "Therapeutischen Prozeß"

Mitte der 70er Jahre war von den Ansprüchen der Release-Bewegung in der Drogenhilfe wenig übriggeblieben. Die allgemeine Ernüchterung, als eine Folge der Nichterfüllung der großen Erwartungen, mit denen zahlreiche Experimente im Kontext der antiautoritären und antiinstitutionellen Bewegung begonnen wurden, bekamen für den Bereich der Drogenarbeit besondere Konsequenzen. Die Initiativen stellten ihre Arbeit ein oder durchliefen einen Prozeß, der durch Professionalisierung, Anpassung an Vorgaben von Justiz und Sozialbehörden und eine Orientierung an rigiden US-amerikanischen Selbsthilfekonzepten gekennzeichnet war.

Von den Mitarbeitern, die sich entschieden, auf professioneller Ebene die Arbeit fortzusetzen, sowie für neu hinzukommende Kollegen wurden die politischen Abstriche zum Teil berechtigterweise als das Aufgeben von unrealistischen Idealen und Orientierung auf das "konkret Machbare" empfunden.

Der Fixer wurde in diesem Prozeß von Professionalisierung und theoretischer Neubestimmung jedoch von einem relativ gleichgestellten Kollektivmitbewohner und "politischem Subjekt" zum gestörten, defizitären Klienten degradiert und somit zum Objekt berufsmäßiger und therapeutischer Intervention.

Das Bemühen um eine wissenschaftliche Fundierung auf der Grundlage der jeweiligen Ausbildung und der Statusinteressen innerhalb eines interdisziplinären Berufsfeldes führte zu einer sukzessiven Aufgabe von kritischen gesellschaftstheoretischen Ansätzen und zur Übernahme von individualtheoretisch orientierten Erklärungsmustern. Diese hatten gegenüber dem biologisch-somatischen Modell der traditionellen Psychiatrie eine moderne progressive Äußerlichkeit, besaßen de facto aber eine ähnliche stigmatisierende und entmündigende Wirkung.

Während sich bei den Sozialpädagogen und Psychologen der Beratungsstellen und Therapeutischen Wohngemeinschaften eine Hinwendung zu individualpsychologischen Erklärungsmodellen abzeichnete, vollzogen die Psychiater, soweit sie weiterhin ein Interesse an der Behandlung von Drogenkonsumenten hatten, eine theoretische Öffnung, die es ihnen erlaubte, bei Aufrechterhaltung ihres "Führungsanspruchs", eine interdisziplinäre Kooperation innerhalb der Fachkliniken und Psychiatrischen Krankenhäuser sowie eine Zusammenarbeit mit assoziierten Einrichtungen (z.B. Wohnheimen) zu etablieren.

Psychoanalytische, sozialpsychologische, verhaltens- und lerntheoretische Ansätze lösten die traditionellen biologisch-somatischen Erklärungsansätze (Kielholz 1952) ab. Sozio- und psychotherapeutische Elemente wurden in die Behandlung integriert.

Die Kontroverse um die Zuständigkeit für die Drogenbehandlung zwischen Fachkliniken und Psychiatrie auf der einen und Therapeutischen Wohngemeinschaften auf der anderen Seite blieb erhalten. Es ließ sich jedoch eine theoretische und ideologische Annäherung bei den Erklärungsmodellen feststellen: Im Zentrum der Betrachtung stand nun die

Person des Drogenkonsumenten. Ihr wird eine "infantile Bedürfnishaltung", "narzißtischer Hedonismus", "oral regressive Grundhaltung" und "emotional Ich-zentrierte Unreife" bescheinigt. Häufig werden Vergleiche mit Säuglingen und Kleinkindern angestellt.
Als ursächliche Bedingung werden Störungen in der frühkindlichen Entwicklung, Broken-home, Verwöhnung oder Vernachlässigung durch die Eltern (vgl. Schenk 1975; Schmauß 1978), und als auslösende Bedingungen werden Verführungen durch Bekannte und Freundeskreis sowie Identifikation mit abweichenden subkulturellen Werten und Verhaltensweisen genannt.
"Ich-Zentriertheit, Schwierigkeiten, sich einzuordnen, kaum gezügelte Anspruchshaltung und das Verlangen nach Sofortbefriedigung, infantiles Trotzen und primitive Genußfreude erinnern in ihrer Kombination nicht selten an das Kleinkindalter. Selbst eine Betonung der Oralität ist unverkennbar" (Keup 1974, 5).
In der Beurteilung der Drogenkonsumenten als in der Persönlichkeitsentwicklung zurückgebliebene Menschen, bei denen eine "Nachreifung" als Therapiemodell angezeigt ist, stand Keup, der leitende Arzt an der "Karl-Bonhoeffer-Nervenklink", nicht allein (vgl. Saake/Stichtentoth 1980; Bauer 1980; Drogenhilfe Bremen 1979).
"Wenn ein Fixer bei uns auf dem Hof steht und drei Jahre lang Drogen genommen hat, dann hat er etwa den Reifestand eines 12- bis 14jährigen Menschen" (Kahl 1980, 188).
Mit diesen Erklärungsmodellen wurden die Drogenkonsumenten ungeachtet ihres wirklichen Alters und ihrer realen unterschiedlichen Entwicklungshintergründe nicht nur als drogenabhängig, sondern pauschal als "unreif", "infantil" und "unmündig" definiert. Die in den meisten Fällen durch die Justiz bereits vollzogene Negation von Entscheidungsfreiheit und Souveränität wurde unter Berufung auf sozialpsychologische Erkenntnisse wissenschaftlich untermauert und eine drastische Bevormundung innerhalb der Behandlungspraxis legitimiert.
Entsprechend den amerikanischen Vorbildern verstanden sich die Therapeutischen Wohngemeinschaften und Therapie-Stationen in den Kliniken als "regrowth community", als Einrichtung, in der eine "Nachreifung" zu erfolgen hat.
"Ein gestuftes System von Aufgaben mit wachsender Verantwortlichkeit ist in einer guten Therapieeinrichtung unerläßlich. In dem System soll sich der Einzelne emporarbeiten und aus der Verantwortungsübung letzten Endes zu voller Verantwortung emporentwickeln können. Dazu kann gegen Schluß eines Programms die Mitwirkung an Verwaltungsaufgaben, an Überwachung jüngerer Gruppenmitglieder, Einteilung von Arbeitskräften usw. hinzugehören" (Keup 1974, 14).

Am konsequentesten wurde eine solche Strukturierung des Behandlungsverlaufs in Einrichtungen durchgesetzt, die sich an Petzolds Vier-Stufen-Modell orientierten, wie etwa die Einrichtungen von Daytop und die Therapiekette Niedersachsen.

Petzold ging davon aus, daß die Persönlichkeit des Klienten durch eine komprimierte Wiederholung bzw. einen qualitativen Nachvollzug früherer Entwicklungs- und Sozialisationsstufen neu aufgebaut werden müsse. Dementsprechend charakterisierte er idealtypisch die Karriere des Klienten innerhalb eines "therapeutischen Curriculums" als Pendant zu einem Entwicklungsprozeß vom hilfebedürftigen Kleinkind bis zum eigenverantwortlichen Erwachsenen. In der ersten Stufe sollte eine Regression des Klienten erfolgen und die Gruppe zum Familienersatz werden. Durch einschneidende Restriktionen in der Lebensgestaltung und Abgabe von Verantwortung an die Gruppe sollte es dem Klienten ermöglicht werden, archaische Gefühle wieder zu erleben und positiv zu verarbeiten (Petzold 1980). Bezeichnenderweise wurde die erste Stufe in den Einrichtungen von Daytop "Babyphase" genannt (1).

Das Modell der hierarchisch strukturierten "Therapeutischen Wohngemeinschaft" erscheint als ein spezifisches Produkt, das sich im Entwicklungsprozeß von Drogenhilfe herauskristallisiert hat: theoretisch begründet und praktisch erprobt. Dieser Behandlungsweg gilt noch heute als eine adäquate Antwort auf ein außerordentliches Problem, das einer unkonventionellen und besonders konsequenten Herangehensweise bedarf.

Um so frappierender ist es festzustellen, wie sehr die Umgangsformen im allgemeinen und die Kontroll- und Steuerungsmechanismen im besonderen den Charakteristiken entsprechen, die von Goffman als typisch für "totale Institutionen" wie Gefängnisse, Psychiatrie, Kadettenanstalten, Internierungs-, Umerziehungs- und Arbeitslager beschrieben worden sind (Goffman 1973; Müller/Schuller/Tschesche 1983). Diese Feststellung gilt zweifellos Ende der 70er in größerem Umfang als Ende der 80er Jahre; dennoch sind viele Elemente und Strukturmerkmale, die typisch für totale Institutionen sind, bis heute in diesen Einrichtungen erhalten und werden es auch weiterhin bleiben. Einfach deshalb, weil bestimmte Maßnahmen besonders geeignet, wenn nicht unverzichtbar sind, um Menschen kontrollieren und leiten zu können, wenn diese sich gezwungenermaßen innerhalb eines großen institutionellen Rahmens aufhalten müssen.

Die Regeln und Unterordnungsrituale gründen sich dabei auch dann, wenn der Anspruch einer zukunftsorientierten Resozialisierung erhoben wird, primär auf die Erfordernisse der konkreten Situation. Das erlernte Verhalten hat für das Leben außerhalb der Institution nur eine sehr eingeschränkte Relevanz. Häufig erfolgt eine fundamentale Verhaltensän-

derung bereits unmittelbar nach dem Verlassen der Einrichtung und dem Ablegen der dortigen Rolle. Dieses rührt zum einen aus dem künstlichen Milieu solcher Institutionen, zum anderen aus der Schwierigkeit für den Betroffenen, sich mit den dortigen Verhaltensweisen, die an ein defizitäres Selbstbild geknüpft waren, draußen weiterhin identifizieren zu können. So bleibt als Resultat eines solchen Aufenthalts für viele Drogenkonsumenten die körperliche Erholung als primärer Gewinn.
Die schlimmsten Exzesse, wie sie besonders bei Aufnahmeverfahren (2) oder in sogenannten "games" oder "Sitzungen" (vgl. Heckmann 1980; Saake/Stichtentoth 1980) zum Ausdruck kamen, sind heute weitgehend abgeschafft; konfrontative Gruppensitzungen werden heute moderater durchgeführt.
Geblieben ist in vielen Einrichtungen eine Organisationsstruktur, deren Grundmuster auf einem gestaffelten System von Freiheiten, Privilegien sowie Kontrollfunktionen gegenüber neueren Mitgliedern beruht. Solche Privilegiensysteme, in denen der Patient, Insasse, Rekrut oder Klient aufsteigen und Rechte und Freizügigkeiten erdienen muß, die vor dem Eintritt bzw. seiner Zuführung in dem neuen Milieu für ihn selbstverständlich waren, sind typisch für totale Institutionen, sie sind in ihren Wesenszügen so alt wie das Interesse und das Bemühen, Menschengruppen in einer totalitären Weise zu führen. So wurden in Therapeutischen Wohngemeinschaften Rechte wie Musikhören, Fernsehen, Briefkontakt, Ausgänge, Kaffeetrinken, Möglichkeit sexueller Beziehung, individuelle Kleidung, Teilnahme an bestimmten Freizeitaktivitäten in einem Privilegiensystem vergeben bzw. vorenthalten (3).
Auch wenn in Institutionen die gestaffelte Vergabe von Privilegien und Verantwortung in den verschiedenen Etappen der Behandlung als Markierungspunkte eines persönlichen Entwicklungs- oder Reifungsprozesses interpretiert werden, so bewirken und signalisieren sie doch in erster Linie die Anpassung des Betroffenen an die Eigengesetzlichkeiten einer Einrichtung.
"Auch findet die Entlassung meist gerade dann statt, wenn der Insasse es schließlich gelernt hat, sich in der Anstalt zurechtzufinden, und wenn er die Privilegien gewonnen hat, die, wie er schmerzlich lernen mußte, sehr wichtig sind. Kurz, er wird feststellen, daß die Entlassung dem Sturz von der obersten Stufe einer kleinen Welt auf die unterste einer größeren Welt gleichkommt" (Goffman 1973, 76).
Die Faktoren, die letztlich das weitere Schicksal des Klienten bestimmen und von denen in hohem Maße abhängt, ob er rückfällig und unter Umständen wieder drogenabhängig wird, wie Arbeits- und Wohnsituation, Freundeskreis und Partnerschaft, liegen weitgehend außerhalb des Einflußbereichs der Institution.

Triebkräfte der Veränderung von Selbstverständnis und Praxis in der Drogenhilfe

Verschiedene Einflußfaktoren haben diese Entwicklung bestimmt; an erster Stelle sicherlich die zunehmende Kriminalisierung der Konsumenten und die Integration der Beratungs- und Behandlungseinrichtungen in das System der Drogenkontrolle. So erfolgte 1972 bei der Novellierung des Opiumgesetzes eine Anhebung der Höchststrafe von 3 auf 10 Jahre und die Pönalisierung von bisher straflosem Verhalten wie der bloße Besitz von Betäubungsmitteln. 1982 wurden die Strafen erneut erhöht und zusätzlich neue Tatbestände eingeführt. Durch die engere Verquickung von Strafe und Behandlung als Folge der Reform von 1982 änderten sich die Arbeitsbedingungen von Beratungsstellen und Therapieeinrichtungen. Durch die Meldeplicht von Therapieabbrüchen bei Verurteilungen nach § 35 BtMG sahen sich kritische Mitarbeiter zu "Hilfssheriffs der Gerichte degradiert" (Berliner Drogeneinrichtungen 1980, 9).

Bei vielen Sachverständigen und Funtionären gab es eine Befürwortung von "Leidensdruck" (vgl. Keup 1974; Kreuzer 1979; Kindermann 1978; Klander 1978; Pörksen 1980) und "helfendem Zwang" (vgl. Wanke 1980; Kleiner 1978, 1980; Sponer 1980), die durch die Organe der Strafverfolgung und -vollstreckung hervorgebracht bzw. verstärkt wurden.

Es wurde als Aufgabe von Mitarbeitern in Drogenberatungsstellen gesehen, im Rahmen ihrer Tätigkeit in einer "Therapeutischen Kette" diesen Druck zur Förderung der Behandlungsbereitschaft zu nutzen und gegebenenfalls mit Hilfe anderer Institutionen zu verstärken (Heckmann 1978).

Die Bedeutung dieser Faktoren wird jedoch in anderen Beiträgen ausführlich behandelt und soll hier nur als primäre Bedingung für den Entwicklungsprozeß von Praxis und Selbstverständnis in der Drogenhilfe erwähnt werden.

Besonders die stationären Therapien hätten sich ohne diese "flankierenden Maßnahmen" nicht in dieser Form und Anzahl entwikkeln können, da nur wenige Personen bereit gewesen wären, sich den dortigen Umgangsformen freiwillig zu unterwerfen.

Desillusionierung und Professionalisierung

Die Tätigkeit der Release-Gruppen war im Vergleich zu den Resultaten der Behandlung in Psychiatrischen Anstalten und Fachkliniken - bei einem Minimum an öffentlichen Zuwendungen - erfolgreich. Nicht nur

bezüglich ihrer Fähigkeit, die Zielgruppe der Fixer zu erreichen, sondern auch hinsichtlich der Quoten von Personen, denen es gelang, ihre Opiatabhängigkeit zu überwinden (Release Heidelberg 1973, 443).
Ziel der meisten Release-Gruppen war es jedoch nicht gewesen, eine effektive Sozialarbeit zu leisten. Man wollte solidarische, liberalistische Gemeinschaften entwickeln. Nicht caritative Linderung, sondern die Schaffung sozialer Modelle mit Vorbildcharakter war ihr Anspruch.
In den Kollektiven war man von einer sozialen und politischen Interessengemeinschaft zwischen Bezugspersonen und Fixern ausgegangen und hatte angenommen, daß sich die Drogenbindung in dem Maße lösen würde, wie es gelänge, positive soziale Beziehungen aufzubauen. Es zeigte sich, daß die Vorstellungen, Drogenkonsumenten im Rahmen einer solidarischen Gemeinschaft durch die Vermittlung von Lebensperspektiven und politischen Einsichten vom Opiatgebrauch abzubringen, schwieriger zu verwirklichen waren, als man erwartet hatte.
Die politisch motivierten Mitglieder sahen sich nicht nur einem zunehmenden Druck und der Einmischung staatlicher Stellen gegenüber, sondern fühlten sich zudem durch das Verhalten der Fixer enttäuscht, die in ihrer Mehrheit nicht an die Realisierung der Ideale glaubten bzw. nicht die Energie aufbrachten, sich den Erwartungen der Bezugspersonen entsprechend mit den Projekten zu identifizieren und darin aktiv zu werden. Die große Diskrepanz zwischen den Hoffnungen, mit denen die Arbeit begonnen wurde, und den Ergebnissen der Bemühungen trugen erheblich zur Resignation und zum Scheitern der Releasegruppen bei. Viele Aktivisten zogen sich aus den Initiativen zurück, da man zu weiteren Zugeständnissen gegenüber den Behörden nicht bereit und von den Resultaten der Aktivitäten insgesamt enttäuscht war.
So zog beispielsweise im Juli 1972 der damalige Vorsitzende von Release Heidelberg Dr. Geck folgende Bilanz, in der er einige Faktoren, die zum Scheitern von Release führten, darstellte: Die meisten Fixer hätten vor dem Erfahrungshintergrund einer geringen sozialen Chance resigniert und verfügten nicht mehr über die Kraft, im alternativen Sozialgefüge einer Wohn- und Arbeitsgemeinschaft die notwendige Lebensperspektive und das Engagement zu entwickeln, die für eine Autonomie von Drogenabhängigkeit und Fremdbestimmung erforderlich wären, sondern würden in Passivität und Fatalismus verharren. Die konservativen Vertreter der Behörden und etablierten Institutionen, mit denen man kooperieren müsse, würden wirkliche Alternativen zur bestehenden Behandlungspraxis verhindern, da sie ein "radikales Anderssein" mit ihrem bornierten Weltbild ("ihre eigene neurotische Hemmschwelle") nicht vereinbaren könnten.
"Die - finanzielle und ideelle - Unterstützung durch Institutionen reichte nie aus, um die Basis für eine echte Autonomie zu bilden. Sie reichte

aber aus, um genügend Angst vor ihrem Verlust zu erhalten. So kam es allmählich, daß von der Idee der Befreiung aus Abhängigkeiten aller Art kaum noch etwas übrig blieb und man um Almosen betteln mußte und immer tiefer in bewegungsunfähig machende Abhängigkeiten hineingeriet. Immer wieder machten neue Leute den Versuch, aus dem Teufelskreis herauszukommen, investierten viel Hoffnung und Power und mußten nach einiger Zeit völlig erschlafft einsehen, daß in dem gegebenen Rahmen die notwendige Arbeit unmöglich war" (Release Heidelberg 1973, 442).

Die Sondierung und administrative Bewältigung eines unüberschaubaren Berufsfeldes: Modellförderung und Begleitforschung

Die Ansätze einer Strategie zur Strukturierung der Drogenhilfe lassen sich aus einer Stellungnahme der Bundesregierung im Oktober 1972 ersehen, der eine Große Anfrage der Opposition vorausgegangen war.
Auf die Fragen der Opposition, "welche organisatorischen, personellen und methodischen Voraussetzungen gegeben sein müssen, um Modelle für stationäre, geschlossene, halboffene und offene Behandlungseinrichtungen zu fördern", antwortete die Bundesregierung: "Die Prüfung der hier angesprochenen Frage hat ergeben, daß es keine einheitlichen Voraussetzungen geben kann, um Modellkonzeptionen für stationäre, geschlossene, halboffene und offene Einrichtungen zu fördern. Der Kenntnisstand ist bislang noch zu unsicher, um detaillierte Förderungsrichtlinien herausgeben zu können. Der Bundesminister für Jugend, Familie und Gesundheit hat sich aus diesem Grunde entschlossen, ein 'Großmodell' zu fördern, in dem sehr verschiedene Einrichtungen zusammengefaßt sind, deren Erfahrungen nach einheitlichen Gesichtspunkten wissenschaftlich auswertbar sind. In diesem Initialprogramm wurden 118 örtliche Einrichtungen gefördert. In den Bewilligungsbedingungen der Bundeszuwendungen wurde zur Auflage gemacht, daß diese Einrichtungen Arbeitsberichte zur Verfügung stellen, die von einer 'Forschungsgruppe Sucht' wissenschaftlich ausgewertet werden. Durch Rückkoppelung von Zwischenergebnissen soll eine Optimierung des laufenden Programms erreicht werden. Es gehörte ebenfalls zu den Bewilligungsbedingungen, daß solche Korrekturen von den Einrichtungen übernommen werden müssen. Nach Abschluß dieser Arbeiten werden gesicherte Erkenntnisse vorliegen, die geeignet sind, ein der bestehenden Situation angepaßtes Modellprogramm vorzuschlagen" (Deutsche Bundesregierung 1972, 44).
Laut Bulletin der Bundesregierung vom 7.4.1972 setzten sich die 118 Einrichtungen, die im Rahmen des "Initialprogramms" mit insgesamt

vier Millionen DM gefördert wurden, wie folgt zusammen: 57 Drogenberatungsstellen, 5 stationäre und Modellklinische Einrichtungen, 10 therapeutische Rehabilitationseinrichtungen mit Heilstättencharakter, 46 Einrichtungen mit nachgehender Fürsorge, meist in Gruppen und Wohngemeinschaften (Deutsche Bundesregierung 1972).

Die Projektgruppe "Rauschmittelabhängigkeit" des "Max-Planck-Instituts für Psychiatrie" in München (MPI) erhielt 1973 vom BMfJFG zwei Aufträge; zum einen sollte sie die "Bewertung und Verbesserung" (Begleitforschung) der aus Bundesmitteln finanzierten Modelleinrichtungen durchführen, zum anderen standardisierte Therapieprogramme für Drogenkonsumenten entwickeln. 1974 folgte ein drittes Projekt, das die Planung und Durchführung von Fortbildungsseminaren für Mitarbeiter aus den geförderten Einrichtungen zum Inhalt hatte. 1975 sollten in einem vierten Projekt die Mitarbeiter von zwei stationären Einrichtungen zur Anwendung des von der Projektgruppe entwickelten Therapieprogramms angeleitet werden.

Im Frühjahr 1973 wurden noch 69 Einrichtungen im Modellversuch gefördert. Die Projektgruppe bot ihre Unterstützung als unverbindliche Hilfestellung an (Projektgruppe Rauschmittelabhängigkeit 1973). Auch in Vorbereitung einer 2. Befragung ein Jahr später wurde zugesichert, daß es nicht Aufgabe der Befragung sei, die Tätigkeit der Einrichtungen zu kontrollieren und über deren Förderungswürdigkeit zu entscheiden. Beabsichtigt sei ein offener und kritischer Gesprächsaustausch zwischen den Einrichtungen und der Projektgruppe (Projektgruppe Rauschmittelabhängigkeit 1974, 3) (4). Im August 1975 wurden die Ergebnisse der zweiten Befragung veröffentlicht. Die Projektgruppe konstatierte eine positive Entwicklung der Arbeit innerhalb der im Modell geförderten Projekte: "Die Verbesserung der Tätigkeit beruht auf zwei in den Einrichtungen durchgehend zu beobachtenden Trends, die wir als "Ernüchterung" und "Professionalisierung" bezeichnen würden: nach einer Zeit der "neuen Wege" und des großen Engagements kann man jetzt den Übergang zur normalen Arbeit feststellen (Projekgruppe Rauschmittelabhängigkeit 1975, 2). Als Merkmale einer positiven Entwicklung wurden folgende Punkte angeführt:

Es entstehen allmählich regionale, kooperative "Verbundsysteme" zwischen Beratungsstellen und stationären Einrichtungen. Das fachspezifisch ausgebildete Personal nimmt zu, während die Zahl der Nichtprofessionellen abnimmt; ehemalige Abhängige als Mitarbeiter gibt es in den Einrichtungen nicht mehr. Die Teilnahme an Fort- und Weiterbildungsmaßnahmen steigt. Es entwickelt sich allmählich eine bessere Dokumentation der Klienten. Die therapeutischen Behandlungseinrichtungen verfügen zunehmend über strukturierte Programme mit geregelten Tagesabläufen und einer "wirklichkeitsnahen Zielsetzung"; es werden nicht mehr "idyllische Freiräume" gewährt. "Weiterhin werden einige schwarze Schafe nicht mehr gefördert" (ebd., 1).

Im Laufe nur eines Jahres war knapp ein Drittel der ursprünglichen Einrichtungen aus der Modellförderung herausgefallen. Von 69 Einrichtungen, die Anfang 1973 Bundesmittel erhalten hatten, wurden 22 Institutionen nicht mehr gefördert; dafür kamen 10 neu hinzu. Im Jahr 1974 wurden 5 Einrichtungen aus der Förderung genommen, während zwei hinzukamen, und 1975 verringerte sich die Anzahl der Einrichtungen um eine Beratungsstelle und zwei Wohngemeinschaften.

Eigenschaften, die Anfang der 70er Jahre Release-Gruppen den Charakter einer sozialpolitischen Alternative zu den etablierten Behandlungsinstitutionen verliehen hatten, verblaßten zunehmend. Als Folge zeigte sich bereits eine wachsende Distanz zur Zielgruppe: "Eine Maßnahme wird offensichtlich abgebaut, nämlich die Führung eines Kommunikationszentrums für Drogenkonsumenten ("Teestube"). Viele Beratungsstellen haben schlechte Erfahrungen gemacht, ihre Teestuben sind geschlossen oder für Drogenkonsumenten verboten" (Projektgruppe Rauschmittelabhängigkeit 1975, 6).

Zur weiteren Verbesserung der Arbeit wurden die Entwicklung und Erprobung von "Mindestkriterien" vorgeschlagen. Diese sollten in den Bereichen Ausstattung der Einrichtungen, Datenführung, allgemeine Therapieziele und Form der Berichterstattung Anwendung finden. Die Projektgruppe kündigte an, einen Vorschlag auszuarbeiten, der den Einrichtungen sowie den Drogenbeauftragten zur Korrektur vorgelegt werden würde. Im Falle eines Konsens könnten die Kriterien Anfang 1976 eingeführt werden und als Richtlinien zur Verbesserung der Arbeit beitragen.

Im Frühjahr 1976 fand die dritte Befragung der Einrichtungen statt, bei der zum ersten Mal die Erfüllung der Mindestkriterien überprüft wurde. Es kamen Gerüchte auf, daß die Kriterien, die als unverbindliche Richtlinien eingeführt worden waren, nun zur Bewilligungsgrundlage für die Finanzierung der Projekte erhoben werden sollten. Bei einem Feedback-Seminar, an dem die Mehrzahl der betroffenen Projekte teilnahm, wurde gegen diese Vorhaben protestiert. Bezüglich der Kriterien wurde eine "Kann-Bestimmung" gefordert. Die Projektgruppe erklärte sich für unzuständig und verwies auf die Kompetenz des Bundesministeriums für Jugend, Familie und Gesundheit (BMJFG) und der Drogenbeauftragten der Länder.

Im Sommer 1976 wurden die Mindestkriterien den Einrichtungen durch die jeweiligen Landesministerien zugestellt und vom BMJFG bestätigt. Sie wurden zur Grundlage der Förderungsbewilligung gemacht. Somit waren folgende Auflagen verbindlich:

1. Schriftliche Unterlagen: Konzepte der Einrichtung; Beschreibung der verschiedenen Tätigkeitsbereiche; Halbjahresberichte und Jahresberichte.
2. Dokumentation der Maßnahmen: Karteibogen über Klienten; Anamnesebogen; Behandlungsplan; Therapieverlaufsbogen; Katamnesebogen; Führung eines Tagebuches.
3. Ausstattungsanforderungen: Tägliche Öffnung zu festen Zeiten; mindestens zwei ständige Mitarbeiter, davon einer hauptamtlich; mindestens ein Therapieraum; mindestens eine Fallbesprechung die Woche; mindestens eine kollegiale Therapieüberwachung für jeden Therapeuten monatlich (Jugend- und Drogenberatungsstelle Gießen 1978).
Anfang 1977 wurde ein computergerechtes Klientendokumentationssystem verpflichtend eingeführt.
Die Mitarbeiter der Einrichtungen fühlten sich betrogen. Doch die meisten Träger der Institutionen akzeptierten die Mindestkriterien als Bewilligungsgrundlage. Die Auseinandersetzung um die Durchsetzung verwandelte sich dadurch zu einem einrichtungsinternen Problem.
In einigen Bundesländern wurden die Mindestkriterien ebenfalls zur Grundlage für die Landesförderung von 1977 erhoben. Sie waren nicht nur maßgebend für die Gewährung der Zuschüsse aus Bundesmitteln (bei Beratungsstellen ca. ein Drittel des Etats), sondern auch Voraussetzung für die regionale Förderung. Einrichtungen, die dem vorgegebenen "Standard" nicht entsprachen, waren also nicht nur von den Bundesmitteln abgeschnitten, sondern in ihrer Existenz bedroht. Für die Mitarbeiter waren die Verantwortlichen für diese Einschränkungen ihres Handlungsspielraums nicht greifbar, da die Projektgruppe auf die Entscheidungsbefugnis von BMfJFG und der Drogenbeauftragten der Länder verwiesen, diese jedoch wiederum die Ergebnisse der Begleitforschung als Argument ins Feld führten, wenn sie konkrete Auflagen oder Maßnahmen gegenüber den geförderten Projekten legitimierten.
Da die meisten Träger die Mindestkriterien akzeptiert hatten, blieb den Mitarbeitern im wesentlichen nur die Möglichkeit zu versuchen, einzelne Kriterien innerhalb ihrer Einrichtung zu unterlaufen, wodurch lediglich die Durchsetzung verzögert werden konnte. Der Weg, durch öffentliches Opponieren eine Realisierung zu verhindern, war verstellt - man hatte ja offiziell bereits eingewilligt.
Im Frühjahr 1977 wurde die 4. Befragung der Modelleinrichtungen durchgeführt. "Von Hilfestellung ist nichts mehr zu merken, es wird nur noch die Erfüllung der Mindestkriterien kontrolliert" (Jugend- und Drogenberatungsstelle Gießen 1978, 93).
Im August veröffentlichte die Projektgruppe die Resultate der 4. Befragung: 40 Prozent der Einrichtungen hätten alle Kriterien erfüllt und die restlichen Projekte über 70 Prozent der Auflagen.

Im Herbst 1977 teilte die Bundesregierung mit: "Das Modellprogramm der Bundesregierung hat sich bewährt. Es ist gelungen, durch Mitarbeiter-Schulung, durch organisatorische und personelle Verbesserungen dieses Modell kontinuierlich den veränderten Erfordernissen anzupassen. Der Zweck des Modells, Erkenntnisse für die Planung und Durchführung institutioneller Maßnahmen der Suchtkrankenhilfe zu gewinnen, sind erfüllt worden. Die gewonnenen Erkenntnisse wurden vor Strukturierung auf das vorgesehene psycho-soziale Anschlußprogramm übertragen" (Deutscher Bundestag 1977, 11).
Im Verlauf von fünf Jahren (1973 - 1978) war ein deutlicher Trend zur Professionalisierung zu verzeichnen. Innerhalb der Beratungsstellen hatte sich der Anteil der hauptberuflichen Mitarbeiter von 32 Prozent auf 82 Prozent erhöht; in den stationären Einrichtungen hatte diesbezüglich eine Verschiebung von 53 Prozent auf 70 Prozent stattgefunden. Interessant ist es, die Veränderung innerhalb der Berufsgruppen zu betrachten. Der Anteil der Ärzte in den Einrichtungen war stark rückläufig und der Anteil der Sozialarbeiter nur gering angestiegen, während Psychologen und pädagogische Mitarbeiter eine überproportionale Zunahme zu verzeichnen hatten.
Eine große Fluktuation unter den Mitarbeitern deutet darauf hin, daß der Prozeß von erheblichen internen Differenzen begleitet war, in dessen Verlauf sich das "Mitarbeiterprofil" veränderte. Allein um die zahlreichen administrativen Auflagen erfüllen zu können, waren andere Fertigkeiten und ein verändertes Selbstverständnis der Mitarbeiter erforderlich als zu Beginn der Modellförderung und der Begleitforschung.
1974 lag die Rate der ausgeschiedenen Mitarbeiter in den Beratungsstellen bei 21 Prozent und in den stationären Einrichtungen bei 22 Prozent. 1975 betrug die Fluktuation in den Beratungsstellen unter den Psychologen 42 Prozent und bei den Sozialarbeitern 52 Prozent. In den folgenden Jahren stabilisierte sich die Personalsituation zunehmend (Projektgruppe Rauschmittelabhängigkeit 1975; 1977).
Für Mitarbeiter, die sich entschieden, auf professioneller Ebene die Arbeit unter "geordneten Verhältnissen" fortzusetzen sowie für neu hinzukommende Kollegen, die die Plätze der Ausgeschiedenen einnahmen, behielt die staatliche Einmischung ihre Ambivalenz: auf der einen Seite wurde sie als störend und einengend empfunden, auf der anderen Seite bekam die Arbeit eine solidere finanzielle Basis und damit natürlich auch die eigene Existenz.
Nach Abschluß der fünfjährigen Begleitforschung zogen die Mitarbeiter der Jugend- und Drogenberatungsstelle Gießen ein Resümee, in dem sie feststellen, daß die Kontroll- und Ausrichtungstätigkeit der Projektgruppe des MPI im Auftrag der involvierten staatlichen Stellen in hohem Maße dazu beigetragen hat, daß aus sozialpolitischen Alternativen im

Laufe der Jahre bürokratische Institutionen geworden sind, die sich kaum merklich von den etablierten Einrichtungen der Gesundheits- und Sozialämter unterscheiden würden.
"So wurde schließlich zweierlei erreicht: - die Beratungsstellen werden aus dem "Halbdunkel" ihres Betätigungsfeldes herausgehoben und in ein genau durchschaubares System umgebaut, in dem letztlich jeder einzelne Schritt kontrolliert und vorgeschrieben werden kann - die Maßnahme der Hilfe, die Ziele, die Methoden, die Inhalte usw. - die Klienten, die Betroffenen werden erfaßt, registriert, verwaltet, verschubt, verwahrt - das MPI liefert die wissenschaftliche Legitimation" (Jugend- und Drogenberatungsstelle Gießen 1978, 102).

Was wird aus den niedrigschwelligen Ansätzen in der Drogenarbeit?

Gegenwärtig erleben wir die Bestrebungen der Administration, die Distanz zwischen Hilfsangeboten und Zielgruppe zu vermindern. Experimentelle Modelle werden zumindest partiell wieder zugelassen und unterstützt.
Überlebenshilfen ohne Therapieanspruch oder -orientierung werden verstärkt, eine medizinische Versorgung in den Beratungsstellen entwickelt sich allmählich, die Etablierung von Kontaktläden soll gefördert werden. Alles Ansätze, die bereits existierten und vor dem Hintergrund einer einseitigen Abstinenzorientierung in der Drogenhilfe abgeschafft oder zumindestens stark eingeschränkt wurden.
Schließt sich nun ein Kreis nach 20 Jahren? Wiederholt sich eine unendliche Geschichte von Innovation, Integration und Erstarrung? Wer kann das wissen? Offensichtlich handelt es sich dabei um einen starken Impuls, der eher ein Resultat von Unsicherheit als von Berechnung ist. Die Folge ist ein Streben nach Normierung und eindeutigen Wertmaßstäben.
Der drogenpolitische Kontext, wie er sich im "Nationalen Rauschgiftbekämpfungsplan" manifestiert, schafft zudem nicht gerade ein günstiges Klima für akzeptierende Ansätze in der Drogenarbeit, die im deutlichen Widerspruch stehen zu einer Politik der "Zero Tolerance" nach amerikanischem Vorbild.
Der Verlauf dieser Entwicklung ist aber noch nicht entschieden, denn andererseits nehmen die Stimmen zu, die die Erfolgsaussichten solcher Kreuzzüge gering einschätzen und eher einen entgegengesetzten Weg befürworten: Entkriminalisierung der Konsumenten und Entdramatisierung von Drogengebrauch - bei Versuch einer weniger ideologiegeleite-

ten Risikobewertung - analog zum gesellschaftlichen Umgang mit den legalen psychotropen Substanzen und deren Benutzern.
Die heutigen Befürworter von akzeptierenden Ansätzen haben unter Umständen bessere Bedingungen als ihre Vorgänger in den Release-Initiativen, weil ihre Ansprüche und Erwartungen reduzierter und realistischer sind. Drogenarbeit braucht sich heute nicht an den Maßstäben sozialer Emanzipation zu messen, sondern an den Kriterien von "Schadensminimierung". Auf der politischen Ebene fällt es leichter, Koalitionen gegen eine Forcierung der Prohibitionspolitik herzustellen als für den Aufbau einer "Gegen-Gesellschaft" und "Gegen-Kultur" (Parow u. a. 1972; Release Heidelberg 1973), zumal auch liberale und konservative Sachverständige aus Politik und Wissenschaft zunehmend an den Nutzen dieser Anstrengungen zweifeln und eine Einschränkung von Rechtsstaatlichkeit dafür nicht in Kauf nehmen mögen.

Anmerkungen

(1) "Die Babys realisieren einen 'leistungs- und verantwortungsfreien' Zustand. Wie glückliche und zufriedene Kinder genießen sie in der Gemeinschaft ihre Spiele und die Zuwendung der anderen. Es passiert immer wieder, daß ein 'Baby' zufrieden mitten im Plenum sitzt und ein Bild malt, während die 'Großen' ernst und lautstark einen Konflikt austragen. ... Die Babys laufen gerne in ihren weichen Wollsachen herum und fühlen sich geborgen und sicher. Die Großen machen sich ernste Sorgen um ihre Babys, trösten sie und versuchen, ihnen mit echter Wärme zu begegnen" (Bauer 1980, 325).

(2) Begründet wurden diese Rituale mit der Notwendigkeit, die "coole" Fassade des Fixers niederreißen zu müssen, um an den wahren menschlichen und verletzlichen Wesenskern heranzukommen und diesen entsprechend dem Reifungsmodell prägen zu können (vgl. Saake 1977; Saake/Stichtentoth 1980). Das Aufnahmeritual verlangt von dem Bewerber eine reuevolle, selbstanklagende Lebensschilderung, eine Offenbarung persönlicher Schwächen und das Bekenntnis, sich ändern zu wollen (vgl. Sozialmagazin 6/1980). "Die Gruppe konfrontiert ihn immer weiter mit dieser Flucht vor sich selbst. Sie erlaubt keine Ausflüchte, keine Entschuldigung, keine Pseudoeinsichten, kein bloßes Darüber-Reden. Sie sucht die echte Realisierung, den Schmerz, die Angst, die Hilflosigkeit. Sie bietet ihm Hilfen-Techniken, wie sie zum Beispiel in der REAL-Therapie entwickelt wurden" (Bauer 1980, 323).
Die Einordnung des Neuankommlings als hilfebedürftige und unreife Person fällt um so leichter, je anschaulicher die "Minderwertigkeit" zur Schau gestellt werden muß. Extreme Demütigungen waren bis Ende der 80er Jahre keine Seltenheit bei den Aufnahmeprozeduren für sog. Therapeutische Gemeinschaften.
Die folgende Darstellung beschreibt eine Aufnahme in das "Take-it-Haus" der Therapiekette Niedersachsen: " ... die Frager steigern sich, stundenlang, erfragen Schwächen und lassen Stärke nicht gelten. Manchmal zwei Stunden und oft noch länger muß einer Auskunft geben, wird bloßgestellt und offenbart, was die Droge übrigge-

lassen hat. Jeder von der Gruppe hat selbst mal auf dem Stuhl gesessen und rächt sich nun für all die Erniedrigung. Dabei wird, so der Psychologe des Mitarbeiter-Teams, einer von sechs Profis, 'die Unterwerfung unter die straffen Gruppennormen' und die 'emotionale Öffnung vor der Gruppe' versucht, bis hin zur Selbstaufgabe. Denn auf die Dauer wird auch der Stärkste gebrochen. Der Streß, zunehmend unerträglich, wird erbarmungslos auf die Spitze getrieben. Und wenn einer seine Fixer-Karriere offengelegt hat, wenn er dann ganz allein ist, schubst ihn die Gruppe ins Nichts. Peter A. muß sich ausziehen, nun vor allen, steht da in der Unterhose. Er soll, so wird ihm aufgegeben, durchs Haus gehen, brav an jede Tür klopfen und vor jedermann bekennen: 'Ich bin ein mieses Arschloch.' Er tut es" (Der Spiegel 23/1977, 195).

(3) Im "Stationären Programm zur Behandlung jugendlicher Drogenabhängiger", das, im Auftrag des BMJFG von der Projektgruppe "Rauschmittelabhängigkeit" des Max-Planck-Instituts für Psychiatrie konzeptionell erarbeitet, auch praktisch erprobt wurde, heißt es z.B. für Behandlungsbereich "Arbeitsverhalten": "Die wichtigste Maßnahme dieses Bereichs ist das Punktesystem. Es gibt festgelegte Punkte für festgelegte Zeiten des Arbeitens. Ein Teil dieser Punkte stellt den aktiven Beitrag eines Klienten zu seinem Aufenthalt dar. Punkte, die über dieses 'Soll' hinausgehen, können eingetauscht werden in Verstärker. Solche Verstärker sind neben Kosmetika, Süßigkeiten u.ä. vor allem Ausflüge ins Kino, zum Schwimmen, ins Museum etc. (Projektgruppe "Rauschmittelabhängigkeit" 1975, 55).

(4) Diese Stellungnahme trug dazu bei, daß die Befragung im Winter 1974 in einer vertraulichen Atmosphäre stattfand (Jugend und Drogenberatungsstelle Gießen 1978). Ab Mitte 1974 wurden zudem Fortbildungsseminare für die Mitarbeiter der geförderten Einrichtungen in verhaltenstherapeutischer Theorie und Methodik durchgeführt.

LITERATUR

Bauer, E.: Selbstverständnis und Praxis der Drogentherapie bei Daytop. In: Petzold, H./Vormann, G. (Hrsg.): Therapeutische Wohngemeinschaften, Erfahrungen - Modelle - Supervision, München 1980

Bauer, E.: Daytop-Therapie im Wandel der Erfahrungen - Bericht eines Therapeuten. In: Drogenreport 1/1981

Berliner Drogeneinrichtungen: Therapie als Strafe. Berlin 1980

Bopp, J.: Antipsychiatrie: Theorien, Therapien, Politik. Frankfurt 1980

Brosch, P.: Fürsorgeerziehung - Heimterror und Gegenwehr. Frankfurt 1971

Cooper, D.: Psychiatrie und Antipsychiatrie. Frankfurt 1971

Cooper, D.: Der Tod der Familie. Reinbek 1972

Deutsche Bundesregierung: Dokumente zum Drogenproblem. Bonn 1972

Deutsche Bundesregierung: Nationaler Rauschgiftbekämpfungsplan. Bonn. Entwurf v. 6.2.90

Deutscher Bundestag: Drucksache 8/922. September 1977

Drogenhilfe Bremen: Rehabilitation Drogenabhängiger. Bremen (Konzeption) 1979

Goffman, E.: Asyle - Über die soziale Situation psychiatrischer Patienten und anderer Insassen. Frankfurt 1973

Heckmann, W.: Ein Verbundsystem entsteht. In: Senator für Familie, Jugend und Sport (Hrsg.): Neuer Rundbrief Drogen 4/1978, Berlin

Heckmann, W./Vormann, G.: Zur Geschichte der therapeutischen Wohngemeinschaften in Deutschland. In: Petzold, H./Vormann, G. (Hrsg.): Therapeutische Wohngemeinschaften. München 1980

Heckmann, W.: Was Hänschen nicht lernt, kann Hans doch noch lernen (Grete auch). In: Heckmann, W. (Hrsg.): Vielleicht kommt es auf uns selber an. Frankfurt 1980

Jugend- und Drogenberatungsstellle Gießen: Aktuelle Drogenpolitik in der BRD. Gießen 1978

Jung, H.: Staatliche Reaktionsmechanismen und Therapiekonzepte bei Drogengeschädigten - ein unlösbarer Konflikt? In: Müller-Dietz, H. (Hrsg.): Kriminaltherapie heute. Berlin 1974

Kahl, J.: Diskussionsbeitrag zu "Heroin". In: Bild der Wissenschaft 11/1980

Keup, W.: Nachreifung als Therapieziel bei jugendlichen Drogenabhängigen. Kassel 1974

Kielholz, P.: Behandlung und Prognose des chronischen Morphinisten.1952. In: Biniek, E. (Hrsg.): Drogenabhängigkeit, Darmstadt 1978

Kindermann, W.: Verwahren, motivieren, therapieren. In: Senator für Familie, Jugend und Sport (Hrsg.): Neuer Rundbrief Drogen 4/1978, Berlin

Klander, H.: Durch Druck in die Therapie. In: Senator für Familie, Jugend und Sport (Hrsg.): Neuer Rundbrief Drogen 4/1978, Berlin

Kleiner, D.: Der junge Drogenabhängige im Strafverfahren - Therapieeinleitung und -motivation durch den Jugendrichter. In: Mschr. Krim., 2/1978

Kleiner, D. : Stellungnahme: Auschuß für Jugend, Familie und Gesundheit: Eingereichte Stellungnahmen zu den Gesetzesentwürfen zur Neuordnung des Betäubungsmittelrechts. Ausschußdrucksachen 8/155, 8/155/1. Bonn 1980

Kreuzer, A. : Das Drogenproblem und Grundstrategien einer Drogenpolitik. In: Suchtgefahren 3/1979

Mitarbeiter des Daytop-Programms: Daytop in Deutschland. In: Petzold, H.: Drogentherapie. Paderborn 1974

Müller, R./Schuller, K./Tschesche, A.: "Freie Therapie" als totale Institution. In: Bossong, H./Marzahn, Chr./Scheerer, S. (Hrsg.): Sucht und Ordnung. Frankfurt 1983

Parow, E. u.a.: Das Release Konzept: Sucht ist Flucht. Materialien zum Anti-Drogen-Kongreß. Hamburg 1972

Petzold, H.: Das Konzept der Therapiekette und zur Karriere Drogenabhängiger. In: Therapeutische Wohngemeinschaften. München 1980

Pörksen, T.: Stellungnahme: Auschuß für Jugend, Familie und Gesundheit: Eingereichte Stellungnahmen zu den Gesetzesentwürfen zur Neuordnung des Betäubungsmittelrechts. Ausschußdrucksachen 8/155, 8/155/1. Bonn 1980

Projektgruppe Rauschmittelabhängigkeit des Max-Planck-Instituts für Psychiatrie: 5.Zwischenbericht/1975

Projektgruppe Rauschmittelabhängigkeit des Max-Planck-Instituts für Psychiatrie: 6.Zwischenbericht/1975

Projektgruppe Rauschmittelabhängigkeit des Max-Planck-Instituts für Psychiatrie: 9.Zwischenbericht/1975

Projektgruppe Rauschmittelabhängigkeit des Max-Planck-Instituts für Psychiatrie: 12.Zwischenbericht/1976

Projektgruppe Rauschmittelabhängigkeit des Max-Planck-Instituts für Psychiatrie: 19.Zwischenbericht/1977

Release Hamburg: Helft Euch selbst. Reinbek 1971

Release Heidelberg: Krankheit und Institution. Gießen 1973

Saake, E: Stationäre Langzeittherapie mit Drogen- und Rauschmittelabhängigen. Modelle und Erfahrungen. In : Dokumentation der Internationalen Sonnenberg-Tagung. Braunschweig 1977

Saake, E./Stichentoth, H: Das Take-it-Haus. Anmerkungen zur Vierstufentherapie bei Drogenabhängigen. In: Petzold, H./Vormann, G.(Hrsg.): Therapeutische Wohngemeinschaften. München 1980

Schenk, J.: Droge und Gesellschaft. Heidelberg 1975

Schmauß, M.: Familiärer und sozialer Hintergrund bei Drogenabhängigen. Medizinische Dissertation. München 1978

Schulz, P.: Drogenszene - Ursachen und Folgen. Frankfurt 1974

Sollmann, U.: Therapie mit Drogenabhängigen. Gießen 1974

Sponer: Stellungnahme: Auschuß für Jugend, Familie und Gesundheit: Eingereichte Stellungnahmen zu den Gesetzesentwürfen zur Neuordnung des Betäubungsmittelrechts. Ausschußdrucksachen 8/155, 8/155/1. Bonn 1980

Wanke, K.: Stellungnahme: Auschuß für Jugend, Familie und Gesundheit: Eingereichte Stellungnahmen zu den Gesetzesentwürfen zur Neuordnung des Betäubungsmittelrechts. Ausschußdrucksachen 8/155, 8/155/1. Bonn 1980

3. Anbiederung, Verwöhnung und Suchtverlängerung? - Metakritische Überlegungen zur akzeptierenden Drogenarbeit

Werner Steffan

Die Grundideen akzeptierender Drogenarbeit finden zunehmend Resonanz. Sowohl auf Tagungen und Kongressen als auch in Fachpublikationen (vgl. etwa Herwig-Lempp/Stöver 1988; Steffan 1988; Schmidt 1989; Trautmann 1985; Merz/Schreiber/Thiebaud 1989) werden theoretisch-konzeptionelle Überlegungen und Praxiserfahrungen vorgestellt. Die Tatsache, daß Schlagworte wie "akzeptierende Drogenarbeit", "Suchtbegleitung", "niedrigschwellige Arbeit" und "schwellenlose Angebote" zum Standardrepertoire all jener gehören, die sich als innovativ verstehen, darf freilich nicht darüber hinwegtäuschen, daß nach wie vor bei DrogenarbeiterInnen sowohl im stationären als auch im ambulanten Bereich zum Teil ausgesprochene Ressentiments gegen Handlungsstrategien bestehen, die von der herkömmlichen institutionenfixierten ambulanten Beratung mit mehr oder weniger rigiden Clean-Forderungen und der Langzeittherapie mit expliziten Drogenfreiheitsansprüchen abweichen. Einwände auf theoretischer, konzeptioneller und praxisbezogener Ebene vermischen sich dabei mit einer Vielzahl individueller Motive, die gelegentlich hinter der vordergründig fachlichen Ebene verborgen bleiben. Gerade die lange Zeit erbitterter und fast zum Glaubenskrieg hochstilisierter Auseinandersetzungen über die Sinnhaftigkeit niedrigschwelliger akzeptierender Angebote für nicht-cleane KlientInnen oder über eine stärkere lebensweltliche Öffnung der Drogenarbeit offenbaren ein Geflecht von irrationalen, zum Teil unreflektierten Glaubensgrundsätzen und individuellen Ängsten etwa vor dem Verlust des eigenen Arbeitsplatzes in einer Langzeittherapieeinrichtung oder vor einem möglicherweise mit Verunsicherung verbundenen Verlassen jahrelang beschrittener relativ bequemer Pfade.

Die Auseinandersetzungen zwischen den Vertretern akzeptierender Handlungsstrategien und jenen, die an herkömmlichen Arbeitsformen festhalten möchten, laufen oftmals weniger in Form einer Fachdiskussion ab, also mit Hilfe von Thesenpapieren, Publikationen oder Tagungs- bzw. Kongreßbeiträgen, sondern mehr im alltäglichen "Konkurrenzkampf" vor Ort in einer Art "subtilem Kleinkrieg" um eine möglichst gute Medienpräsentation, um Zuschüsse, um Einfluß in Trägerverbänden etc. (Man möge die Kriegs- und Kampfterminologie verzeihen, aber jene, die in derartige Diskussionen verstrickt sind, beschreiben das gegenseitige Verhältnis sowie die Dynamik aus Aktion und Reaktion nicht selten mit genau diesen Worten.) Während ApologetInnen akzeptierender Drogenarbeit in bisweilen fast schon missionarischem Übereifer auftreten, zählen die Skeptiker meist zur schweigenden Mehrheit. So darf es nicht verwundern, daß die Ressentiments kaum Niederschlag in theoretisch-konzeptionellen Gegenthesen oder praxisbezogenen Repliken finden, die man vor dem Hintergrund eines akzeptierend ausgerichteten Selbstverständnisses zur kritischen Würdigung aufgreifen könnte.

Eine der wenigen Quellen, in der die "klassischen" Bedenken und Einwände gegenüber Ansätzen akzeptierender Drogenarbeit prägnant zusammengefaßt sind, dürften die Thesen von Bleicher (1984) sein, in denen er sich in Form einer "Stellungnahme zur Selbstdarstellung der MUDRA-Drogenstreetwork in der Öffentlichkeit" mit dem konzeptionellen Hintergrund und den Praxisformen akzeptierender Drogenarbeit aus der Sicht herkömmlicher institutionenfixierter Beratungsarbeit befaßt. Die Kritik, die Bleicher gegen eine Institution richtet, in der lebensweltorientiert, niedrigschwellig und mit akzeptierendem Selbstverständnis gearbeitet wird (vgl. zu deren theoretischem Hintergrund die ausführliche Darstellung in Steffan 1988), taucht in Diskussionen mit KollegInnen, die sich an eher konventionellen Beratungskonzepten orientieren, immer wieder auf. Ich will darum zentrale Elemente von Bleichers Position anhand von neun Thesen umreißen und diese jeweils kurz kommentieren.

1. These: Die Praxis akzeptierender Drogenarbeit wirke suchtverlängernd durch die "Unverbindlichkeit des Angebots", durch das Akzeptieren des Drogenkonsums und eine von Bleicher diagnostizierte "reine Begleitung".

Die Bedenken von Bleicher machen sich an der Tatsache fest, daß bei einem akzeptierenden Grundverständnis gezielt Hilfsangebote vorgehalten werden für UserInnen, die nicht oder noch nicht dazu bereit oder in der Lage sind, den Drogenkonsum zu reduzieren oder aufzugeben. Unverbindlichkeit wird hier gleichgesetzt mit dem Verzicht auf die Forderung nach unbedingter Motivation zur Drogenfreiheit und nach Clean-Sein beim Erscheinen zum Beratungsgespräch. Nach dem Selbstverständnis akzeptierend arbeitender BeraterInnen zeigt sich Verbindlichkeit nicht in der Durchsetzung von Clean-Forderungen im Beratungskontakt und ebensowenig in dem für herkömmliche Praxisansätze typischen Beharren auf rigider Vorplanung und Einhaltung von Beratungsterminen. Verbindlichkeit zeigt sich für sie insbesondere darin, dann ohne schwellenangsterzeugende Bedingungen für hilfesuchende UserInnen mit Engagement und Sachkompetenz da zu sein, wenn diese dringend professionelle Hilfe benötigen. Ausgehend von dem unbezweifel-

baren Faktum, daß psychosoziale Notlagen, Existenzkrisen und damit Hilfsbedürfnisse unabhängig vom Vorhandensein einer Ausstiegsmotivation entstehen, werden Hilfsangebote bewußt ohne unbedingtes Beharren auf Drogenfreiheit unterbreitet. Dabei werden phasen- und fallweise unverbindliche, das heißt lockere, punktuelle Kontakte und oberflächliche Beziehungen zu möglicherweise hochdosierten UserInnen eingegangen, nicht zuletzt aus der Erfahrung heraus, daß sich tragfähige, vertrauensgeprägte Beziehungen als Basis für nachhaltige Unterstützung oft erst nach einer längeren Phase des Annäherns und distanzierten Interagierens herausbilden.
Das Wissen darum, daß nach wie vor in vielen Institutionen mit fordernden Verbindlichkeitsvorstellungen gearbeitet wird, läßt DrogenkonsumentInnen vor der Kontaktaufnahme mit dort wartenden BeraterInnen abschrecken. Vielfach werden Klagen über die geringe Reichweite herkömmlicher einrichtungsgebundener Drogenarbeit laut. Ein nicht zu unterschätzender Teil der UserInnen bleibt ohne ein aus ihrer Sicht akzeptables niedrigschwelliges Beratungsangebot unerreicht und "unversorgt". Nicht eine akzeptierend ausgerichtete Drogenarbeit, die sich mit problemlagenadäquaten Angeboten gezielt um die Unerreichten und Unversorgten bemüht, wirkt suchtverlängernd, sondern eher ein Hilfssystem, das auf hohen Zugangsschwellen fußt. Die angebliche Verbindlichkeit herkömmlicher institutionenfixierter Drogenarbeit im Vergleich zu akzeptierend ausgerichteten Praxisformen erweist sich angesichts der großen Zahl Unerreichter und der nicht geringen Abbruchquoten sowohl im ambulanten als auch im stationären Bereich als Fiktion.

2. These: Die Praxis akzeptierender Drogenarbeit wirke suchtverlängernd durch den "Versorgungscharakter bzw. den Verwöhnungscharakter der Arbeit". Erfahrungen mit versorgend ausgerichteten Angeboten hätten gezeigt, "daß jemand, dem es unter Drogen relativ gut geht, kaum eine Motivation entwickelt, aufzuhören. Erst wenn er durch sein Drogenverhalten beginnt, negative soziale, psychische und körperliche Wirkungen zu spüren, fängt er langsam an, darüber nachzudenken, wie er am besten aufhören kann. Eine Wegnahme der negativen Konsequenzen, die er ja seinem eigenen Verhalten zuzuschreiben hat, wirkt unserer Ansicht nach suchtverlängernd... "
Betrachte man die Versorgungsangebote, so könne man sich "des Eindrucks nicht erwehren, daß solche Versorgungsleistungen benötigt werden, um Abhängige in die Beratungsstelle zu ziehen, weil die eigene Professionalität nicht ausreicht, um dem Junkie eine wirkliche Hilfe zur Selbsthilfe anzubieten und ihn zu veranlassen, wiederzukommen, weil er spürt, daß er so weiterkommen kann".

Mit der Leidensdrucktheorie und der These von der individuellen Schuld der Abhängigen an ihrer Situation werden zwei Argumente aufgegriffen, die sich weit über DrogenarbeiterInnen-Kreise hinaus bis hin zu typischen Stammtischgesprächen wegen ihrer Einfachheit, leichten Verständlichkeit und der selbstrechtfertigenden Funktion großer Beliebtheit erfreuen. Wenn UserInnen an ihrer elenden Situation selbst schuld sind und nur zur Räson kommen, wenn es ihnen richtig "schlecht" geht, erübrigen sich die Benennung von Verelendung bewirkenden objektiven Faktoren (wie etwa Obdachlosigkeit infolge von Wohnungslosigkeit oder materielle Notlagen infolge von Arbeitslosigkeit) oder die Hinterfragung der Adäquanz bestehender psychosozialer Interventionsstrategien.

Wie Bleicher richtig erkennt, nehmen im theoretisch-konzeptionellen Ansatz und im Praxisverständnis akzeptierender Drogenarbeit Angebote zur "Versorgung" einen wichtigen Stellenwert ein. Derartige Hilfen zur Grundversorgung sind darauf ausgerichtet, UserInnen in existentiellen Notlagen eine menschenwürdige Existenz zu ermöglichen. Daß beispielsweise das Angebot einer Duschmöglichkeit oder die Bereitstellung von Übernachtungsplätzen für wohnungslose Abhängige verwöhnend wirken könnten, das klingt zynisch bei dem Wissen darum, daß nicht wenige UserInnen selbst im Winter im Freien nächtigen müssen oder insbesondere weibliche Abhängige zur "Notprostitution" gezwungen werden, bloß um einen Schlafplatz zu erhalten. Mit einem akzeptierenden Selbstverständnis ist eine Haltung nicht vereinbar, nach der Drogenabhängigen zur Schaffung von Ausstiegsmotivation die Erfüllung existentieller menschlicher Bedürfnisse verwehrt werden muß. Vielmehr steht dahinter die Einsicht, daß die in der Szene verbreiteten Verelendungstendenzen bei vielen UserInnen zu einem überhandnehmenden Gefühl von Perspektivelosigkeit und Resignation, keinesfalls aber zum quasi automatischen Aufkeimen von Ausstiegsmotivation führen.

In der praktischen Umsetzung der Ideen akzeptierender Drogenarbeit sollen Angebote zur existentiellen Grundversorgung Verelendung verhindern und darüber hinaus zur psychosozialen Stabilisierung der Betreuten beitragen. Eine Verweigerung der Grundversorgung käme einer Sanktion der DrogenkonsumentInnen für die (noch) nicht vorhandene Bereitschaft zur Inanspruchnahme von hochschwelligen Angeboten gleich. Die wissenschaftlich dokumentierte Erfahrung zeigt, daß im Rahmen einer akzeptierenden niedrigschwelligen Unterstützung bei den Betreuten eine tragfähige Motivation zur Reduktion der Drogenbindung oder zum Ausstieg aus der Sucht entstehen kann (vgl. Projektgruppe TU-DROP 1984; Steffan 1989).

3. These: Die Praxis akzeptierender Drogenarbeit wirke suchtverlängernd durch die "Übernahme der Elternrolle". Man nähme es durch lebenspraktische Hilfen wie z.B das Zurverfügungstellen einer Waschmaschine oder einer Duschgelegenheit oder durch Übernachtungsangebote dem Junkie ab, "für seine alltäglichen Dinge sorgen zu müssen, wie z.B. Wäsche waschen, duschen, sich um Wohnung kümmern etc. und sein Leben damit selbstverantwortlich in die Hand zu nehmen und die negativen Konsequenzen seines 'Nichtkümmerns' um solche Dinge selbst zu beseitigen".
Die DrogenarbeiterInnen würden versuchen, sich als die "besseren Eltern" zu profilieren. Der Drogenarbeiter wolle "nicht die autoritäre Elternrolle haben, sondern die fürsorgliche, mütterliche, verwöhnende und tritt damit in Konkurrenz zu den realen Eltern, indem er die Rolle der nicht-autoritären und nicht-repressiven Eltern übernehmen und sich damit in der Rolle der 'besseren Eltern' darstellen will". Dies mit äußerst problematischen Konsequenzen: "Eine sinnvolle Einbeziehung der Eltern in die Drogenarbeit wird unmöglich gemacht." Es bestehe die Gefahr, daß nur wenige Eltern Kontakt mit den Drogenberatern aufnähmen, "daß die Elternarbeit fast unmöglich gemacht wird und daß die Eltern als Hilfspersonen im Kampf gegen die Abhängigkeit fast ausfallen. Das ist um so fataler, je mehr man sich die Erkenntnis zu eigen macht, daß eine Ursache der Abhängigkeit in der Familiendynamik liegt und daß bei der Bekämpfung der Abhängigkeit auch abhängige Strukturen in der Familie mit einbezogen werden müssen".
Verkannt wird hier der Sinn lebenspraktischer Hilfen und anderer niedrigschwelliger Angebote. Diese sollen es den Abhängigen nicht ersparen, sich selbst um die Organisierung ihres Alltags kümmern zu müssen. Vielmehr steht dahinter die Absicht, gezielte professionelle Unterstützung in Situationen zu geben, in denen beispielsweise aufgrund individueller Motivationskrisen oder resignationsfördernder objektiver Bedingungen wie etwa Wohnungsnot die Eigeninitiative von UserInnen zu ersticken oder zu scheitern droht. Es klingt unverständlich, wenn Bleicher fordert, Abhängige sollten ihr Leben selbstverantwortlich in die Hände nehmen, er ihnen allerdings bei der lebenspraktischen Bewältigung ihrer Situation Unterstützung verweigern will. In einer derartigen Unterstützung muß bei einer an Humanitätsprinzipien ausgerichteten Hilfe - neben therapeutisch ausgerichteten Handlungsansätzen - ein Schwerpunkt von Drogenarbeit liegen und damit letztendlich mit ausschlaggebend deren Existenzberechtigung. Die Gedankengänge von Kritikern lebenspraktischer Hilfen sind in diesem Punkt von eigenartiger Härte: Im Bereich der Nichtseßhaftenhilfe würde nämlich niemand fordern, Wohnungslosen Übernachtungsmöglichkeiten zu verwehren, damit diese Selbstverantwortung für ihren Lebensalltag entwickeln.

Zu dem Vorwurf, in einer Art Über-Eltern-Position eine fürsorgliche, verwöhnende, mütterliche Rolle einnehmen zu wollen, bleibt zu bemerken, daß DrogenarbeiterInnen aus keiner Quelle für sich das Recht ableiten können, hilfsbedürftigen Abhängigen gegenüber "autoritär" oder "repressiv" aufzutreten. Ein solches Verhalten läßt sich weder aus den anerkannten Beratungs-Theorien noch aus den gängigen Therapieschulen heraus fachlich begründen. Eine einfühlsame, wohlwollende und tolerante Haltung seitens der HelferInnen zählt vielmehr zu den unbestrittenen Voraussetzungen für das Entstehen vertrauensgeprägter Therapie- und Beratungsbeziehungen.
Zuzustimmen ist Bleichers Einschätzung von der Bedeutung der Elternarbeit. Allerdings ist nicht einzusehen, daß ein akzeptierendes Grundverständnis eine Arbeit mit familiären Bezugspersonen unmöglich machen soll. Eine generell harte, konfrontative Haltung, wie sie gelegentlich pauschal von DogenarbeiterInnen Eltern gegenüber für den Umgang mit drogenabhängigen Kindern geraten wird, verträgt sich freilich nicht mit einem akzeptierenden Grundverständnis. Zu bedenken bleibt ferner, daß viele der UserInnen aus den subkulturellen Rückzugsräumen, die mit akzeptierend ausgerichteten Angeboten erreicht werden, kein familiäres Bezugsfeld mehr im Hintergrund haben, das sinnvollerweise in einen Betreuungsprozeß einzubeziehen wäre. Eltern fallen beispielsweise als Kooperationspartner vollkommen oder weitgehend aus bei ehemaligen UserInnen, die ihre Eltern nicht kennen oder von ihnen abgelehnt werden; bei fortgeschrittener sozialer Entwurzelung, wie etwa beim Fehlen einer Familienbindung nach regionaler Mobilität; bei einem für den weiteren Lebensweg der Betreuten eher "schädlichen" elterlichen Milieu (Alkohol- oder Drogenabhängigkeit, Prostitution, Kriminalität etc.) sowie in einer Vielzahl von Fällen, in denen eine vollständige "Abnabelung" vom Elternhaus und das Finden eines eigenen Lebensweges sinnvoll erscheint.
Die angebliche Behinderung der Elternarbeit kann jedenfalls angesichts dieser Fakten kein schlagendes Argument gegen akzeptierend ausgerichtete Handlungsstrategien sein.

4. These: Akzeptierende Drogenarbeit würde Junkies in ihrem allgemeinen Verhalten und speziell im Drogenkonsum durch "Belohnung mit Aufmerksamkeit und Zuwendung" bestärken.
Die Forderung, Abhängigen bei der Kontaktaufnahme und im Betreuungsprozeß nicht mit Aufmerksamkeit zu begegnen, um sie ja nicht im Drogenkonsum zu bestärken, können engagierte, auf effektive Unterstützung hin orientierte DrogenarbeiterInnen kaum nachvollziehen, sind doch aufmerksames Achten auf die psychische Befindlichkeit des/der Betreuten sowie seine/ihre individuellen Lebensumstände unbestreitbar

Grundvoraussetzung für die auf den Einzelfall zugeschnittene, problemlagenadäquate Unterstützung. Nur mit wachem Auge lassen sich günstige oder notwendige Interventionszeitpunkte erkennen.
Akzeptieren von DrogenkonsumentInnen bedeutet, sie als Mensch ernst zu nehmen, ihnen auf mitmenschlichem Niveau zu begegnen. Offenheit, Herzlichkeit, Sympathie und Anteilnahme als Aspekte von Zuwendung fließen deshalb in die Kontaktaufnahme und in Betreuungsprozesse ein. Das Ernstnehmen von DrogenkonsumentInnen als menschliche Subjekte erfordert eine aufmerksame, lernbereite, mitmenschliche Grundhaltung.

5. These: Negativ wirke sich die Rolle der verwöhnenden Mutter auf das Verhältnis zu den Betreuten und auf die psychische Verfassung des Drogenberaters aus: Es werde "schwierig, vom Abhängigen etwas zu fordern, die eigenen Grenzen abzustecken, was man für den anderen zu tun bereit ist und was nicht, und den Junkie mit seinem oft parasitären Verhalten zu konfrontieren". Der Drogenberater werde bei einer solchen Haltung "ähnlich, wie die ihm entsprechende verwöhnende Mutter emotional ausgequetscht, bis er nicht mehr kann und resigniert, diese Resignation aber nicht seinem Verhalten zuschreibt, sondern der repressiven Gesellschaft".
Bedenklich muß das Menschenbild stimmen, das hinter derartigen Thesen steht. Gleichsam wie Parasiten würden Abhängige ihre Umgebung schädigen und selbst nicht davor zurückschrecken, jene gutmeinenden DrogenarbeiterInnen auszuquetschen, die ihnen mit akzeptierender Grundhaltung begegnen. Die Stringenz und Plausibilität dieser Argumentation muß wohl nicht weiter hinterfragt werden.

6. These: "Der Abhängige wird in eine Exotenrolle gedrängt. Er ist angeblich etwas Besonderes."
Ein akzeptierendes Selbstverständnis bricht mit dem Sondermenschenstatus, den Bleicher DrogenkonsumentInnen zuschreibt. Gefordert wird ein Akzeptieren von Abhängigen als Menschen und die Abkehr von Sichtweisen, nach denen mit UserInnen nicht umgegangen werden könnte wie mit anderen Menschen.

7. These: Wenn ein Kernstück akzeptierender Drogenarbeit in niedrigschwelligen, aufsuchenden Handlungsansätzen liegt, so komme darin zum Ausdruck, daß man den Abhängigen die Fähigkeit abspreche, in eine Beratungsstelle zu gehen.
"In dem totalen Willen zu helfen, ... wird dem Abhängigen die Selbstverantwortung für sich und sein Tun abgenommen und der Abhängige in eine Kindrolle gedrängt. Der Abhängige wird damit entmündigt ..."

Das Selbsthilfepotential und die Selbststeuerungsfähigkeit von Abhängigen werden in Konzepten und Praxisansätzen akzeptierender Drogenarbeit ernstgenommen. Abhängigen wird nicht die Fähigkeit abgesprochen, sich selbst zu stabilisieren, den Drogenkonsum zu reduzieren oder aufzugeben. Entmündigend wirkt vielmehr das Beharren auf der Clean-Forderung als Voraussetzung für das Gewähren professioneller Unterstützung bei ausschließlich hochschwelliger Arbeitsweise.

8. These: Die Diskussion um akzeptierende Konzepte sowie das bisweilen offensive Auftreten ihrer Apologeten lasse "die anderen Beratungsstellen und Therapieeinrichtungen ... als repressiv und unqualifiziert erscheinen". Man wolle dann beispielsweise besser dastehen als der "gute" Drogenstreetworker.
Die Diskussion um akzeptierende Drogenarbeit bewirke "in der Öffentlichkeit wie auch unter Abhängigen den Eindruck, es gäbe tatsächlich eine Alternative zur jetzigen Praxis der Drogenarbeit". Dies könne "die Drogenarbeit zum Schaden der Abhängigen spalten, die sich jetzt wieder Hoffnung machen, durch noch mehr Gehätscheltwerden von ihrer Sucht loszukommen".
Mehr und mehr setzt sich die Einsicht in die Notwendigkeit akzeptierender Praxisformen mit niedrigschwelligen, lebensweltnahen Angeboten durch. Eine fachlich qualifizierte, auf die dominanten Problemlagen von Abhängigen bezogene ambulante Arbeit ist ohne die Einbeziehung derartiger Komponenten kaum mehr vorstellbar. Nicht eine Spaltung der Drogenarbeit zum Schaden der Abhängigen wird intendiert. Es gilt vielmehr, das bestehende Angebotsspektrum zu ergänzen und zumindest in Teilbereichen des Hilfssystems auf einen Paradigmenwechsel hinzuarbeiten.

9. These: Akzeptierende Drogenarbeit sei veraltet und habe sich als ineffektiv erwiesen. "Die Einstellungen, die Mudra uns als 'neu' zu verkaufen versucht, erinnern uns an längst vergangene antiautoritäre Zeiten, in denen die Drogenarbeit begann, und in denen auch in München Versuche mit versorgendem Charakter, wie z.B. Übernachtungen von Junkies in der Beratungsstelle sowie Drogenstreetwork gestartet wurden. Die Erfahrungen zeigten, daß ein Nachlaufen, ein Anbiedern und Versorgen von Junkies nichts bringt, sondern daß ein Junkie im Laufe seiner Karriere darauf trainiert wird, solche Angebote für sich auszunützen, weil sie ihn entlasten und er damit mehr Zeit hat, sein 'Gift aufzubauen'."
Prinzipiell spricht nichts gegen die Wiederaufnahme und Weiterentwicklung von 'früheren' Konzepten. Skeptiker führen in diesem Zusammenhang gerne eigene Erfahrungen an, aus denen sie die Ineffektivität, Sinnlosigkeit und bisweilen gar die Schädlichkeit akzeptierender Ange-

bote ableiten. Bisher gab es in der BRD jedoch nirgends einen Praxisversuch, in dem modellhaft ein akzeptierend ausgerichtetes Verbundsystem mit aufeinander abgestimmten, differenzierten und durchlässigen Angeboten erprobt worden wäre. In vielen Projekten war das Scheitern vorprogrammiert, etwa aufgrund mangelnder Personal- oder Sachmittelausstattung, Mitarbeiterfluktuation infolge von ABM-Beschäftigung oder eines Mangels an Komplementärressourcen.
Unlogisch, weil unbegründet bleibt in Bleichers Argumentation weiterhin, weshalb die zweifellos entlastend wirkende Funktion von akzeptierenden Angeboten zwangsläufig zu einem verstärkten Drogenkonsum führen soll. Das Reduzieren der "daily hazels" kann vielmehr erfahrungsgemäß zu einer Stabilisierung führen und mitunter längerdauernde eigeninitiative Prozesse zur Reduktion der Drogenbindung oder zum Ausstieg aus der Szene anstoßen.

LITERATUR

Bleicher, E.: Stellungnahme zur Selbstdarstellung der MUDRA-Streetwork in der Öffentlichkeit. Referat auf der 45. Drogenkontaktrunde der Bayerischen Landesstelle gegen die Suchtgefahren am 30.11.1984 in München

Herwig-Lempp, J./Stöver, H.: Grundlagen akzeptierender Drogenarbeit. In: Wiener Zeitschrift für Suchtforschung Nr. 2/3. 1988, S. 51-64

Merz, P./Schreiber, R./Thiebaud, F.: Haus Gilgamesch - Erste Erfahrungen eines Pilotprojektes. In: streetcorner Nr. 2/1989, S. 54-67

Projektgruppe TU-DROP: Heroinabhängigkeit unbetreuter Jugendlicher. Weinheim 1984

Schmidt, T.: Wie ein bunter Fisch im Wasser... - Straßenarbeit in Amsterdam. In: Steffan W. (Hrsg.): Straßensozialarbeit. Weinheim 1989

Steffan, W.: Streetwork in der Drogenszene. Freiburg 1988

Steffan, W.: Streetwork in der Drogenszene - Begründung und Leistungsfähigkeit. In: Steffan W. (Hrsg.): Straßensozialarbeit. Weinheim 1989

Trautmann, F.: Tages- und Nachtzentrum "Het Princenhof". In: Krauß G./Steffan, W. (Hrsg.): "...nichts mehr reindrücken" - Drogenarbeit, die nicht bevormundet. Weinheim 1985

4. Einige Fragen zur akzeptierenden Drogenarbeit (1)

Stephan Quensel

Ich möchte die Frage verfolgen, warum es uns allen so schwer fällt, den Weg einer akzeptierenden, nicht bevormundenden Drogenarbeit zu gehen, warum wir statt dessen 20 Jahre lang nahezu blind(-wütig) mit unserer Drogenpolitik in die verkehrte Richtung marschiert sind; warum es also bei dieser Drogenpolitik so schwierig ist, unserem gesunden Menschenverstand wie unserem natürlichen Mitgefühl zu folgen.
Ich werde mit der relativ einfachen Frage nach der Rolle der Kriminalisierung beginnen, weil ich annehme, daß wir uns bei der klassischen Drogenarbeit über deren schädliche Folgen noch relativ rasch einigen können, während es erheblich schwieriger ist, sich von der Symbolik, die in dieser Kriminalisierung festgeschrieben wurde, völlig freizumachen. In einem zweiten Schritt möchte ich deshalb auf den kulturspezifischen Symbolwert dieser Drogen eingehen, um im dritten Schritt dann die darin gründende heikle Frage nach unserer höchst ambivalent besetzten Einstellung zur Akzeptanz des Drogenkonsumenten zu stellen.

Zur Rolle der Kriminalisierung

Die gegenwärtige Diskussion über niedrigschwellige, akzeptierende Drogenarbeit sucht ihren Gegenpart primär beim Abstinenz-Paradigma, begreift also als Kern dieser Arbeit die Akzeptanz des "Süchtigen", ohne von vornherein zu verlangen, daß dieser von seinen Drogen ablassen müsse: "Sucht-Begleitung" ist hierfür die einprägsame Vokabel.
Diese Art der Diskussion bleibt jedoch solange dem klassischen Paradigma verhaftet, wie sie gemeinsam mit dem Abstinenz-Paradigma das Übel in der Droge sucht, diese selbst also als Übel begreift. Für die Alltagspraxis mag diese Sichtweise zunächst von Vorteil sein, weil sie ein Zusammengehen mit Vertretern der Abstinenz-Perspektive, eine Koalition beider Strategien mit dem Endziel der letztendlichen Drogenfreiheit nahelegt.
Diese Perspektive erlaubt es auch, in der um Einfluß kämpfenden Konkurrenz gegen die Juristen-Zunft, gemeinsam die notwendige Entkriminalisierung dieser Drogen zu verlangen, solange nur der Übelcharakter dieser Drogen - etwa im Rahmen des medizinischen oder psychologisch-psychoanalytischen Denkmodells ("Suchtpersönlichkeit") nach dem Vorbild der alcoholic anonymous - gewahrt bleibt. Doch unversehens verfolgen Aufklärung, Beratung, Therapie und Strafe unter dieser Optik

hier - auf unterschiedlich schmerzhaftem Wege - noch immer dasselbe repressive Ziel, nämlich den Drogenkonsumenten von diesem Übel zu befreien bzw. potentielle, künftige Drogenkonsumenten davor zu bewahren. Insofern blieben letztlich alle drei Ansätze sowohl miteinander koalitionsfähig wie auch einfach untereinander austauschbar.
Jedoch wurzelt in dieser Gemeinschaft - zwischen therapeutischem wie repressivem Endziel - eine Spannung, die freilich das traditionelle Zusammmenspiel zwischen "Therapie und Strafe", zwischen Abstinenzparadigma und repressiver Verfolgung nur in Ausnahmefällen infrage stellen konnte - etwa bei der ehedem umstrittenen Frage der Rückmeldepflicht.
Im Rahmen niedrigschwelliger Drogenarbeit muß diese Spannung dagegen zur nahezu alltäglichen Auseinandersetzung mit dem Sanktionsapparat führen, sei es, weil man "akzeptierend" selber in die illegale Szene verstrickt wird, sei es, weil man an nunmehr vorderster Drogenfront die durch das Strafsystem verursachten Negativfolgen hautnah miterlebt, oder sei es, weil dieser Apparat auf den Drogenarbeiter als Zeugen, Informanden und Helfer mit mehr oder weniger guten Argumenten und entsprechendem Zwang direkt zugreifen wird.
Mit anderen Worten: Im Koalitions-Dreieck zwischen akzeptierender Drogenarbeit, überkommenem Abstinenz-Ansatz und Sanktionsapparat sind die Bezüge zwischen den letzteren beiden insgesamt erheblich enger als zwischen ihnen und den Vertretern niedrigschwelliger Drogenarbeit. Und zwar um so mehr, je konsequenter dieser Ansatz in unserer vom Kriminalitätsparadigma geprägten Drogenwelt durchgehalten wird.
Auf den eigentlichen Kern dieser Spannung treffen wir dann, wenn wir - im Rahmen einer solchen frontnahen akzeptierenden Perspektive - unsere Erfahrung im Umgang mit der Reaktion des Sanktionsapparates ernst nehmen und konsequent zu Ende denken: Es zeigt sich dann nämlich zunächst, daß ein großer Teil derjenigen Übel, die wir der Droge zuschreiben, nichts anderes ist als eine Folge des Zugriffs des Sanktionsapparates wie der mit ihm verbündeten Therapiemonopolisten; diese Übel würden bei einer Entkriminalisierung also entfallen. Dies reicht von den direkten und indirekten Kriminalisierungsfolgen für die vom Knast Gezeichneten, über die Art der "linken" Szene bis hin in die konkrete physische und psychische Verelendung der Junkies, also bis hin in den Drogentod und HIV-Ansteckung.
Doch sind dies nur die direkt sichtbaren Folgen, gegen die Abstinenz- und Akzeptanz-Paradigma noch gemeinsam vorgehen könnten. Tiefer reicht ein zweiter Einflußstrang, nämlich die durch eine solche Kriminalisierung festgeschriebene "Sanktionierung" unserer Übelperspektive. Illegalisierte Drogen erhalten durch diese Kriminalisierung nämlich einen doppelten symbolischen Unwertstempel. Sie können zum einen

selber nur noch negativ wahrgenommen werden, positive Seiten sind hier dagegen ebensowenig zugelassen wie etwa bei Diebstahl oder Mord. Von "Mißbrauch", Rauschgift, Betäubungsmitteln ist die Rede; nicht von Konsum-, Gebrauch- oder Genußmitteln. Und diese Kriminalisierung verlangt zugleich gebieterisch, solchem Übel mit ähnlichem Übel entgegenzutreten: Vom mosaischen Lex talionis, also Auge um Auge, bis hin zum Legalitätsprinzip, das Polizei und Staatsanwaltschaft offiziell und prinzipiell gebietet, auf freies Ermessen bei der Verfolgung zu verzichten.

Auf dieser vermaledeiten Doppelperspektive - dem einseitigen Blick auf das Negative wie dem Gebot, es durch ähnlich Negatives zu beseitigen - beruht, auch historisch nachweisbar, unser abstinenzorientierter Behandlungsansatz. Dieser verstärkt nur allzu häufig heute in wechselseitiger Verschränkung mit dem Strafansatz, diesen ergänzend, von ihm durchdrungen, eben jenes Übel, das eigentlich zu bekämpfen man auszog. Intolerant, pharisäerhaft, mit guter Absicht und bestem Gewissen.

Gegen diesen Ansatz wendet sich, im Namen der Toleranz, der Versuch, akzeptierend zu arbeiten; gemeinsam gegen die Kriminalisierung angehend, die positiven und negativen Seiten legaler wie illegaler Drogen im Auge, auf dem engen Grat zwischen repressiver Toleranz einerseits, dem "laßt sie doch verrecken", das auch der Leidensdruck-These unabdingbar innewohnt, und bevormundender Drogenarbeit andererseits, die stets "nur dein Bestes will".

Zum kulturspezifischen Symbolwert der Drogen

Die positiven und negativen Seiten der Drogen: Wir kennen den Weinliebhaber und zugleich das Korsakov-Syndrom, den Duft aus dem Cognac-Schwenker wie den Unfall alkoholisierter Verkehrsteilnehmer, von den Freuden und Leiden der deswegen keineswegs zwangsbehandelten Nikotiniker einmal ganz abgesehen.

Wer von uns traut sich jedoch, über die Freuden des Cannabis, die Wonnen des Opiums oder die Wachsamkeit des Kokains zu sprechen, mit Freunden, in der Aufklärung oder gar im niedrigschwelligen Drogenansatz? Obwohl diese Drogen doch alle als solche weniger Schaden stiften als die legalen Drogen und obwohl sie in eben derselben Weise für den Konsumenten "positive" Werte besitzen, würde man sie doch sonst in ähnlicher Weise zu meiden versuchen, wie manche von uns den Alkohol, das Koffein oder gar das Nikotin.

Dies ist sicher eine Folge der bisher besprochenen Kriminalisierung, der Aufteilung in illegale und legale Drogen, wobei uns die ersteren überdies helfen, die negativen Seiten der legalen Drogen zu verdrängen.

Doch warum erklären wir die eine Droge für legal, ihre häufig weniger schädliche Schwester dagegen für illegal? Und warum übersehen wir hier die Hekatombe der Nikotin- und Alkohol-Opfer, um dort laut über die "paar" Drogentoten zu lamentieren, die überdies zumeist eher am legalen Barbiturat gestorben sind und nicht an der Überdosis eines zu reinen Heroins?
Die einen seien "kultureigen", die anderen dagegen "kulturfremd", sagt man uns, und meint damit, es gäbe bei uns so etwas wie eine einheitliche Kultur; als ob nicht Männer eher Alkohol, Frauen eher Medikamente, Süddeutsche eher Wein, Bayern das Bier, Norddeutsche dagegen den Schnaps bevorzugten, und als ob nicht die Älteren zu den legalen und die Jüngeren eher zu den verbotenen, illegalen Drogen griffen. Ein eher "multikulturelles" Gemisch also, in dem die heute illegalen Drogen übrigens sehr viel länger zu Hause sind als etwa die Psychopharmaka, der Nescafé oder die Vorliebe für den Beaujolais primeur.
Und wieso verpflichtet uns 'Kulturfremdheit' eigentlich dazu, solche "Übel" auszurotten? Oder soll die Erfolglosigkeit dieser Politik die Größe des Übels unterstreichen, das ungewollt und doch so funktional eben erst durch diese Politik hervorgerufen wird, so daß manche meinen, eben dies sei die eigentliche Aufgabe der Illegalisierung, nämlich den Übeltäter zu schaffen und ihn sichtbar vor uns hinzustellen.
Verfolgt man diese Fragen, stößt man auf einen recht komplexen Sachverhalt, in dem die jeweils bevorzugte Droge wie die davon abgesetzte "Gegendroge" als bedeutsames kultur- und gruppenspezifisches Symbol gewertet werden. Dabei gewinnen diese Drogen in doppelter Weise Einfluß auf die Art, wie wir uns selber verstehen, also auf unsere Identität: Die kultureigenen, legalen Drogen verkörpern zentrale Werte derjenigen Gruppe, der man sich zugehörig fühlt; die kulturfremden, illegalen Drogen dagegen unterstreichen mit ihrem Symbolgehalt die Charakteristika der Gegengruppe. Der gekonnte Umgang mit der eigenen Droge bestätigt mich als risikofreudigen Kenner und standfesten Trinker; die verelendende Abhängigkeit kennzeichnet dagegen den schwachen Charakter meines Gegenübers. Gruppe wie Gegengruppe bilden den Mantel meiner Identität; die eine bietet mir Sicherheit und Selbstbestätigung, die andere benötige ich, um die Bedeutung der eigenen Gruppe in besonderer Weise hervorzuheben.
Konkret kann so der alkoholfeste Mann auf die labile, Valium-konsumierende Frau herabsehen, der Koffein-konsumierende Europäer auf den laschen Opiumorientalen, - und umgekehrt der High-Society-Kokser auf den Bierwanst, der Cannabis-Konsument auf den braven Bürger, der Junkie auf die Workaholics und der Polytoxikomane auf die gesamte, verrottete Gesellschaft.

Ohne nun an dieser Stelle den tiefgreifenden, kulturanthropologischen Fragen nach der Kulturbestimmtheit des Menschen, nach dem Stellenwert seiner positiven und negativen Bezugsgruppe wie dem Gewicht der durch diese Drogen veränderten Bewußtseinszustände für die eigene Identitätsvorstellung weiter nachzugehen, möchte ich hier deshalb eher thesenhaft festhalten:

(1) Drogen sind symbolische Kampfmittel; sie dienen dazu, die eigene Identität und Machtstellung zu stärken und die der Gegner abzuwerten, und zwar weniger, um den Gegner auszuschalten, sondern eher dazu, um sich von ihm nach oben hin abzusetzen.

(2) Drogen eignen sich hierfür aus dreierlei Gründen besonders gut, und zwar wegen ihrer das menschliche Selbstverständnis berührenden zentralnervösen Eigenschaften; wegen der vielfältigen Abstufbarkeit: von der Tasse Milchkaffee über den Espresso bis hin zur Kaffeebombe im Knast; und schließlich wegen ihrer hohen Plastizität, d.h. kulturellen Formbarkeit, die ja erst eigentlich den wahren Inhalt vieler dieser "Placebo"-Drogen näher bestimmt.

(3) Mit Hilfe dieser Formbarkeit kann man einerseits die Droge zähmen, kann man lernen, ihre positiven Seiten in die je eigene Kultur zu integrieren; man kann sie aber auch zur Abwertung der anderen Gruppe verwildern lassen, indem man durch Kriminalisierung ihre negativen Seiten wachsen läßt, bis hin zum Horror-Bild des sterbenden Fixers.

Von dieser Warte aus gesehen wird es fraglich, inwieweit Drogenarbeit eigentlich "neutral" sein kann, bzw. umgekehrt, wann sie zum "Kampfmittel" in dieser symbolischen Auseinandersetzung gerät: Fordert die Drogenarbeit mit dem Strafrecht - als Sammlung der herrschenden Kultursymbole - Abstinenz von der illegalen Droge, bezieht sie ebenso Stellung, wie wenn sie nur "fahnenflüchtig" unter akzeptierender Perspektive Toleranz verlangt, womit sie gleichsam dieses so zugkräftige Distanzierungssymbol aus dem Verkehr zu ziehen droht?

Problematischer noch wird es, wenn die Drogenarbeit gar damit beginnen würde, diesem illegalen Drogenrahmen zur kulturellen Eigenentfaltung zu verhelfen, etwa Aufklärung über und Einüben von Techniken propagieren würde, um gezielt die positiven Seiten dieser Drogen zu fördern, wie dies etwa heute schon bei den nicht auffälligen Kokain-Konsumenten oder bei langjährigen Cannabis-Usern der Fall ist. Was geschähe wohl, wenn ein Drogenarbeiter nicht nur "Druckräume" für Heroinkonsumenten einrichtete mitsamt den sterilen Nadeln, sondern zugleich für eine humane, kommunikative und gemütliche Ausstattung solcher "Opiumhöhlen" Sorge trüge?

Wir sind damit bei unserer dritten Reiseetappe angelangt, bei uns nämlich, bei der Frage, was wir uns eigentlich zutrauen dürfen und können.
Wir arbeiten alle in einem - durch die Kriminalisierung vorgegebenen - relativ engen Handlungsrahmen und sind in einer ganz spezifischen Drogensicht aufgewachsen und ausgebildet worden, zwei sich wechselseitig ergänzende Schranken unserer Praxis, die überdies zutiefst emotional geprägt ist, einerseits durch das elende Schicksal der Betroffenen, mit denen wir arbeiten, und andererseits durch unsere Wünsche, zu helfen und anerkannt zu werden.
Als Drogenarbeiter stehen wir so vor der aufsummierten Doppelbelastung, sowohl therapeutischen wie auch Kriminalisierungs-Erwartungen entsprechen zu müssen, gleichsam als hilflose Helfer, die zugleich noch heimliche Staatsanwälte sind, die mit den eigenen Omnipotenzwünschen ebenso zu kämpfen haben wie mit der pharisäerhaften Selbstgefälligkeit dessen, der sich auf der rechten Seite des Lebens glaubt. Eine aufsummierte Doppelbelastung, deren jeweilige Hälfte den Kollegen im Therapie-Sektor - etwa in der Psychiatrie - wie den Kollegen im Strafbereich - etwa den Bewährungshelfern - schon ausreichend Probleme bereiten kann.
Hinzu kommt, daß auch Drogenarbeiter in das Drogen-Kultur-Spiel eingebunden sind; daß sie selber Drogen nehmen, mit mehr oder weniger larvierten Ängsten diesen ihren Drogen gegenüberstehen und natürlich der identitätsstiftenden und -abwehrenden Drogenfunktion ebenso unterliegen wie ihre Mitbürger und Klienten, womöglich sogar mehr als diese, weil wir sonst uns nicht so intensiv gerade mit Drogen beschäftigt hätten.
Eine Fülle von Schwierigkeiten also, die gleichsam in einer letzten Spiralwindung gerade in der akzeptierenden Drogenarbeit dadurch verstärkt werden, daß sich hier in besonderem Maße "sensible" Mitarbeiter einfinden, die die klassische Arbeit mit ihren Schutzmechanismen im Interesse der Betroffenen ablehnen, und die damit vielleicht auch eher geneigt sind, den sonst so gut verdrängten eigenen Verwahrlosungs-Wünschen größere Spielräume zu gewährleisten.
Es ist deshalb kein Wunder, daß die optimistischen früheren Versuche der akzeptierend arbeitenden Release-Bewegung gescheitert sind, weil allzugroße Nähe zum Betroffenen nur allzu oft verführerisch zum unsoliden Kumpeln, zur Über-Identifikation wie zur entsprechenden Frustrationsreaktion führen kann. Verständlich wird von daher auch, daß die traditionelle Drogenarbeit hiergegen besondere Schutzmechanismen entwickelt hat mit ihrer Komm-Struktur und Büroarbeit, mit ihrer primären Abstinenzforderung wie mit ihrer zwanghaften Therapie. Nicht

umsonst hat Freud schon für den therapeutischen Umgang mit vergleichsweise eher harmlosen Klienten, den angepaßten Neurotikern, recht strikte Einschränkungen vorgesehen, für den Therapeuten die Forderung der Abstinenz, für die Betroffenen eine "gesunde Neurosen-Struktur", die eben gerade unsere Klienten, die Verwahrlosten, von solcher Therapie ausschloß.
In dieser höchst prekären Situation gerade der akzeptierenden Drogenarbeit liegt ihre Gefahr wie aber auch ihre einzigartige Chance, sofern es ihr gelingt, gleichsam die positiven Seiten des Selbsthilfeansatzes mit dem der professionellen Sozialarbeit zu vereinen, also die wechselseitige Betroffenheit einerseits mit der Expertise im sozialen Helfen und in der Selbstreflexion andererseits zu verbinden. Und wenn es umgekehrt gelänge, deren jeweils negative Seiten in den Hintergrund zu drängen, also die Rigidität des Ehemaligen auf seiten der Selbsthilfe und das entmündigende Besserwissen des Experten auf seiten der Professionellen.
Als Wegweiser zu einer solchen Position, die, wie Beispiele belegen, erlernbar und erreichbar ist, möchte ich, neben den klassischen Hilfsmitteln etwa der Supervision und Intervision, zum Abschluß je zwei allgemeintherapeutische und zwei drogenspezifische Momente unterstreichen.
(1) "Reale Hilfe" - von der konkreten Aufmunterung, Trost und brauchbarem Rat, über das warme Frühstück, die direkte ärztliche Hilfe oder die sterile Nadel, bis hin zur Übernachtung und dauerhaften Wohnmöglichkeit - schafft Vertrauen, schafft mehr als alle guten Worte, Mahnungen und Drohungen die Basis, es noch einmal zu versuchen, und sei es auch nur für den nächsten Tag. "Reale Hilfe" ist mehr als Therapie bzw. umgekehrt: Therapie ist häufig der Weg, sich davor zu drücken. "Reale Hilfe" ist auf jeden Fall die Basis einer frei vereinbarten Therapie.
(2) Man soll sich dabei zu seinen Emotionen bekennen, ohne den anderen einseitig als Objekt (aus)zunutzen. Dies gilt für die "abwehrenden" und mitleidigen Gefühle ebenso wie auch für die "guten" Gefühle. Also für das Recht auf eine eigene Privatsphäre bzw. umgekehrt, sich darüber ärgern zu dürfen, ständig über die "Lohnarbeitermentalität" hinaus als Mitmensch gefordert zu werden. Dies gilt auch für die ehrliche, emotionale Ablehnung bestimmter Lebensstile, Verhaltensweisen oder Forderungen, sofern man nur umgekehrt entsprechende Reaktionen der Betroffenen gelten läßt. Ein breites Feld zwischen Kumpelei und Büro-Schwelle, in dem die Betroffenen häufig freier und kundiger sind als ihre Betreuer.
Noch schwieriger scheint es zu sein, als Professioneller mit den eigenen "guten" Gefühlen umzugehen, zuzugeben, daß der Beruf nicht nur belastet, sondern auch Freude macht, aufregend ist, neue Erfolge bringt, Sinn ins eigene Dasein: Eine zentrale Dimension, die eigenartigerweise in der

üblichen Sozialarbeit weder für die eigene Existenz noch für die der Betroffenen zureichend beachtet wird.
(3) Unter drogenspezifischem Aspekt scheint es mir zunächst wichtig, den anderen in seiner Situation dadurch zu verstehen, daß ich auf meine zumeist legalen, eigenen Drogenerfahrungen zurückgreife, weil ich hier den realen Ankergrund finde, von dem aus ich eine Vorstellung seiner Realität entwickeln kann, die mir weniger vertraut ist. Eine Vorstellung, die ich benötige, um mich in den anderen hineinzudenken, was seinerseits ja eine notwendige Basis einer jeden zureichenden Kommunikation ist.
Ich kann dabei nicht nur auf meine unguten Drogenerfahrungen zurückgreifen, auf den Kater, die Angst vor der Verkehrspolizei oder die vergeblichen Versuche, mir das Rauchen abzugewöhnen, sondern auch ein Gefühl dafür entwickeln, unter welchen Umständen der andere zu seiner Droge gekommen ist (die erste verbotene Zigarette), was sie ihm positiv bringt - als Droge, im Freundeskreis, als Symbol - und wie sie zur fast automatischen Alltagsgewohnheit zerrinnen kann.
Vor allem aber lerne ich auf diesem Weg - freilich nur andeutungsweise und häufig e contrario, im Umkehrschluß , was es bedeutet, dieser Droge unter ständigem Preis- und Kriminalitätsdruck verpflichtet zu sein: Die Überlegung, was es wohl hieße, zwei Tage vom Zugang zum Zigarettenautomaten ausgeschlossen zu sein, bietet hier manchem Einsichtigen mehr Information über das Leben seiner Schützlinge als jede wissenschaftliche Untersuchung.
(4) Vor allem aber müssen wir lernen, die Droge als ganz und gar nebensächlich anzusehen. Denn nicht die Droge ist ja das Problem, sondern die Drogenpolitik, also die Kriminalisierung und die auf die Droge fixierte Abstinenztherapie. Wie wir aus eigener Erfahrung wissen, sind wir selber, unabhängig von unserer jeweilig bevorzugten Droge oder gar Abhängigkeit, zunächst einmal Mitbürger, Frau oder Mann, mit bestimmtem Beruf, Vater, Mutter, Freund und Kumpel. Erst die Fixierung auf eine bestimmte Droge, die weniger wir als die anderen uns gegenüber leisten, schafft das um die Droge zentrierte Fremd- und Selbstbild, das aus einem Bürger einen Fixer werden läßt, der, bis hin zur "Therapie-Resistenz", zuletzt nur noch von dieser Droge aus wahrgenommen werden kann.
Entdramatisieren wir, lassen wir ab von unserer Drogen-Fixierung, dann tritt dahinter nicht nur langsam wieder der Mensch mit all seinen sonstigen Problemen in den Vordergrund, sondern dann verliert sich auch für uns weithin die spezifisch verstärkende Drogen-Problematik unserer Drogen-Arbeit. Der Abhängige wird dann zunächst etwa ein "normaler" Strafgefangener oder eine Mutter oder ein Mensch, der seine eigene Mutterbindung nur unzureichend bewältigt hat. Und wir entwickeln uns

zurück zum schlichten Sozialarbeiter, Sozialpädagogen oder Therapeuten, der die eigene Drogen-Ambivalenz gleichsam zu Hause im Schrank lassen kann, mitsamt dem Nimbus, "Drogen"-Arbeit zu leisten. Ein in dieser Gesellschaft freilich schwierig zu erreichendes Ziel wirklich niedrigschwelliger, akzeptierender Drogenarbeit.

ANMERKUNG

(1) Vortrag gehalten am 13.2.1990 in Köln zum Auftakt des Modellangebots "Niederschwellige Drogenarbeit" des Landes NRW.

5. "Laß Deine Seuche draußen!" Der Umgang mit AIDS und Drogenkonsum im Strafvollzug

Ingo Ilja Michels

"Das Schlimmste ist die Diskriminierung. Man ist völlig alleine, wird nicht mehr ernst genommen und kann mit keinem über seine Angst reden. Die lassen einen einfach krepieren" (Volksblatt 1990).
So beschreibt ein an AIDS erkrankter Häftling aus Berlin seine Situation und so erleben immer häufiger die Betroffenen den Knastalltag. Susan Sontag hat in ihrem Buch "AIDS und seine Metaphern" (1989) eindrucksvoll beschrieben, wie die Kategorie AIDS den "bellum contra morbum" verwandelt in einen Krieg gegen den Menschen, der mit der Erkrankung lebt. Wenn nicht im System des Strafvollzugs, wo dann sollte sich demokratische Kultur einer Gesellschaft widerspiegeln, die sich in ihrer Verfassung das Grundrecht der "Würde des Menschen" gegeben hat?
Seit 1985, als das Problem im Strafvollzug der Bundesrepublik virulent wurde, versuchen die Justizbehörden es auf ihre - ihrer eigenen Logik folgenden - Weise zu lösen; das heißt, vor allem mit anstaltsinternen Vorschriften zum Auffinden von HIV-positiven Häftlingen und deren Sonderbehandlung, um Neuinfektionen zu verhindern. Die Regelungen also, die in den Justizvollzugsanstalten vorherrschen, sind von der Sicherheitsphilosophie geprägt. Auch wenn es in der gemeinsamen "Entschließung des Strafvollzugsausschusses der Länder vom 17. Oktober 1985" noch heißt: "Gefangene mit einem positiven Testergebnis nehmen grundsätzlich am allgemeinen Vollzugsgeschehen teil" (Strafvollzugsausschuß 1985), finden sich in den länderspezifischen Erlassen (zusammengefaßt in Deutsche AIDS-Hilfe 1989a, 283ff) und in der Praxis zahlreiche Einschränkungen für HIV-positive Gefangene, insbesondere Einzelunterbringungen, Weitergabe des positiven Testergebnisses mindestens an die Anstaltsleiter unter Durchbrechung der ärztlichen Schweigepflicht, Ausschluß von bestimmten verletzungsträchtigen Arbeitstätigkeiten und - aus vermeintlich "psychologischen Gründen" - von der Tätigkeit in der Küche, sowie Kennzeichnung der Personal- und Krankenakten und Transportscheine mit besonderen Hinweisen auf die HIV-Infektion.
Diese subtilen Formen der Diskriminierung bedeuten im Knastalltag - vor allem für Untersuchungshäftlinge oder Langstrafler - eine zusätzliche psychische Belastung in der ohnehin schon deformierten Atmosphäre der Gefängnisse. "Aus dem Gefängnis des 20. Jahrhunderts ist

jede Menschlichkeit gewichen, es ist betongewordene Unmenschlichkeit. (...) Die Ausstoßung des Gefangenen ist Sache der Technologie geworden", schrieb Helmut Ostermeyer (1981). Was bedeutet die Botschaft eines positiven Testergebnisses für einen Gefangenen innerhalb solcher entfremdeter Strukturen? Es ist wohl kaum nachvollziehbar, zusätzlich zu der Unsicherheit und der Angst über die Folgen eines HIV-positiven Testergebnisses, über mögliche Symptome, über Krankheitsbilder und der Angst vor dem Tod konfrontiert zu sein mit der Realität des Eingesperrtseins, der möglichen Perspektive, mit der Krankheit im Gefängnis bleiben und sogar sterben zu müssen. Die technischen Antworten und Absicherungen der Justizbürokratie helfen zwar dem Gewissen der Verantwortlichen, sie lassen jedoch keinen Spielraum für die Qual der Betroffenen: "Du weißt ja nicht, was du kriegst auf dem Termin. Das können ja, wenn das jetzt ein paar Jahre sind, das weißt du ja nicht, in ein paar Jahren ist vielleicht schon Ende oder so. Und dann im Knast vielleicht so ein Ende zu haben, das fände ich also übel. So einen Gedanken habe ich also schon öfter gehabt. Man weiß ja nicht, es kann ein Jahr dauern, kann auch zehn Jahre dauern, aber vielleicht würde die Knastsituation das ein bißchen beschleunigen. Wenn du dann so vorher gar nicht mehr draußen hast irgendwie was regeln können oder überhaupt noch mal leben können, dann denke ich, ist das schon übel, im Knast kaputt zu gehen" (Deutsche AIDS-Hilfe 1989b). Solcherlei Sorgen gegenüber reagieren die Vollzugsbehörden oder Strafvollstreckungskammern mitunter zynisch und unsensibel, weil sie vermutlich die persönliche Tragödie in der Brisanz ihrer Schreibtischurteile überhaupt nicht wahrnehmen. Ich will dafür vier Beispiele herausgreifen.
Da ist einmal der Brief eines leitenden Oberstaatsanwalts aus Karlsruhe, in dem er den Bewährungswiderruf für eine an AIDS erkrankte drogengebrauchende Frau so begründet: "Sie (...) hat erneut fortgesetzt Heroin gespritzt, (und) hat auch - vorwiegend aber nicht ausschließlich zur Finanzierung ihrer Sucht, unter anderem 5 Diebstähle begangen bzw. zu begehen versucht. (...) Ich bin der Auffassung, daß die Verurteilte ihre Strafe nunmehr jedenfalls so lange zu verbüßen haben wird, wie sie noch nicht dauernd bettlägerig ist. Ich vermag dies, selbst wenn Frau ... überraschend in der Haft sterben sollte, nicht als unmenschlich anzusehen: Nach der eindeutigen - und meines Erachtens richtigen - Entscheidung des Gesetzgebers hat hier die öffentliche Sicherheit Vorrang vor humanitären Erwägungen" (Deutsche AIDS-Hilfe 1989a). Der Oberstaatsanwalt mag sich beruhigen. Nachdem es der AIDS-Hilfe gelungen war, die drogengebrauchende und AIDS-kranke Frau in eine therapeutische Wohngemeinschaft zu vermitteln und der zuständige Richter sich damit einverstanden erklärt hatte, diese Lösung einer weiteren Inhaftierung vorzuziehen, hat sich ihr Gesundheitszustand kontinuierlich ver-

schlechtert, ehe sie, nach einem langen Leidensprozeß, gegen Ende 1989 starb - in einem Krankenhaus außerhalb des Knastes. Beunruhigend aber an der Haltung dieses Vertreters staatlicher Behörden ist der Versuch, Suchttherapie mit Moral und staatlicher Repression, verquickt mit schwarzer Pädagogik, zu vermischen, ein Unterfangen, an dem die Drogenpolitik in der Bundesrepublik seit Jahrzehnten krankt.
Nicht viel anders stellt sich diese Unsensibilität staatlicher Behördenvertreter im Fall eines Gefangenen dar, der sich die Pulsadern aufgeschnitten hatte, nachdem er wegen seines schlechten Gesundheitszustandes aufgrund seiner AIDS-Erkrankung mit seiner Situation nicht mehr fertig wurde. Nur durch einen Mitgefangenen, der nachts zufällig diesen Suizidversuch mitbekam, konnte der Betroffene gefunden werden und mit einem Notarztwagen in das nächstgelegene Haftkrankenhaus gebracht werden. Wenige Wochen danach allerdings erhielt er folgenden Brief des Präsidenten des Justizvollzugsamtes: "Sehr geehrter Herr ..., anläßlich Ihres Suizidversuches war ein Transport mit dem Notarztwagen in das Justizvollzugskrankenhaus Fröndenberg erforderlich. Dadurch sind Aufwendungen in Höhe von 751,80 DM entstanden, für die Sie gem. § 93 StVollzG in Verbindung mit § 823 BGB aufzukommen haben." Erst nach massiven Protesten und Einschaltung der Presse wurde die Forderung zurückgezogen (Deutsche AIDS-Hilfe 1989b, 23).
Ein weiteres Beispiel repressiver Justizpolitik ist der Beschluß des Landgerichts Gießen, mit dem eine Bewährung widerrufen wurde gegen einen AIDS-kranken Drogenabhängigen. Dort heißt es dann: "Eine günstige Prognose läßt sich für ihn nicht stellen. Er ist mehrfacher Bewährungsversager. Aufgrund seiner Sucht ist zu befürchten, daß er weiterhin Straftaten begehen wird, um die Rauschmittel finanzieren zu können. (...) Im übrigen ist die schwere Erkrankung des Verurteilten nicht geeignet, eine andere Maßnahme als den Widerruf der Bewährung zu rechtfertigen" (Deutsche AIDS-Hilfe 1989b, 35).
In ganz ähnlicher Weise urteilt auch ein Kölner Gnadenrichter, der ein Gnadengesuch eines drogenabhängigen AIDS-Kranken so beschied: "Verurteilte können auch dann nicht vom Vollzug freigestellt werden, wenn sie an einer zum Tode führenden Krankheit leiden, ausgenommen die letzten Wochen vor dem Tod. Für sie stehen die justizeigenen Krankenhäuser zur Verfügung" (Deutsche AIDS-Hilfe 1989b, 37).
In all diesen Beispielen - denke ich - zeigt sich die gleiche abstrakte Logik der justizvollzugseigenen Bürokratie: auf die psychische Situation eines Menschen, der an AIDS erkrankt und inhaftiert ist, wird in all den Vorgängen nicht eingegangen. Das ist dem Vollzugssystem eigen und kein Spezifikum der Reaktion auf AIDS; aber an diesem Faktor spitzt sich die menschenverachtende Logik eines solchen geschlossenen Systems zu.

Das wird am Präventionsverständnis ebenso deutlich. AIDS-Prävention im Drogenbereich konstituiert sich instrumentell in erster Linie an der Verfügbarmachung von sterilen Spritzbestecken und Kondomen. Im Vollzug dagegen wird abstrakt auf das Vollzugsziel "Drogenfreiheit" abgehoben und hiermit die Verhinderung des Drogenkonsums als Aufgabe des Vollzugssystems definiert. Diese Sonderbehandlung von Betäubungsmittelabhängigen - die über das Betäubungsmittelgesetz zuvor kriminalisiert worden sind - hat wiederum ihre eigene Logik.
Der Vollzug definiert sich selbst als pädagogische Anstalt. Obwohl ein Drogenabhängiger nicht wegen des Konsums von illegalen Drogen, sondern wegen deren Besitz, wegen Handel oder wegen Beschaffungsdelikten verurteilt wird, wird im Vollzug das therapeutische Ziel der Abstinenz verordnet. Dabei ist es gerade die Knastrealität, die die innerpsychischen Mechanismen der Sucht geradezu forciert. Gegen die Entscheidung der Staatsanwaltschaft, sein eigenes Spritzbesteck im Vollzug zu beschlagnahmen, legte ein Bremer Häftling Beschwerde ein und in der Begründung wird deutlich, inwieweit der Vollzug hier in ein konstitutives Dilemma gerät: "Ich bin nunmehr seit einigen Jahren drogenabhängig. Bisher ist es mir trotz meiner Sucht gelungen, gesund zu bleiben. Jetzt befinde ich mich jedoch im Gefängnis (...). An diesem Ort sind die einfachsten Maßnahmen der Gesundheitsvorsorge nicht möglich, die in Freiheit problemlos zu praktizieren sind. In erster Linie rechne ich hierzu den Gebrauch steriler Spritzen. Im Gefängnis ist es noch schwerer als draußen, keine Drogen zu nehmen. Die Isolation, die Langeweile, die Trostlosigkeit und der Mangel an sozialen Kontakten zu Personen, die nicht zu den 'Btmern' gehören, stellt hohe Anforderungen an meinen Willen, hier drogenfrei zu bleiben. Am einfachsten ist es, wenn man sich einschließen läßt. Doch Einsamkeit erträgt ein Mensch auch nicht unbegrenzt. (...) Die Depression, die aus der besonderen Situation an diesem Ort folgen kann, die seelischen Tiefs, in die ich geraten kann, würden mich, der ich als Drogenabhängiger weiß, wie man Probleme 'wegdrücken' kann, fast zwangsläufig rückfällig werden lassen. Denn die Drogen sind da. In diesem Punkt unterscheidet sich der Knast nicht sehr von der Situation auf der 'Szene' draußen. Der wirkliche Unterschied besteht vielmehr darin, daß es mir hier unmöglich ist, wirksame Maßnahmen des Gesundheitsschutzes zu treffen. Denn wenn auch Drogen hier keine Mangelware sind, so gibt es doch kaum Spritzen. Drogen werden schnell verbraucht, sind leicht zu verstecken. Spritzen werden nicht verbraucht, nur gebraucht, sind schwer zu verstecken und werden daher in erster Linie bei Razzien beschlagnahmt. Daher kommt es zum gemeinsamen Gebrauch ein und derselben Spritze durch mehrere Personen. (...) Hier helfen auch keine moralischen Appelle mit erhobenem Zeigefinger."(1)

Angesichts solcher Realitäten - und das aufgezeigte Beispiel ist tatsächlich als stellvertretend zu begreifen - stellt sich die drängende Frage, ob der repressive Ansatz der Drogenbekämpfung, wie er in der Bundesrepublik weiterhin vorherrschend politisch vertreten wird, nicht gescheitert ist.

Laut Kriminalstatistik ist im Zeitraum von 1969 bis 1989 die Zahl der erfaßten Rauschgiftdelikte von 4.800 auf knapp 95.000 und die Zahl der im Kontext mit Rauschgiftdelikten registrierten Tatverdächtigen von 4.400 auf über 70.000 angestiegen. Die Zahl der geschätzten Drogenabhängigen wird mittlerweile mit rund 100.000 angegeben. Entgegen der proklamierten Absicht sind von der Kriminalisierung nicht in erster Linie die kommerziellen Händler und Schmuggler betroffen, sondern die Konsumenten illegaler Drogen, insbesondere die Heroinabhängigen. Die Statistik des Bundeskriminalamtes von 1987 dokumentiert z.B., daß bei über 60 Prozent der ermittelten Tatverdächtigen wegen sogenannter "Grunddelikte", d.h. vor allem Besitz kleiner Mengen zum Eigenkonsum, ermittelt wird. Die Zahl der abgeschlossenen Strafverfahren steigt kontinuierlich: von 25.000 im Jahre 1985 auf über 35.000 im letzten Jahr. Der Schwerpunkt der Verfahren liegt in der Altersgruppe der 19- bis 24jährigen (ca. 15 Prozent davon Frauen). Drogenabhängige erhalten im Verfahren zumeist Haftstrafen. Immerhin finden jährlich rund 13.000 Verfahren wegen Cannabis-Delikten statt mit rund 2.000 Freiheitsstrafen bis zu 12 Monaten und 1.500 über 12 Monate: bei Heroin- oder Kokain-Delikten wird in 70 Prozent der Fälle Haftstrafe verhängt, jährlich 1.700 bis zu 12 Monaten und 1.200 über 12 Monate bei 5.000 Verfahren. Sowohl der § 30 BtMG ("Kronzeugenparagraph") erweist sich als "stumpfes Schwert" - auch wenn er zu einem Klima des Mißtrauens geführt hat - (nur 800 Fälle jährlich mit "Strafminderung"), als auch der § 29 Abs. 5 BtMG ("Absehen von Strafe bei Eigenverbrauch") - nur in ebenfalls 800 Fällen jährlich (jeweils nur 2,7 Prozent) sowie der § 35 BtMG ("Therapie statt Strafe"), der nur bei rund 15 Prozent der Verfahren in Aussicht gestellt und nur bei 3 Prozent positiv beschieden wird. So sitzen heute doppelt soviele Drogenabhängige in Strafhaft wie in Therapie.

Die HIV-Prävalenz in den Haftanstalten muß - und darauf verweisen auch die Untersuchungen etwa von Kleiber (1988) - höher angenommen werden als draußen. Schätzungsweise jeder vierte inhaftierte Drogengebraucher ist HIV-positiv, in einigen großen Haftanstalten, etwa in Berlin oder Frankfurt, nahezu jeder zweite. Der Aufwand zur Aufspürung der "Infektionsquelle" Mensch im Vollzug ist enorm. Jährlich werden bundesweit mehr als 40.000 HIV-Ak-Tests durchgeführt, seit 1985 nahezu 200.000. Die "Ausbeute" ist - bezogen auf das Gesamtsystem Knast - eigentlich gering: vielleicht 3.000 positive Testergebnisse. Aber für die

Betroffenen - zu 80 bis 90 Prozent i.v. DrogengebraucherInnen - erschreckend.
Das Strafvollzugssystem erweist sich auch gerade wegen der Bedrohung durch die AIDS-Erkrankung als nahezu immun gegen nur die geringsten Veränderungen. Sei es in der Ernährung der Gefangenen, sei es in der ärztlichen oder psychologischen und sozialen Betreuung der Betroffenen, sei es im offenen Diskurs über Sexualität im Knast, über Krankheit und Tod, über Drogenkonsum. Im Verständnis von Selbsthilfe - im Sinne von parteilich-solidarischer Unterstützung Betroffener - als Faktor der Rebellion gegen Verdinglichung, gegen Ausgrenzung, gegen Entmündigung können AIDS-Hilfen aber auch das Strafbedürfnis der Gesellschaft gegen DrogengebraucherInnen in der Öffentlichkeit thematisieren; denn jedes geschlossene System fürchtet Öffentlichkeit und braucht sie um so dringender, wenn demokratische Kultur nicht gänzlich destruiert werden soll.
Deshalb besteht eine wesentliche Aufgabe von AIDS-Hilfe-Arbeit im Strafvollzug neben der solidarischen Unterstützung von einzelnen betroffenen Gefangenen (Besuche, Kontaktherstellung, Ermutigung, Information, Begleitung bei Ausgängen, Hilfe bei Haftunterbrechungs- oder -entlassungsanträgen, Unterstützung von HIV-Positiven-Gruppen, Enthysterisierung bei Mitgefangenen, Gefängnispersonal und Gerichten) darin, politische Kritik am Strafanspruch der Gesellschaft gegenüber Menschen mit HIV und AIDS zu üben, den Diskurs über die Verquikkung von Drogentherapie und Repression zu organisieren und nicht zuletzt Öffentlichkeit herzustellen gegen unmenschliche Entscheidungen gegenüber AIDS-kranken Häftlingen, denen sowohl die adäquate medizinische Versorgung verweigert wird wie auch die Möglichkeit, in Freiheit und Würde zu sterben.

Anmerkung

(1) Vgl. etwa Dienstaufsichtsbeschwerde eines inhaftierten Drogenabhängigen gegen die Beschlagnahme seines Spritzbestecks. In: Deutsche AIDS-Hilfe 1989a, S. 212

Literatur

Deutsche AIDS-Hilfe (Hrsg.): Chancen und Risiken aktueller Präventions- und Behandlungsansätze am Faktor AIDS bei Drogengebrauch und Abhängigkeit. Berlin 1989a

Deutsche AIDS-Hilfe (Hrsg.): Schriftwechsel zwischen Bundesanwalt Bruns und dem Karlsruher Oberstaatsanwalt Klass bezüglich der Haftfähigkeit einer an

AIDS erkrankten drogenabhängigen jungen Frau. In: Deutsche AIDS-Hilfe: Chancen und Risiken aktueller Präventions- und Behandlungsansätze am Faktor AIDS bei Drogengebrauch und Abhängigkeit. Berlin 1989a, S. 216

Deutsche AIDS-Hilfe (Hrsg.): "Eigentlich hab' ich noch 'ne ganze Menge vor - im Knast und positiv". Begleitheft zum Video der Deutschen AIDS-Hilfe. Berlin 1989b

Dienstaufsichtsbeschwerde eines inhaftierten Drogenabhängigen gegen die Beschlagnahme seines Spritzbestecks. In: Chancen und Risiken aktueller Präventions- und Behandlungsansätze am Faktor AIDS bei Drogengebrauch und Abhängigkeit. Berlin 1989a, S. 212 f

Kleiber, D.: AIDS und Drogen: Erste Ergebnisse einer differentiell-epidemiologischen Untersuchung, In: Suchtgefahren 4/1988, S. 317ff

Ostermeyer, H.: Die gefangene Gesellschaft. In: Ortner, H. (Hrsg.): Freiheit statt Strafe. Plädoyers für die Abschaffung der Gefängnisse. Frankfurt 1981, S. 125f

Sontag, S.: AIDS und seine Metaphern. München 1989

Strafvollzugsausschuß: Entschließung des Strafvollzugsausschusses der Länder vom 17. 10. 1985. In: Deutsche AIDS-Hilfe (Hrsg.): Chancen und Risiken aktueller Präventions- und Behandlungsansätze am Faktor AIDS bei Drogengebrauch und Abhängigkeit. Berlin 1989a, S. 281

Volksblatt (Berlin): Ein roter Punkt auf der Akte - AIDS-kranke Strafgefangene leiden unter der Behandlung in der Haftanstalt. Berlin, 14. März 1990

Eine ausführliche Literaturliste zum Zusammenhang von Drogenpolitik, AIDS und Strafvollzug kann beim Autor angefordert werden.

Teil II
Heroinkonsum akzeptierende Formen der Drogenarbeit

1. Kontaktläden und "Druckräume"

Klaus Schuller, Heino Stöver

Die geringe Reichweite: ein aktuelles Problem der Drogenhilfe

Wen erreichen die Angebote des Drogenhilfesystems? Wieviele Menschen haben einen Nutzen davon? Entsprechen die Angebote den Bedürfnissen der Zielgruppe? Dieses sind Fragen, die in den letzten Jahren in zunehmendem Maße von "außen" an die Drogenarbeit gerichtet werden und die sich die Praktiker in der Reflexion ihrer Tätigkeit selber stellen.
Die Reichweite der bestehenden Angebote beschäftigt als ein wesentlicher Problembereich die gegenwärtige Diskussion um eine Ausweitung bzw. Umorientierung der Drogenarbeit.
Betroffenheit über die offensichtliche psychosoziale und gesundheitliche Verelendung und hohe Mortalität unter den i.v. Drogenkonsumenten und die Erkenntnis, daß angesichts eines HIV-Übertragungsrisikos auf die sogenannte Allgemeinbevölkerung die geringe Erreichbarkeit der Zielgruppe nicht als "Privatangelegenheit" eines sozialpolitischen Tätigkeitsbereichs betrachtet werden kann, mag gleichermaßen Anlaß für Teile der Fachöffentlichkeit sein, auf Defizite hinzuweisen (vgl. Enquete-Kommission 1988, 182 ff.)
Der Zugang zu den Drogengebrauchern als elementare Voraussetzung jeglicher konkreter Unterstützung und Einflußnahme offenbart sich heute als eine Schwachstelle des Drogenhilfesystems. Denn obwohl Einigkeit darüber besteht, daß eine Erweiterung des bestehenden Angebots erforderlich ist, steht hinter den verschiedenen Quantifizierungsversuchen die Frage, ob eine relevante Erweiterung durch bloße Ergänzungen erreicht werden kann oder ob nicht vielmehr eine grundsätzliche Neuorientierung zu vollziehen ist.
Während Vertreter einer abstinenzorientierten Drogenhilfe, wie sie in dem traditionellen Ansatz - Drogenberatungstelle als Vermittlungsinstanz und nachgeschaltete stationäre Langzeittherapie mit Nachsorge - zum Ausdruck kommt, von einer wesentlich höheren Reichweite des Drogenhilfesystems ausgehen, weisen Kritiker darauf hin, daß mit der Kombination Beratung/Abstinenzbehandlung maximal 20 Prozent der Klientel erreicht wird und weniger als 6 Prozent die stationäre Behandlung überhaupt antritt (Raida 1987, 65; Rosenbrock 1987, 102).
Die unterschiedliche Interpretation des verfügbaren Zahlenmaterials kommt dadurch zustande, daß die Kritiker des Abstinenzparadigmas die

Reichweite der jeweiligen Angebote zu einem aktuellen Zeitpunkt oder auf Jahresbasis bewerten, während die Befürworter davon ausgehen, daß die Mehrzahl der i.v. Drogenkonsumenten im Laufe einer 10- bis 15jährigen Drogenkarriere Phasen haben, in denen sie mehr oder weniger intensiven Kontakt zum Beratungs- und Behandlungssystem unterhalten (Kindermann 1978, 72; Penkert 1987, 67).
Hinzu kommt, daß Erreichbarkeit als Kriterium, um Drogenhilfe zu beurteilen, ein sehr unklarer Indikator ist und über die Qualität des Kontakts recht wenig aussagt.

Distanz zur Klientel als Resultat von Bürokratisierung und einseitiger Abstinenzorientierung

Während in der Anfangsphase der Drogenhilfe Ende der 60er/Anfang der 70er Jahre die vielfältigen, unkonventionellen Angebote mit ihren großen Anteilen von Selbsthilfe und semiprofessioneller Hilfe quasi "naturwüchsig" Vertrauensvorschuß und ein hohes Maß an Akzeptanz besaßen, steht die professionalisierte Drogenhilfe heute vor der Anforderung, diese Bedingungen strategisch wieder entwickeln zu müssen. Ein Ansatz hierfür ist von staatlicher Seite u.a. das sogenannte Booster-Programm des Bundesministeriums für Jugend, Familie, Frauen und Gesundheit und die verstärkte Initiierung und finanzielle Förderung von niedrigschwelligen Angeboten (Lehr 1990, 9).
Die Professionalisierung der Drogenhilfe in den 70er Jahren hat neben Qualifizierung und Kompetenzerhöhung eine "Bürokratisierung der psychosozialen Dienstleistungen" (Thamm 1987, 43) bewirkt. Die Drogenberatungsstellen sahen ihre Aufgabe vorrangig darin, die Klienten auf die Erfordernisse einer stationären Therapie vorzubereiten und die dafür notwendigen administrativen Voraussetzungen wie Regelung der Kostenübernahme zu schaffen. Konkret führte die einseitige Abstinenzorientierung in vielen Beratungststellen zu der Praxis, daß die Klienten zwecks Überprüfung der Behandlungsmotivation zu festgelegten Gesprächsterminen zu erscheinen hatten und im Anschluß daran einen kalten Entzug in einer Klinik absolvieren mußten.
Neben einer Erhöhung der Zugangsschwelle durch die Entwicklung entsprechender methodischer Ansätze und Ansprüche mag auch das Bestreben nach Strukturierung und Verbesserung der eigenen Arbeitssituation eine Triebkraft für die "Distanzierung" vom Klienten gewesen sein (Hoffmann-Bayer 1989, 65).
Die geringe Verbindung mit den Adressaten des Hilfsangebotes erschien unter dem Eindruck der "Leidensdrucktheorie" als unvermeidliche Rahmenbedingung einer abstinenzorientierten Drogenarbeit. Man betrach-

tete sich für die Fixer, die ihren Konsum nicht beenden wollten oder konnten, als nicht zuständig. Ambulante Möglichkeiten wie Freizeit- und Beschäftigungsprojekte oder Wohn- und Aufenthaltsstätten, in denen der Gebrauch von Drogen oder Substitutionsmitteln akzeptiert wird, wie sie z.B. in den Niederlanden entstanden, wurden aufgrund dieses Selbstverständnisess als nicht sinnvoll erachtet.
Diese Ausrichtung der Drogenhilfe auf Abstinenzbehandlung führte dazu, daß die Beratungseinrichtungen hauptsächlich von Personen aufgesucht werden, die bereits einen mehrjährigen Drogenkosum hinter sich haben und durch eigene Einsicht oder - in 70 bis 80 Prozent der Fälle - durch justitiellen Druck eine stationäre Therapie erwägen. Zu der Gruppe der Einsteiger und neuen Kosumenten, die noch nicht bei Polizei und Gericht bekannt waren, lassen sich kaum Bezüge herstellen. Lebenspraktische Hilfen im Bereich materieller Existenzsicherung und gesundheitlicher Grundversorgung blieben unterentwickelt. Die Ansprüche und Erwartungen, die von den Mitarbeitern der Beratungseinrichtung vermittelt werden, erscheinen in bezug auf die aktuelle Lebensperspektive der meisten i.v. Drogenkonsumenten vielfach als aufgesetzt, realitätsfern und moralisierend; mit der Folge, daß ein Kontakt vermieden wird.

Konzeptionelle Grundlagen und Selbstverständnis von Kontaktläden

Um eine größere Anzahl von Drogenkonsumenten erreichen und praktische Alltagshilfen anbieten zu können, haben einige Träger von Beratungsstellen separate Kontaktläden eröffnet oder einen offenen Bereich bzw. Aufenthaltsbereich innerhalb bestehender Institutionen eingerichtet. Die Kontaktläden unterhalten ein unverbindliches Serviceangebot, das wie Streetwork eine Erweiterung des persönlichen Kontaktes und Austausches zwischen Mitarbeitern und Drogenkonsumenten anstrebt, jedoch darüber hinaus den Vorteil besitzt, konkrete lebenspraktische Hilfen sowie Angebote zur Gesundheitsfürsorge bereitstellen zu können. Kontaktläden und Teestuben finden einen größeren Zuspruch bei den Klienten als Streetwork, weil Angebote wie kostengünstiges Essen, Duschgelegenheiten, Spritzenumtausch und Verbandswechsel existentiellen Bedürfnissen nachkommen und in einer Situation sozialer Desintegration kompensierend eingreifen (Bathen/Schliehe 1989).
Die Leistungen des Kontaktladens stehen dem Besucher vorbehaltlos und unverbindlich zur Verfügung, sofern Grundregeln wie Verzicht auf Drogenhandel und andere Auflagen eingehalten werden, die für die Existenz der Einrichtung als unverzichtbar gelten.

Ein Erwartungsdruck in Richtung Drogenabstinenz und grundlegende Verhaltensänderung besteht seitens der Mitarbeiter nicht. Drogenabstinenz dominiert auch nicht als strategisches Ziel die unmittelbare Interaktion in der Weise, daß die Besucher nach einer Zeit der Vertrauensbildung mit den eigentlichen Vorstellungen der Drogenarbeiter konfrontiert würden; die Gewährung von Hilfe ist "zieloffen" (Bathen/Schliehe 1989).
Die Mitarbeiter berücksichtigen jedoch die oft ambivalenten und unsicheren Wünsche von Klienten nach Beendigung von Drogenkonsum und Beschaffungsdruck. Äußert ein Besucher solche Überlegungen, so werden sie ebenso ernst genommen wie das Bedürfnis nach unmittelbarem Gesundheitsschutz durch die Verwendung steriler Spritzen. Therapieberatung und Vermittlung von Entgiftungsmöglichkeiten sind Bestandteile der Arbeit, die durch Mitarbeiter der Anlaufstelle selbst abgedeckt oder arbeitsteilig von kooperierenden Kollegen in einer Beratungsstelle übernommen werden. Auch hier wird vermieden, die Beziehung mit Erwartungen zu belasten. Dieses würde lediglich dazu führen, daß der Klient im Falle des Abbruchs von Entgiftung oder Therapie ein schlechtes Gewissen hat und in einer Situation, die für ihn schwierig zu bewältigen ist, eine Kontaktaufnahme vermeidet. Die Enttäuschung beim Drogenarbeiter über das "Scheitern" dieser Bemühungen dürfte um so geringer sein, je weniger die Abstinenz als Ziel das Selbstverständnis der Arbeit bestimmt.
Es hat sich gezeigt, daß eine Öffnung für die konkreten, unmittelbaren Probleme der Besucher und die Bereitstellung von pragmatischen Hilfen insgesamt die Akzeptanz und Inanspruchnahme der Angebote einer Beratungsstelle erhöhen. Dieses gilt auch für die Vermittlung in stationäre Langzeittherapien (Wagner 1989; Wiese 1987).
Sinnvoll ist es, Kontaktläden in ein Spektrum von Angeboten zu integrieren. Dadurch könnten, dem aktuellen Bedarf entsprechend, die Einleitung einer stationären medizinischen Behandlung, die Beschaffung von Wohnraum und Unterkunft oder die Hinführung zu einer Substitutionsbehandlung ermöglicht werden.

Erfahrungen mit dem Kontaktladen des Vereins Kommunale Drogenpolitik/Verein für akzeptierende Drogenarbeit in Bremen

Die ehrenamtlichen Mitarbeiter des Vereins begannen im Herbst 1986 trotz anfänglicher Schwierigkeiten mit Polizei und Staatsanwaltschaft (Schuller/Stöver 1988b) mit dem regelmäßigen Spritzenumtausch an Sonn- und Feiertagen. Da es nicht möglich war, Räume zu erhalten, geschah der Umtausch bis Frühjahr 1987 öffentlich an dem Haupttreffpunkt der Drogenkonsumenten. Pro Sonntag wurden ca. 200 Spritzen an 40 bis 60 Drogenkonsumenten ausgegeben. Im April 1987 eröffneten die Mitglieder des Vereins einen Kontaktladen in unmittelbarer Nähe der Scene. Durch drei Arbeitsbeschaffungsmaßnahmen und eigene Räume wurden die Voraussetzungen für eine Ausweitung des Angebots geschaffen.

Der Kontaktladen ist Anlaufstelle für Drogenkonsumenten und Ausgangspunkt für unterschiedliche Aktivitäten von freiwilligen und hauptamtlichen Mitarbeitern. Er dient Klienten ohne festen Wohnsitz u.a. als Kontakt- und Vermittlungsinstanz zu Familienangehörigen und Behörden. Neben Beratung bei lebenspraktischen Problemen leisten die Mitarbeiter sehr unterschiedliche, konkrete Hilfen: Begleitung bei Arzt- und Krankenhausbesuchen sowie Ämtergängen, Hausbesuche, Unterstützung bei Wohnungssuche, Umzügen, Einlagerung von Einrichtungsgegenständen in Fällen von Inhaftierung oder Therapieantritt.

Seit Existenz des Vereins wird eine pragmatische AIDS-Prophylaxe betrieben: Fragen des Gesundheitsschutzes werden mit den Besuchern besprochen und Informationsmaterial ist erhältlich; im Laden werden kostenlos Kondome und im Umtausch (neu gegen alt) sterile Spritzen vergeben. In drei vom Verein betriebenen Automaten können Drogenabhängige gegen einen geringen Betrag auch in den Abend- und Nachtstunden sowie an Wochenenden und Feiertagen sterile Spritzen erhalten.

Durch die Installation der Automaten ist es in Bremen - als erster Stadt in der BRD - gelungen, eine Rund-um-die-Uhr-Versorgung mit sterilen Spritzen zu gewährleisten. Durch eine Ausdehnung des Umtauschs wurde eine Verbesserung der Entsorgungssituation angestrebt. Gegenwärtig werden pro Monat ca. 18.000 Spritzen (im Vorjahr 3.000) und über 36.000 Kanülen (im Vorjahr ca. 7.000) getauscht. Die Besucher des Kontaktladens helfen beim Abpacken von Spritzen und Kanülen in Schachteln für die Automatenvergabe.

Jeden Montag wird kostenlos ein Frühstück angeboten, das von vielen Besuchern in Anspruch genommen wird. Dieses Angebot wird vom Überschuß aus dem Automatenverkauf der Spritzen finanziert.

Für die ambulante Wundversorgung wurde ein separater Raum eingerichtet. Hier werden von geschulten MitarbeiterInnen vor allem Spritzabszesse behandelt. Dusche und Waschmaschine stehen den Besuchern ebenfalls zur Verfügung.

Eine Sozialhilfeberatung beinhaltet Information und Unterstützung bei der Durchsetzung berechtigter Ansprüche.

Schließlich ist der Kontaktladen eine Möglichkeit des zwanglosen, nichtkommerziellen Aufenthaltes.

Besucher, die eine Therapie antreten möchten, werden bei dieser Absicht unterstützt (Beratungsgespräche, Informationsmaterial, Ermöglichung

von Telefonaten und Besuch von Einrichtungen, Unterstützung beim Entzug). Bei der Therapievermittlung findet eine Kooperation mit Mitarbeitern der behördlichen Drogenberatungsstelle statt.
Aus einem wöchentlichen sogenannten "Frauentag", an dem der Kontaktladen ausschließlich Drogenkonsumentinnen zur Verfügung stand, hat sich inzwischen ein selbständiges Projekt des Vereins entwickelt (vgl. Teil III, Kapitel 3).
Das Gesamtangebot basiert auf einer Integration von professioneller und ehrenamtlicher Arbeit sowie Selbsthilfe, wobei die primäre Verantwortung bei den hauptamtlichen Mitarbeitern liegt. Die Einrichtung dient auch als Basis für die ansatzweise Entwicklung von Eigeninitiative der Gebraucher. Allerdings ist der von der Deutschen AIDS-Hilfe angestrebte Aufbau von "Fixerselbsthilfezentren mit grundlegenden Versorgungs- und Aktivitätsangeboten" (Deutsche AIDS-Hilfe 1988, 25) unter den gegenwärtigen Bedingungen hoher Verfolgungsintensität nicht zu realisieren.
Gegenwärtig wird im Verein darüber diskutiert, ob nach schweizerischem Vorbild im Kontaktladen der Konsum von Drogen ermöglicht werden soll. AIDS-präventive Überlegungen sowie die bedrückende Steigerung von Todesfällen in Zusammenhang mit Drogenkonsum an Orten, wo Hilfe ausgeschlossen ist, bilden den Hintergrund für diese Entwicklung.

Kontakt- und Anlaufstellen, in denen der Drogengebrauch toleriert wird - Erfahrungen aus der Schweiz

Akzeptierende Drogenarbeit in Kontaktläden oder Übernachtungsstätten findet dort ihre Grenze, wo es um die Erlaubnis zum Drogenkonsum geht.
Nach wie vor dienen die öffentlichen Toiletten und Kneipentoiletten in Szenenähe, Häusernischen, Abbruchhäuser oder Parks denjenigen als Orte für einen "Druck", deren Wohnung nicht im Szeneviertel liegt. Um Entzugserscheinungen zu lindern, nehmen viele Konsumenten unmittelbar nach dem Erwerb die Droge zu sich. Dies geschieht zumeist unter Bedingungen, die keinen hygienischen - gerade unter dem Aspekt der HIV/HBV-Prophylaxe - oder risikoarmen intravenösen Drogengebrauch zulassen; ganz abgesehen davon, daß hier nicht der Ort für die Vermittlung und Tradierung von "sicheren" Normen eines intravenösen Drogengebrauchs ist. Die Vereinzelung produziert gerade ein höheres Risiko, im Falle einer Überdosierung keine Hilfe zu erhalten. Die Bilder und Meldungen von den Toten auf den Toiletten sind Ausdruck von "Hilflosigkeit" und sozialer Isolation.

Obwohl diese Problematiken bekannt sind, bestehen in der Bundesrepublik nach wie vor fachliche, rechtliche und politische Bedenken gegen die Einrichtung von Anlauf- bzw. Übernachtungsstellen, in denen verschiedene Basisangebote gemacht werden (Erhältlichkeit von Ascorbin, Alkoholtupfern, sterilen Spritzen, Pflaster, desinfizierenden und gewebsbildenden Salben, Kondomen) und schließlich der Drogengebrauch toleriert wird.

Projekte, die den intravenösen Drogengebrauch tolerierten, gab es bereits in den 70er Jahren in Amsterdam sowie Anfang der 80er Jahre auch in dem selbstverwalteten Jugendzentrum "AJZ" in Zürich. Beide Projekte waren geprägt vom Ansatz, mit Drogenabhängigen wie mit den anderen Menschen umzugehen, sie zu integrieren und Hilfe nicht an den Wunsch zur Drogenfreiheit zu koppeln. Das hieß in der Konsequenz, eben auch ihren Konsum zu tolerieren (Herwig-Lempp u.a. 1990).

In der Schweiz sind vor geraumer Zeit einige solcher Einrichtungen wieder entstanden, aber auch in der BRD gibt es erste Erfahrungen mit dem tolerierten intravenösen Drogengebrauch in den Angeboten der Drogen- und AIDS-Hilfe (Stöver 1991).

Der Konsum wird geduldet

"Tschönki-Room", "Sprützehüsli", "Gassenzimmer", "Fixerstübli", "Fixerpavillon" - all dies sind Bezeichnungen für Räume, in denen der (intravenöse) Gebrauch von Drogen zum Teil bereits seit einigen Jahren toleriert wird. Entstanden sind diese Räume in den schweizerischen Städten Bern und Basel als Reaktion auf Entwicklungen wie zunehmende gesundheitliche und soziale Verelendung der Schweizer Drogengebraucher, starke HIV-Verbreitung und AIDS-Erkrankung sowie hohe Zahlen von sogenannten Drogentoten. Angesichts dieser Prozesse kommt es der Drogenhilfe in der Schweiz mehr und mehr auf das Primat der Überlebenshilfe und der Vermeidung irreversibler Gesundheitsschäden (wie eine HIV-Infektion) an, statt auf die Durchsetzung einer abstrakten Abstinenzforderung.

Mit diesen Fixerräumen wird der Versuch unternommen, den Anspruch von Überlebenshilfe praktisch umzusetzen: mit medizinischer Soforthilfe, Reanimation bei Überdosierungen, Bereitstellung entsprechender Utensilien für eine hygienische Injektion. Darüber hinaus bieten diese Räume Kommunikationsmöglichkeiten sowohl für die Gebraucher untereinander als auch für die Drogenhilfe: etwa zur Vermittlung HIV-präventiver Botschaften (Risiken beim needle sharing und bei drug sharing-Techniken, Risiken sexueller Übertragung). Diese Fixerräume

sind nicht nur "Druckräume", sondern auch Kontakt- und Kommunikationsräume.
Im folgenden sollen zwei recht unterschiedlich arbeitende Projekte beschrieben werden: die "Münstergasse 12" der Stiftung Contact in Bern und das "Fixerstübli Lucky" des Vereins Virus in Basel.

Die Münstergasse 12 der Stiftung Contact

Bereits seit Juni 1986 betreibt die Stiftung Contact in der Berner Altstadt, in der Münstergasse 12, ein Café als Kontakt- und Anlaufstelle für Drogengebraucher. Contact ist eine private Stiftung und wird von 25 umliegenden Gemeinden und der Stadtgemeinde Bern getragen. Über 30 Mitarbeiter sind in verschiedenen Angeboten tätig: Jugend-, Eltern- und Drogenberatung, Beschäftigungs- und Arbeitsprojekte für Drogenabhängige, Schulprojekt, Methadonbehandlung, Gassenarbeit und Prophylaxearbeit.
Das Lokal ist an vier Wochentagen von 19 bis 22 Uhr geöffnet und wird pro Abend von ca. 100 bis 150 Leuten besucht. Hier kann man sich zwanglos treffen, alkoholfreie Getränke und billige Imbisse einnehmen, Zeitung lesen und in Ruhe miteinander reden. In einem Nebenraum dürfen mitgebrachte Drogen von gleichzeitig fünf Personen injiziert werden; entsprechende Utensilien stehen bereit. An der Wand ist die Aufschrift "No deal" zu lesen: Eine Aufforderung, weder im Hinterraum noch im Lokal oder davor mit Drogen zu handeln.
Das Caféprojekt wird von insgesamt 12 bis 18 MitarbeiterInnen der Stiftung getragen, drei von ihnen machen jeweils pro Abend Dienst. Der Dienst umfaßt einen Überblick über den Spritzenraum, den Ausschank von Getränken, Abgabe billiger Imbisse sowie die Ansprechbarkeit für die Probleme von Drogengebrauchern. Die MitarbeiterInnen sind geschult in medizinischer Soforthilfe. Im Falle von Überdosierungen müssen sie selbst entscheiden, ob ihre künstliche Beatmung ausreicht oder ob die Sanitätspolizei benachrichtigt werden muß. Einen Todesfall hat es trotz häufig auftretender Probleme wie Atemdepression oder Herzstillstand nach Überdosierungen bisher nicht gegeben. Mitunter muß der Rettungswagen mehrmals in einer Woche gerufen werden.
Eine weitere wichtige Aufgabe der Mitarbeiter besteht darin, präsent und ansprechbar zu sein für die Drogenkonsumenten und deren alltäglichen Probleme, Informationen weiterzugeben oder auf andere Unterstützungsmöglichkeiten der Stiftung Contact zu verweisen.
Darüber hinaus muß die Nutzung des hinteren Raums beaufsichtigt werden, um eine Übersicht zu haben, falls Probleme in Zusammenhang mit der Drogeneinnahme auftreten. Wenn alle fünf Plätze besetzt sind, wer-

den Nummern an die Nachfragenden ausgegeben, die die Reihenfolge festlegen. Die Verweildauer im Raum ist zeitlich nicht begrenzt; sie liegt im Schnitt bei 15 bis 20 Minuten und wird vorher mit dem verantwortlichen Mitarbeiter abgesprochen. Die Tätigkeit in dieser Anlaufstelle ist belastend; insbesondere der zunehmende intravenöse Gebrauch von Kokain erschwert die Arbeit: zu hohe Dosen bewirken Herzstillstand, was eine Herzmassage erforderlich macht.
Konflikte gibt es immer wieder mit Geschäftsleuten aus der Nachbarschaft, die sich durch diesen Treffpunkt gestört fühlen. Der Schweizer Städteverband mit Sitz in Bern hat jedoch mit Schreiben vom 23.6.89 mittlere und größere Schweizer Städte aufgefordert, ähnliche Anlaufstellen wie die "Münstergasse 12" für Drogenabhängige einzurichten, um die Belastungen für die Öffentlichkeit zu mindern (Die Kette 1989a). Das Café in der Münstergasse soll demnächst geschlossen und eine Ausdehnung dieses Projektes auf künftig zwei neue Standorte vorgenommen werden.

Die rechtliche Situation

Die Polizei toleriert diesen Raum. Es existiert eine Weisung der Staatsanwälte Bern-Mittelland an die Untersuchungsrichter, die davon ausgeht, daß der Konsum von Drogen in der Anlaufstelle straflos sei. Die rechtliche Zulässigkeit von Fixerräumen wird auch in einem Gutachten des Strafrechtsprofessors Schultz bestätigt (1989). Schultz stützt sich auf den Paragraphen 19a, Ziffer 3 des Schweizer Betäubungsmittelgesetzes, in dem explizit die Möglichkeit erwähnt wird, daß der Konsum von Drogen "unter ärztlicher beaufsichtigter Betreuung" straffrei bleibt. Die Präsenz von Sozialarbeitern und die Mitarbeit von Ärzten in der Kontakt- und Anlaufstelle garantiert diese Betreuung. Der Konsum selbst ist nach dem Schweizer Betäubungsmittelgesetz lediglich eine Übertretung, die mit Haft oder Buße bestraft wird. Eine Gehilfenschaft (vergleichbar mit dem § 29 Abs. 1 Nr. 10 des bundesdeutschen BtMG: "Verschaffung einer Gelegenheit") wird gesetzlich nur im allgemeinen Teil des Strafgesetzbuches geregelt: danach besteht eine Straffreiheit bei Gehilfenschaft zu Übertretungen wie dem bloßen Konsum (vgl. Frehner 1989, 5).

Fixerstübli Lucky in Basel

Ganz anders und später als das Café der Stiftung Contact in Bern hat sich das Fixerstübli Lucky in Basel entwickelt. Im Sommer 1987 wurde von der Arbeitsgruppe "AIDS und Drogen" der AIDS-Hilfe beider Basel, d.h. Stadt und Land (AHbB), als Sofortmaßnahme steriles Injektionsbesteck auf der Szene verteilt. Bald darauf wurde das "Sprützehüsli" (eine 3-Zimmer-Wohnung) in Betrieb genommen, das nun täglich von 18 bis 20 Uhr geöffnet war und Spritzenumtausch anbot. Andere Gesundheitsangebote (Abgabe von Präservativen und Ascorbin) sowie Alltagshilfen gehörten zum Bestandteil der Arbeit. Der Konsum von Drogen war nicht erlaubt. Dieses "Sprützehüsli" wurde als Übergangslösung zu einem "Gassenzimmer" angesehen, in dem der Konsum dann erlaubt werden sollte (1).

Nötig erschien der Betreibergruppe "ein Ort, an dem sich Junkies ohne Konsumzwang, ohne Angst vor Behörden und ohne Belästigung durch schulmeisternde Moralapostel aufhalten können. Sie sollten dort unter hygienischen Umständen die Injektion vorbereiten und durchführen können. Bei Unfällen sollte medizinische Hilfe innert kürzester Frist garantiert werden" (Anonym o.J.). Der Standort sollte in Szenenähe sein, damit der Weg zwischen Beschaffungs- und Konsumort kurz ist, und die Polizei sollte im Interesse der Vertrauensbildung zwischen Drogenabhängigen und Betreuern keine Razzien oder Registrierungen durchführen. Eine tägliche Öffnung des Gassenzimmers in den Abendstunden war vorgesehen. Neben der Abgabe von sterilen Spritzutensilien, Entsorgung gebrauchter Spritzen, Ascorbin, Tupfer, sauberem Wasser und Erste Hilfen bei Unfällen wurden weitere Angebote geplant: Getränke, Ruheraum, Zerstreuungsmöglichkeiten, ruhige Ecke für Gespräche.

Im Mai 1989 schließlich wurde das Fixerstübli Lucky von der Initiative eröffnet, die auch bereits die Spritzenvergabe auf der Szene und das Sprützehüsli organisiert hatte. Betriebskosten in Höhe von 53.000 Schweizer Franken vom Kanton Basel Stadt für die Monate Mai bis Dezember deckten die nötigsten Kosten.

Das Stübli hat zwei Räume, die durch eine Tür miteinander verbunden sind. Durch die Eingangstür kommt man in den Vorraum, in dem Spritzentausch über einen Ausgabetresen stattfindet; hier stehen viele Leute und unterhalten sich. Im Nebenraum ist Platz für etwa 20 Drogengebraucher; sie sitzen an vier oder fünf Tischen eines alten Spielsalons.

In der Verbindungstür steht eine(r) der vier MitarbeiterInnen und regelt den Eintritt in den Druckraum: wenn alle Stühle besetzt sind, bleiben die übrigen im Vorraum und warten, bis ein Stuhl am Tisch frei wird. Wasser, Tupfer, Pflaster, Ascorbin, Löffel und Kerze stehen bereit und können beliebig benutzt werden.

Das Stübli hat täglich von 18 bis 21 geöffnet und wird von ca. 140 bis 200 Personen pro Abend besucht. In der Zeit des halbjährigen Bestehens gab es 28 Notfälle, die entweder beatmet oder vom Notfalldienst behandelt werden mußten. Die insgesamt 20 Mitarbeiter dieses Projektes werden von einem sympathisierenden Arzt medizinisch geschult. Dieser

Arzt führt auch Hepatitisimpfungen durch. Alle arbeiten ehrenamtlich bzw. auf Honorarbasis für den Verein Virus (Verein für interaktive Randgruppenarbeit und Suchtproblematik), den man mittlerweile als Träger gegründet hat. Mitglieder der AIDS-Hilfe sind hier ebenso engagiert, wie interessierte Laien oder professionelle Sozialarbeiter.

Über die Notwendigkeit eines solchen Gassenzimmers waren sich nicht nur die Betreiber des ehemaligen "Sprützehüslis" einig - auch die traditionelle Drogenarbeit nahm diese Vorstellungen auf. Das Drop-In Basel beantragte die Realisierung eines Gassenzimmers und erhielt auch die Genehmigung dafür (Drop-In 1989). Die Entscheidung des Sprützehüsli-Teams, ein Gassenzimmer einzurichten und nicht erst zu warten, bis das Drop-In-Konzept umgesetzt werden kann, scheint sich als richtig zu erweisen. Immer noch blockieren Einwände (möglicherweise noch für mehr als ein Jahr) der dem Standort benachbarten Bürger die Realisierung des zweiten Gassenzimmers in Basel, nachdem die Zwischenlösung "Fixerbus" aus fachlichen Bedenken fallengelassen wurde. Die Notwendigkeit einer zweiten Anlaufstelle ist jedoch unbestritten: das Fixerstübli am Lindenberg 1 ist überlastet. Allein dieses Angebot erreicht pro Abend etwa 10 Prozent der 1.500 bis 2.000 geschätzten Basler Opiat- und Kokaingebraucher.

Unterschiede und Gemeinsamkeiten

Die hier beschriebenen Projekte unterscheiden sich weniger in der Zielsetzung als in ihrer Durchführung: Die Stiftung Contact in Bern ist ein professioneller und finanziell durchaus potenter Träger im Drogenhilfesystem (mit sehr kritischen drogenpolitischen Forderungen), der sich engagiert und mutig in einen rechtlichen Graubereich begeben und fachliches Neuland betreten hat. Besonders bedeutsam und charakteristisch für einen Ansatz der Kooperation mit Betroffenen ist die Entstehungsgeschichte des Kontaktladens: hier wurde flexibel auf die Bedürfnisse der Drogengebraucher reagiert.

Das Projekt Fixerstübli Lucky ist hingegen eher das Resultat einer Bewegung von AIDS-Hilfe-Mitgliedern und sonstigen Interessierten, die unbürokratisch eine Politik der vollendeten Tatsachen einmal "von unten" schafften: ohne auf staatliche Genehmigungen zu warten, wurde hier die Notwendigkeit dieser Form der Basishilfe erkannt und praktisch umgesetzt. Dies geschah vor dem Legitimation verschaffenden Hintergrund der Erfahrung gefährlicher Irrtümer der Drogen- und AIDS-Politik, wie sie sich etwa offenbart in dem viel zu langen Festhalten an einer restriktiven Spritzenausgabe-Politik, die quasi Widerstand provozierte.

Beide Wege scheinen beispielhaft für potentielle Nachahmer zu sein: sowohl für professionell arbeitende Träger in der Drogenhilfe als auch für Initiativen von unten, die mit einer Politik des "Just-Doing-It" verkrustete Strukturen aufbrechen.
Die Einführung von Fixerstüblis als Ergänzung zum bestehenden Hilfsangebot wird inzwischen in fast allen größeren Städten der deutschsprachigen Schweiz diskutiert (Zürich, St. Gallen, Luzern, Winterthur; siehe ausführlich: Die Kette 1989b, 3f).
Das Stadtparlament in Zürich hat 4,4 Millionen Franken für einen zweijährigen Versuch mit drei öffentlichen "Fixerräumen" bewilligt. Im Herbst soll in der Stadt eine Volksabstimmung darüber entscheiden, so daß diese Einrichtungen im kommenden Jahr eröffnet werden können. Die zuständige Staatsanwaltschaft hat jedoch Widerstand gegen eine Etablierung angekündigt (Tagesspiegel 1990).
Neben diesen Fixerstüblis ist zu vermerken, daß auch Angebote wie eine Übergangswohneinrichtung (Haus Gilgamesch in Basel; Träger: Stiftung für Sucht- und Jugendprobleme) oder Notübernachtungsstellen (Auffangstation Kalkbreitstraße in Zürich; Träger: Zürcher Arbeitsgemeinschaft für Jugendprobleme) das Abstinenzgebot aufgegeben haben. Im Haus Gilgamesch wird der Konsum der Bewohner auf ihren Zimmern geduldet, in der Notschlafstelle in Zürich hat man ein kleines separates Zimmer für den Konsum eingerichtet. Medizinische Hilfen können so schneller geleistet werden.

Übertragbarkeiten

Die Notwendigkeit der Einrichtung von Fixerstüblis ist auch in der Bundesrepublik gegeben: die Verelendung und Wohnungslosigkeit ist groß. Der Verein Kommunale Drogenpolitik/Verein für Akzeptierende Drogenarbeit in Bremen hat daher in einem neu eröffneten Wohn- und Übernachtungsangebot den Gebrauch von Drogen in einem eigens dafür hergerichteten Raum geduldet (siehe Teil II, Kapitel 2).
Vor dem Hintergrund einer Entkriminalisierungsdebatte und einer Neuorientierung der Drogenarbeit in Richtung Akzeptanz des Gebrauchers und Unterstützung bei der gesundheitlichen und sozialen Stabilisierung ist die Einrichtung von Fixerräumen nur konsequent und dringend nötig. Ihre Einrichtung im Rahmen anderer Angebote (Übernachtung) kann dabei den Weg ebnen für offene "Gassenzimmer". Bei diesem Prozeß können wir viel von den Schweizer Erfahrungen lernen.
Die Einrichtung dieser Freiräume wäre ein sinnvoller Anspruch für eine pragmatische Drogenarbeit: das zu akzeptieren, was sowieso und in

erheblich riskanteren Situationen stattfindet und aufgrund der Abhängigkeit stattfinden muß. Es wäre ein glaubwürdiger Schritt in Richtung Akzeptanz des Alltags von Heroinkonsumenten und ihrer "Normalität" und Schaffung von Bedingungen für einen risikoarmen Gebrauch von Drogen.

Dieser Schritt zur Normalisierung des illegalen Umgangs mit Drogen setzt natürlich auch ein Sich-Einlassen-Können voraus: die Mitarbeiter der Stiftung Contact etwa ließen sich entgegen ihres ursprünglichen Konzeptes darauf ein, den Drogenkonsum zu tolerieren, Formen eines sinnvollen Umgehens miteinander zu entwickeln. Gleichzeitig begibt man sich dabei in einen rechtlichen Graubereich: der Straftatbestand "Verschaffung einer Gelegenheit" (§ 29, BtMG) wäre eine wesentliche Barriere, insbesondere für behördliche Drogenarbeit, die sich im Rahmen der vollen Legalität bewegt und Graubereiche nicht besetzt. Eine bereits im Bundesrat beschlossene Neufassung des Tatbestandes der "Gelegenheitsverschaffung" im Betäubungsmittelgesetz (siehe Teil IV, Kapitel 3) scheint künftig jedoch die Einrichtung solcher Druckräume als Maßnahme der AIDS-Prävention und der allgemeiner Gesundheitsvorsorge möglich zu machen.

Anmerkung

(1) Die Arbeitsgruppe arbeitet relativ autonom, die AIDS-Hilfe beider Basel (AHbB) finanzierte die laufenden Verbrauchsausgaben, der Verein für Gassenarbeit "Schwarzer Peter" zahlte die Miete. Während dieses "Sprützehüsli" in qualitativer Hinsicht als Fortschritt in Richtung vertrauensvolle Anlaufstelle angenommen wurde, zeigte eine quantitative Bilanz, daß mit den Gassenaktionen sehr viel mehr Drogengebraucher erreicht werden konnten. Die im Monat vergebene Spritzenanzahl entsprach dem Tagesumsatz bei Spritzenverteilaktionen auf der Szene. Die kurzen Öffnungszeiten des "Sprützehüslis", die Lage im ersten Stockwerk eines Wohnhauses sowie das Verbot des Drogengebrauchs werden für die doch mäßige Frequentierung durch Drogengebraucher verantwortlich gemacht: "Speziell belastend für uns Betreiber ist die zunehmende Konfrontation mit der unerfreulichen Tatsache, Fixer, die sich bei uns in der Wärme den Schuß setzen wollen, zurück auf die Straße zu schicken, wo sie in den nahen WC-Anlagen, unter unhygienischsten Umständen ihre Vorbereitungen treffen müssen. Es ist niemand bei ihnen, der im schlimmsten Fall helfen könnte. Wir fürchten uns alle vor dem Moment, an dem ein Fixer, der sich von uns Nadel und Spritze geholt hat, der mit uns Kaffee getrunken und geplaudert hat, kurz nach dem Verlassen des Sprützehüsli hilflos und einsam in einem Pissoir krepiert" (Anonym o.J.).

LITERATUR

Anonym : Das Basler "Sprützehüsli". (Manuskript) o.J.

Bathen, R./Schliehe, F.: Kontaktladen: Eine niedrigschwellige Einrichtung für drogengefährdete und drogenabhängige Jugendliche. In: Suchtgefahren 35/1989, S. 402ff

Der Tagesspiegel. Berlin, 6.6.1990

Deutsche AIDS-Hilfe: Drogen-Strategiepapier: Befunde und Strategien zur AIDS-Prävention im Bereich AIDS und Drogen In: AIDS-Forum D.A.H. Berlin 1988

Die Kette: Mehr Fixerräume. In: Die Kette 15, 3/1989a, S. 24

Die Kette: Schafft einen - zwei - viele Fixerräume. In: Die Kette 15, 4/1989b, S. 3f

Drop-In: Planungsauftrag Anlaufstelle Gassenzimmer. (Manuskript) Basel, 13.1.89

Enquete-Kommission des 11. Deutschen Bundestages: Gefahren von AIDS und wirksame Wege zu ihrer Eindämmung. Zwischenbericht. Bonn 1988

Frehner, P.: Fixerräume sind legal. In: Die Kette 15, März, 1/1989, S. 4f

Herwig-Lempp, J./Schuller, K./Stöver, H./Trautmann, F: Entkriminalisierte Zonen: Frei-Räume für Drogenkonsumenten. (Manuskript) Bremen 1990

Hoffmann-Bayer, M.: Auf dem Weg zu den Klienten - neue Methodische Ansätze in der ambulanten Drogenarbeit. In: Buchholtz, F. (Hrsg.): Suchtarbeit: Utopien und Experimente. Freiburg 1989

Kindermann, W.: Verwahren, motivieren, therapieren. In: Senator für Familie, Jugend und Sport (Hrsg.): Neuer Rundbrief. Berlin 4/1978

Lehr, U.: Bewährtes intensivieren und neue Wege gehen. Therapieangebote ausbauen und neue niedrigschwellige Angebote schaffen. Rettung auch für langjährige Drogenabhängige möglich. In: BMfFFG-Info Nr.6./1990, S. 8ff

Penkert, W.: Diskussionsbeitrag. In: Stenographisches Protokoll der 12. Sitzung der Enquete-Kommission des 11. Deutschen Bundestages: "Gefahren von AIDS und wirksame Wege zu ihrer Eindämmung." Bonn, 2.11.1987

Raida, J.: Diskussionsbeitrag. In: Stenographisches Protokoll der 12.Sitzung der Enquete-Kommission des 11.Deutschen Bundestages: Gefahren von AIDS und wirksame Wege zu ihrer Eindämmung. Bonn, 2.11.1987

Rosenbrock, R.: Diskussionsbeitrag. In: Stenographisches Protokoll der 12.Sitzung der Enquete-Kommission des 11.Deutschen Bundestages: Gefahren von AIDS und wirksame Wege zu ihrer Eindämmung. Bonn, 2.11.1987

Schuller, K./Stöver, H.: Drogenarbeit und AIDS-Prävention in Dänemark. Ein Reisebericht. Berlin 1988a

Schuller, K./Stöver, H.: Bremer Drogenarbeit - AIDS,Automaten und Akzeptanz. In: Suchtreport 4/1988b, S.2 - 15

Schultz, H.: Gutachten zur rechtlichen Zulässigkeit von "Fixerräumen". (Manuskript) Bundesamt für Gesundheitswesen. Bern, Juni 1989

Stöver, H. (Hrsg.): Der tolerierte intravenöse Drogengebrauch in den Angeboten der Drogen- und AIDS-Hilfe. AIDS-Forum der Deutschen AIDS-Hilfe, Bd. VI. Berlin 1991

Thamm, B.G.: Helferszene wohin? Beobachtungen seit Mitte der 60er Jahre: Stationen, Trends, Fragwürdigkeiten und Leistungen aus der Sicht der Sozialarbeit. In: Kath. Sozialeth. Arbeitsstelle (Hrsg.): Sucht und "Helferscene". Hamm: Hoheneck 1987, S. 40-51

Wagner, D.: Möglichkeiten und Auswirkungen der Substitutionsbehandlung mit Polamidon bei i.v. Drogenabhängigen mit HIV-assoziierten Krankheitssymptomen. In: Deutsche AIDS-Hilfe (Hrsg.): Chancen und Risiken aktueller Präventions- und Behandlungsansätze am Faktor AIDS bei Drogengebrauch und Abhängigkeit. Berlin 1989

Wiese, M.: Beispiele effektiver niedrigschwelliger Angebote. In: Der Minister für Arbeit, Gesundheit und Soziales des Landes NRW (Hrsg.): Weiterentwicklung der Drogenhilfe in NRW. Düsseldorf 1987, S. 177 ff.

2. Übernachtungs- und Wohnprojekt Roonstraße 65 in Bremen - Entstehung, Stand und Perspektiven

Helmut Oppermann

Wohnen als Voraussetzung für akzeptierende Drogenarbeit

Akzeptierende Drogenarbeit folgt dem Ziel, über die Verbesserung und Stabilisierung der Lebenssituation der abhängigen DrogengebraucherInnen Freiräume für ihre eigene Entwicklung zu schaffen. Das bedeutet auch, daß Drogenkonsum kein Ausdruck einer "gestörten Persönlichkeit" ist, sondern nur aus dem Zusammenhang zwischen Lebensgeschichte und Lebensbedingungen verstehbar wird. Die Konsequenz aus diesem Ansatz ist die Ablehnung totalitärer, nicht akzeptierender Therapieansätze, die stets eine Form von Gewalt darstellen. Gleichzeitig bedeutet das aber auch immer das Einsetzen zur Schaffung von menschenwürdigen Lebensbedingungen für abhängige DrogengebraucherInnen, aus denen dann erst die Freiräume für ein weniger schädigendes und belastendes Leben entstehen.
Unsere Arbeit im Verein Kommunale Drogenpolitik bestand immer aus diesen zwei Teilen: Hilfen, die dem Gedanken der Akzeptanz folgen, und Einsetzen für die gesellschaftlichen Voraussetzungen von Akzeptanz. Einerseits haben wir uns bemüht, vor dem Hintergrund der Akzeptanz Menschen, die illegale Drogen konsumieren, in ihrer Art zu leben ernst zu nehmen und ihnen die Hilfen zu geben und zu verschaffen, die sie selber wollen. Unsere Orientierung auf Basishilfen wie Spritzenvergabe, Wundversorgung, Hilfen bei der Durchsetzung von Ansprüchen gegenüber dem Sozialamt usw. folgt diesem Ansatz. Gleichzeitig haben wir über Pressearbeit und politisches Einmischen, über die Einzelkontakte hinaus versucht, die Lebensbedingungen der abhängigen DrogengebraucherInnen zu verbessern. Wenn Akzeptanz nicht zum unpolitischen Gewährenlassen verkommen soll, müssen die Grundvoraussetzungen für Drogenarbeit verbessert werden. Freiräume für die Entfaltung und Entwicklung von Menschen sind nur unter bestimmten äußeren Bedingungen möglich: ausreichende Ernährung und Kleidung, medizinische Grundversorgung, Substitution, Rechtsschutz, Perspektiven in Beschäftigung, Arbeit, beruflicher Weiterbildung und eben Wohnraum.
Eine Grundvoraussetzung für akzeptierende Drogenarbeit, wenn sie mehr sein will als lückenbüßerische Notversorgung, ist deshalb Wohnraum für abhängige DrogengebraucherInnen.

Unsere Möglichkeiten, gerade der Notlage der Obdachlosigkeit abzuhelfen, wurden im Verlauf des Jahres 1988 immer geringer, obwohl die Rechtslage in bezug darauf eine Menge Möglichkeiten bietet. In Bremen geht der Anspruch auf angemessenen Wohnraum aus der Landesverfassung hervor. Der Artikel 14 legt fest, daß jeder Bewohner Bremens, unabhängig von Nationalität und Status, einen verfassungsmäßigen Anspruch darauf hat. Die Verwirklichung dieses Anspruchs ist Aufgabe von Staat und Gemeinden.
Daneben gibt es eine Reihe von Regelungen zum Erhalt und zur Beschaffung von Wohnraum im Bundessozialhilfegesetz (BSHG). So benennt der § 12 des BSHG, daß der notwendige Lebensunterhalt Unterkunft umfaßt. Der § 15a BSHG ermöglicht die Gewährung von Hilfe zur Sicherung der Unterkunft (z.B. Übernahme von Mietschulden, um eine Wohnung halten zu können). Der § 72 dient der Hilfe zur Überwindung besonderer sozialer Schwierigkeiten. Die Hilfe nach diesem Paragraphen umfaßt alle Maßnahmen, die notwendig sind, um soziale Schwierigkeiten abzuwenden, zu beseitigen, zu mildern oder ihre Verschlimmerung zu verhüten. Zu den Maßnahmen nach § 72 BSHG gehört deshalb ausdrücklich Beschaffung und Erhalt einer Wohnung, ebenso wie im § 40 BSHG im Rahmen der Eingliederungshilfe.
Obwohl also nach der bestehenden Rechtslage die Obdachlosigkeit eines Menschen, sobald sie dem örtliche Träger der Sozialhilfe bekannt wird, umgehend zur Beschaffung einer Unterkunft führen müßte, häuften sich bereits 1988 die Fälle, in denen die Sozialberatung des Vereins Kommunale Drogenpolitik wegen Wohnungslosigkeit aufgesucht wurde. Fast alle Betroffenen hatten vorher schon ihre Notlage dem Sozialamt ohne Ergebnis bekanntgegeben. Zu diesem Zeitpunkt waren von den 850 Heroinabhängigen in Bremen 115 in Hotels und Pensionen untergebracht (offizielle Zahlen), eine nicht genau zu ermittelnde Zahl lebte ohne Mietvertrag ständig wechselnd bei Freunden und Bekannten, viele Frauen bei Freiern. Eine ebenfalls nicht genau zu ermittelnde Zahl von abhängigen DrogengebraucherInnen (nach unseren Schätzungen ca. 30 bis 40 Personen) war zu diesem Zeitpunkt bereits dauerhaft obdachlos. Waschsalons, Parkbänke, Baustellen, Hauseingänge waren übliche Schlafplätze. Unter diesen Personen befanden sich auch HIV-Positive und HIV-positive Menschen mit Erkrankungssymptomen. Das Ziel der Anmietung einer Wohnung konnten wir nur noch bei AIDS-Erkrankung oder Schwangerschaft durchsetzen.
Unsere Bemühungen, die hochgradig auf Hilfe angewiesenen Menschen wenigstens in Hotels oder Pensionen unterzubringen, scheiterten häufig trotz Ausschöpfung aller rechtlichen Möglichkeiten und einer im Einzelfall erfolgten erhöhten Kostenzusage des Sozialamtes von bis zu 40 DM pro Tag für die Hotelunterbringung. Die Hotels dieser Preiskategorie

lehnen die Aufnahme von abhängigen DrogengebraucherInnen ab. Die hiesige Einrichtung für Obdachlose der Inneren Mission war bereits völlig überbelegt. Die Hotels und Pensionen, mit denen das Sozialamt kooperiert, waren ebenfalls überbelegt. Häufig waren in den Einzel- und Doppelzimmern dieser Hotels drei bis vier Personen unter katastrophalen hygienischen und räumlichen Bedingungen untergebracht. Das Sozialamt zahlt hierfür zwischen 19 und 22 DM pro Tag und Person.

Immer wieder wandte sich der Verein Kommunale Drogenpolitik mit dem Problem der Wohnungsnot an die Öffentlichkeit, die zuständigen Behörden und PolitikerInnen, ohne greifbare Ergebnisse zu erzielen. Im Herbst 1989 eskalierte das Problem der Obdachlosigkeit völlig. War der Verdrängungswettbewerb um Wohnungen auf dem freien Wohnungsmarkt längst zuungunsten der abhängigen DrogengebraucherInnen entschieden, begann nun die Konkurrenz um Unterbringungsmöglichkeiten in Hotels mit Aus- und Übersiedlern, AsylbewerberInnen und anderen sozial benachteiligten Menschen. Die Zahl der obdachlosen DrogengebraucherInnen stieg nach offiziellen Angaben auf 50 bis 70 Personen.

Eine derartige Verschärfung und Manifestierung der Verelendung von abhängigen DrogengebraucherInnen ließ zunehmend unsere Hilfsangebote ins Leere laufen. Sogar Basishilfen wie Wundversorgung, Sozialberatung, Entzugsbegleitung, Vermittlung von Substitutionsmöglichkeiten können nur in einer Lebenssituation greifen, in der Grundbedürfnisse wie Wohnen und Ernährung gesichert sind.

Die Basis für ambulante Drogenhilfen stellt der persönliche Wohnbereich dar. Die persönliche Wohnumgebung ist ein notwendiger Schutzraum gegenüber gesellschaftlichen Zugriffen und Einflüssen und ein Ort der privaten Lebensgestaltung und Selbstbestimmung.

Wem die Möglichkeit zu wohnen verweigert wird, dem droht die innere wie äußere Orientierung verlorenzugehen, und er erfährt eine extreme Destabilisierung des gesamten Lebens. Es ist auch eine Folge der bisherigen einseitigen Ausrichtung der Drogenhilfen auf Langzeittherapien, daß der ausreichenden Versorgung mit Wohnraum drogenpolitisch wenig Bedeutung zugemessen wurde.

Als Reaktion auf die besonderen Probleme von drogenabhängigen Prostituierten hatte der Verein Kommunale Drogenpolitik ab Frühjahr 1989 ein Nachtangebot an drei Tagen in der Woche eingerichtet. Den Frauen sollte dadurch die Möglichkeit gegeben werden, sich auszuruhen. Gleichzeitig haben dort Frauen für Frauen Spritzentausch, Wundversorgung und Rechtsberatung angeboten. Im Verlaufe der Verschärfung des Wohnungsproblems geriet vor allem dieses Angebot unter Druck. Immer häufiger suchten Frauen das Nachtangebot zum Schlafen auf, und dadurch wurde es zunehmend schwieriger, drogenabhängigen obdachlosen Männern ein gleiches Recht zu verweigern. Im Oktober 1989 hatten die

Mitglieder des Vereins entschieden, für die verbleibenden Nächte den 35 qm großen Kontaktladen für obdachlose abhängige DrogengebraucherInnen zu öffnen, kurze Zeit später mußte das Frauenprojekt seine Nachtarbeit zugunsten einer allgemeinen Übernachtungsmöglichkeit einstellen. Damit hatten wir unsere Vereinsarbeit wesentlich auf die Unterstützung der Notübernachtung konzentriert.
25 bis 30 abhängige Männer und Frauen schliefen von diesem Zeitpunkt an jede Nacht in dem Kontaktladen. Wir mußten die Arbeit im Übernachtungsprojekt mit drei ABM-Kräften und viel ehrenamtlicher Arbeit bewältigen. Unter den NutzerInnen des Übernachtungsprojekts entwikkelte sich eine neue Form der Solidarität und eine bis dahin ungekannte Verantwortlichkeit. Trotzdem waren die Bedingungen unhaltbar. Es stand nur eine einzige Toilette zur Verfügung, teilweise hatten wir nicht genügend Matratzen und Decken. Das Notübernachtungsprojekt diente einerseits dem Abhelfen der akuten Notlage, andererseits haben wir unter Hinweis auf die Zustände im Kontaktladen und darauf, daß wir so gut wie alle weiteren Hilfsangebote einstellen mußten, erheblichen Druck auf die politisch Verantwortlichen ausgeübt.
Als Reaktion auf die Wohnungsnot, die alle Gruppen sozial benachteiligter Personen trifft, hat sich in Bremen mit Unterstüzung der Grünen ein Wohnungspolitisches Netzwerk aus Initiativen aus den Bereichen Straffällige, Asylbewerber, Psychisch Kranke, Behinderte, Sinti und Roma, Frauenhäuser und Drogenabhängige gebildet, um gemeinsam Forderungen nach Wohnraum für die von der Wohnungsnot am schwersten betroffenen Gruppen an die politisch Verantwortlichen zu richten. Im Zuge einer Demonstration des Wohnungspolitischen Netzwerkes kam es zur Besetzung eines Hauses, in dem zusammen mit anderen Obdachlosen ein Teil der obdachlosen Drogenabhängigen Unterkunft fand. Parallel zu dieser Besetzung wurde dem Verein Kommunale Drogenpolitik ein 280 qm großes Wohnhaus in einer guten Wohngegend für ein Wohn- und Übernachtungsprojekt von seiten des Senators für Jugend und Soziales zu Verfügung gestellt. Der öffentliche Druck und das nahende Weihnachtsfest machten möglich, was wir unter Verweis auf die unwürdigen Zustände in den Billighotels und die steigenden Zahlen von obdachlosen DrogengebraucherInnen seit langem verlangt hatten.

Wohn- und Übernachtungsprojekt in der Roonstrasse 65

Nach einem Vorlauf von einer Woche eröffnete der Verein Kommunale Drogenpolitik am 22.12.89 ein Wohn- und Übernachtungsprojekt in der Roonstraße 65 in Bremen.

Das Übernachtungsangebot umfaßt den Zeitraum von 18.00 bis 11.00 Uhr morgens. Außerhalb dieser Öffnungszeiten haben die im Wohnbereich, zunehmend aber auch die im ständigen Übernachtungsbereich lebenden Personen Zutritt zum Haus. Die Betreuung wird in jeweils zwei Schichten mit zwei Personen pro Schicht, also vier Personen pro Öffnungszeit, auf Honorarbasis übernommen. Außerhalb der Öffnungszeiten sind MitarbeiterInnen, Honorarkräfte oder PraktikantInnen anwesend. Gegenwärtig arbeitet das Projekt mit ca. 30 Honorarkräften.
Wegen der Räumlichkeiten und wegen unseres Versprechens einigen Leuten gegenüber, daß sie, sobald wir eine Wohnung bekommen hätten, vorrangig mit Wohnraum versorgt würden, waren wir gezwungen, unterschiedliche Qualitäten von Wohn- und Übernachtungsplätzen zu vergeben. In dem dreigeschossigen Gebäude haben wir im obersten Geschoß einen Wohnbereich für fünf Personen mit zwei abgeschlossenen Wohnungen und einem Zimmer eingerichtet. Daneben gibt es einen ständigen Übernachtungsbereich für zehn Personen, die dort ihre eigene Schlafstelle haben.
Bei den Notübernachtungen gibt es - unter Aufrechterhaltung einer Kerngruppe - eine große Fluktation. Dieser Bereich wird von 10 bis 15 Personen in Anspruch genommen, so daß die durchschnittliche Belegung des Hauses bei 27 Personen liegt.
BewohnerInnen und MitarbeiterInnen haben sich für die Regelung des Zusammenlebens auf folgende Hausordnung geeinigt: "Um das Übernachtungsprojekt nicht zu gefährden und den Beteiligten ein möglichst streßfreies Zusammenwohnen zu ermöglichen, ist es unumgänglich, daß sich die Bewohner des Hauses an einige Grundsätze halten. Es muß klar sein, daß es bei wiederholten Verstößen keinen Anspruch auf einen Übernachtungsplatz gibt. Jede Ausübung, aber auch die Androhung von Gewalt hat zu unterbleiben. Keine Diebstähle, nicht im Haus untereinander und nicht in der direkten Nachbarschaft. Dealen im Haus und in der nächsten Umgebung gefährdet alle Mitbewohner. Freier haben keinen Zutritt. Gedrückt werden darf (aus Sicherheitsgründen) nur im Druckraum. Jede Etage soll täglich von zwei Leuten gereinigt werden, die Putzdienste sollten abwechselnd von allen versehen werden. Alle sollten um die Einhaltung der Nachtruhe bemüht sein. Bei Überdosis (d.h. Betroffener nicht mehr ansprechbar) 112 anrufen! Keine experimentelle Erste Hilfe!"
Probleme im Zusammenleben werden einmal wöchentlich auf einem Bewohnerplenum untereinander und mit den MitarbeiterInnen besprochen.
Kurz nach Eröffnung des Wohnprojekts bildete sich eine "Bürgerinitiative gegen das Drogenhaus in der Roonstraße". Uns wurde vorgeworfen, daß in dem Haus der Prostitution und dem Drogenhandel nachgegangen

würde, die Drogenabhängigen seien eine Gefährdung für die Kinder und gehörten nicht in eine Wohnstraße. Einbrüche und Autoaufbrüche seien vermehrt aufgetreten bzw. zu befürchten. Mit Pressekampagnen und Druck auf KommunalpolitikerInnen wurde versucht, uns aus der Roonstraße wieder zu vertreiben. Dabei wurde vor allem das Argument der Selbstbestimmung der AnwohnerInnen, die vorher nicht gefragt worden waren, vorgebracht. Besondere Unterstützung erfuhren wir vom Geschäftsführer des Deutschen Paritätischen Wohlfahrtsverbandes (DPWV) in Bremen, Albrecht Lampe, der das Problem auf den Punkt brachte: Obdachlose Drogenabhängige können sich ihre Nachbarn nicht aussuchen.

Druckraum

In dem Haus haben wir einen sogenannten Druckraum für den intravenösen Drogenkonsum eingerichtet. Dieses ist sicherlich eine von Außenstehenden als spektakulär anzusehende Maßnahme. Uns ging es dabei lediglich um einen aufrichtigeren und verantwortungsvolleren Umgang mit der Tatsache, daß an einem Ort, an dem sich 27 abhängige DrogengebraucherInnen aufhalten, unausweichlich intravenöser Drogenkonsum stattfindet.
Hilfsmöglichkeiten liegen hier vorrangig in der Schaffung der Möglichkeit, risikoärmer Heroin zu konsumieren, als das z.B. in den Toiletten des Hauses oder des Nachts heimlich auf den Zimmern der Fall wäre. Bei einer Überdosis kann durch Erste Hilfe und Rufen eines Notarztes rascher geholfen werden. Eine weitere, nicht unwesentliche Überlegung war die Brandgefahr, die im Zusammenhang mit dem Drogenkonsum dadurch gegeben ist, daß nach erfolgter Injektion unbemerkt eine brennende Zigarette aus der Hand fallen kann.
Gegen diesen Druckraum liegt eine Anzeige wegen der Verschaffung einer Gelegenheit nach dem Betäubungsmittelgesetz vor. Im Zuge der Ermittlungen hat die Polizei bereits eine Hausdurchsuchung vorgenommen und Zeugen vorgeladen. Es ist anzunehmen, daß dieser Druckraum Gegenstand einer Anklage gegen den Verein bzw. seinen Vereinsvorstand wird.

Perspektiven des Wohn- und Übernachtungsprojekts

Wegen der großen Anzahl der BewohnerInnen (durchschnittlich 27), aber auch wegen der unterschiedlichen Verteilung der Räume kommt es vermehrt zu Konflikten, so daß die Umwandlung in ein reines Wohn-

projekt dringend erforderlich wird. Das jetzige Konzept versteht sich ohnehin nur als Notkonzept, um der schlimmsten Obdachlosigkeit begegnen zu können. Für die Zukunft wird die Umwandlung in ein Wohnprojekt für zwölf Personen angestrebt.
Ziel des zukünftigen Wohnprojekts ist vorrangig die Beseitigung von Obdachlosigkeit von abhängigen DrogengebraucherInnen. Darüber hinaus soll die Stabilisierung der Lebenssituation und die Erlangung einer menschenwürdigen Umgebung als Basis für selbstbestimmte Lebensplanung erreicht werden. Die BewohnerInnen des Wohnprojekts sollen dort auf der Grundlage von vertraglichen Vereinbarungen ein Wohnrecht erhalten. Die Annahme von weiteren Hilfsangeboten ist freiwillig.
Wir verstehen das Wohnprojekt, das trotz aller guten Vorsätze u.a. auch wegen einer Finanzierung über Pflegesätze einen Einrichtungscharakter bekommen wird, nur als Übergangslösung bis zur Vermittlung in eigenen Wohnraum. Angestrebt wird die Beschaffung von Wohnraum für kleine Wohngemeinschaften, zum Einzel- und Paarwohnen. Von dort aus können die DrogengebraucherInnen autonom ihren Bedarf an weiteren Hilfen bestimmen.
Im Haus werden folgende weitere Hilfen angeboten: Entschuldung, medizinische Grundversorgung, Spritzenvergabe, Rechtsberatung, gegebenenfalls Prozeßvorbereitung, Unterstützung bei der Inanspruchnahme von Leistungen nach BSHG und AFG, Suche nach geeignetem Wohnraum, Unterstützung bei der Suche nach geeigneten Therapiemöglichkeiten (Substitution, drogenfreie Therapie), Unterstützung von Selbstheilern, Vermittlung in Beschäftigung und Arbeit, Freizeitangebote, Urlaubsangebote (Urlaub von der Sucht).
Diese Formen der Unterstützung sollen von MitarbeiterInnen des Projekts in Kooperation mit anderen Trägern auch außerhalb der spezifischen Drogenhilfen erfolgen.
Es wird angestrebt, daß die Verweildauer in diesem Projekt sechs Monate nicht übersteigt. Während dieser Zeit muß geeigneter Wohnraum oder auf Wunsch der Betroffenen ein geeigneter Therapieplatz gefunden werden.
Bei längerer Wohnungslosigkeit kommt es häufig zu erheblichen Schwierigkeiten bei der Rückkehr in ein normales Wohnverhältnis. Zumindest zu Anfang des Wohnens entstehen oft Probleme mit der Ausgestaltung der Wohnung, dem Einfinden in die Wohnumgebung, im Kontakt zu Vermietern und Nachbarn und bezüglich der weiteren Lebensplanung. Aus dem Wohnprojekt soll sich ein Team von MitarbeiterInnen bilden, die auch weiterhin Unterstützung anbieten. Bei Personen, die sich für eine Substitutionsbehandlung entschieden haben bzw. unter den gegebenen engen Kriterien hierfür entscheiden konnten, kommt dieser

Form der über das Wohnprojekt hinausgehenden Unterstützung eine besondere Bedeutung zu.
Bei allen unterstützenden Angeboten ist das Bewußtsein wichtig, daß die Beseitigung von Obdachlosigkeit nicht als Vehikel für die Erzwingung der Annahme von Therapie- und Betreuungsangeboten benutzt werden darf. Das Menschenrecht auf eine Wohnung besteht für sich und darf nicht an über das Mietverhältnis hinausgehende Auflagen geknüpft sein.

3. Akzeptierende Arbeit mit drogengebrauchenden Prostituierten

Sabine Michaelis

ZUR BESONDEREN SITUATION DER DROGENPROSTITUIERTEN UND DIE DARAUS RESULTIERENDE NOTWENDIGKEIT EINES FRAUENSPEZIFISCHEN ANSATZES IN DER AKZEPTIERENDEN DROGENARBEIT

Bei der Arbeit mit drogenabhängigen Frauen sollte die Tatsache berücksichtigt werden, daß in unserer Gesellschaft eine frauenspezifische Abhängigkeit von Suchtmitteln existiert. Frauen sind aufgrund der patriarchalischen Struktur unserer Gesellschaft sowohl qualitativ als auch quantitativ abhängigeren Lebensbedingungen ausgesetzt als Männer (Soltau 1988, 20; Bleibtreu-Ehrenberg 1987, 112). Soltau bezeichnet das Konsumieren von Suchtmitteln als einen sichtbaren Ausdruck der ohnehin bestehenden alltäglichen Abhängigkeiten von Frauen (Soltau, a.a.O.). Es mögen bei Frauen vielfältige Gründe zum Konsum illegaler Drogen führen, als Hauptursache werden jedoch sexuelle Mißbrauchserfahrungen durch die Väter in der Kindheit und Jugend (Gersch u.a. 1988, 20), zumindest aber gespannte und konfliktreiche Beziehungen zu den Vätern (Algeier/Nardini 1985, 467) genannt.
Das Selbstwertgefühl von Frauen mit Mißbrauchserfahrungen ist infolge der früh erfahrenen Reduzierung ihrer Person auf ein Sexualobjekt und damit verbundenen gesellschaftlichen Tabus äußerst negativ; der Drogenkonsum scheint ein Ausweg zu sein, um mit diesen Erfahrungen leben zu können (Gersch u.a. 1988, 14). Als weitere frauenspezifische Ursachen für den Gebrauch illegaler Drogen sind die Möglichkeit eines aktiven Umgangs mit Lust beim bzw. durch den Konsum sowie der Reiz einer oppositionellen Lebensform zu nennen, Versuche also, dem typischen und der Erfahrung nach negativ besetzten Frauenschicksal zu entrinnen (Soltau 1988, 20).
Um sich das für die Finanzierung der Sucht notwendige Geld zu beschaffen, gehen groben Schätzungen zufolge ein Drittel bis zu 80 Prozent aller Drogenkonsumentinnen zumindest gelegentlich der Prostitution nach (Zoulek u.a. 1986, 567; Grosse-Aldenhövel u.a. 1986, 347; Gersch u.a., 14). Dabei ist die gängigste Form der Straßenstrich. Algeier/Nardini bezeichnen diese Art der Prostitution als "passagere Notprostitution" (Algeier/Nardini 1985, 467), d.h. ihr Zweck ist die direkte und unmittelbare Finanzierung der Sucht. Dabei können die Arbeitszeiten dem jeweiligen Bedarf angepaßt werden, die Einnahmen

verbleiben zu 100 Prozent bei der Frau, der Einstieg ist schnell und einfach (Gersch u.a., 15). Der überwiegende Teil der Drogenprostituierten empfindet jedoch die Beschaffungsprostitution als belastend und abschreckend (Algeier/Nardini 1985, 468), sie ist für viele Frauen ein Motiv für Ausstiegsversuche (Deissler 1987, 44).

Die Prostitution an sich bedeutet schon die krasseste Form der Reduzierung der Frau auf ihre Rolle als Sexualobjekt (Gersch u.a., 16), der Alltag der Drogenprostituierten ist zusätzlich durch Gewalterlebnisse mit Freiern geprägt. Die Frauen werden vergewaltigt, mißhandelt, ausgeraubt, tagelang eingesperrt. Solche Situationen können wiederum nur unter Drogeneinfluß ertragen werden, die Folge davon ist der Eintritt in einen Teufelskreis von Drogenkonsum und Beschaffungsprostitution (Gersch u.a., 16). Jede drogenkonsumierende Frau versucht zunächst der Beschaffungsprostitution zu entgehen und sich die Sucht auf anderem Wege zu finanzieren, z.B. durch Diebstähle, Dealen, Scheinehen, Urkundenfälschung. Der größte Teil der Frauen scheint erst nach rund drei Jahren Drogenabhängigkeit in die Prostitution einzusteigen (Algeier/ Nardini 1985, 466). Diejenigen Drogenkonsumentinnen, die noch nicht bzw. nicht mehr anschaffen gehen, legen Wert auf diese Tatsache und grenzen sich von den Drogenprostituierten ab.

Die persönlichen Biografien der Drogenprostituierten und ihre gesellschaftliche Stellung haben Resignation zur Folge, phasenweise vernachlässigen sie sich sehr stark. Viele Frauen leiden unter Melancholie oder Depression. Zur psychischen und sozialen Verelendung kommt die zunehmende gesundheitliche Verelendung hinzu. Diese wird hauptsächlich nicht etwa durch den i.v. Drogenkonsum an sich hervorgerufen (Böllinger 1987, 31; siehe auch Quensel 1982, 31), sondern vielmehr durch Fehl- und Mangelernährung, Obdachlosigkeit, mangelnde Körperhygiene, Polytoxikomanie, falsche Dosierungen aufgrund der unterschiedlichen Qualität des Stoffs sowie Spritzenabszesse, verursacht durch schlechte hygienische Voraussetzungen bei den Injektionen und AIDS-assoziierte Symptomatiken.

Eine niedrigschwellige, die Sucht und Prostitution akzeptierende Drogenarbeit wäre hier der richtige Ansatz, den betroffenen Frauen eine direkte gesundheitliche und soziale Hilfe zukommen zu lassen, ihrer Verelendung entgegenzuwirken und sie bei der Rückgewinnung ihrer Würde als Frau zu unterstützen. Um dabei der aufgezeigten spezifischen Problematik drogenabhängiger Frauen gerecht werden zu können, hat sich ein Angebot, das sich ausschließlich an Frauen wendet und von Frauen betreut wird, als erforderlich erwiesen. Ein solcher Ansatz soll im folgenden am Beispiel des gesundheitsfördernden Nachtangebots für Drogenprostituierte des Vereins Kommunale Drogenpolitik/ Verein für akzeptierende Drogenarbeit e.V. in Bremen dargestellt werden.

Das Frauenprojekt des Vereins Kommunale Drogenpolitik/Verein für akzeptierende Drogenarbeit e.V. in Bremen bietet seit Juni 1989 ein gesundheitsförderndes Nachtangebot für Drogenprostituierte an. Das Angebot wird von der Senatorin für Gesundheit finanziell unterstützt. Bei der Arbeit wird ein niedrigschwelliger, die Sucht und Prostitution der Frauen akzeptierender Ansatz verfolgt, um die Zielgruppe zu erreichen. Das Angebot wendet sich an obdachlose i.v. Drogenkonsumentinnen, die der Prostitution nachgehen. Das Nachtangebot wurde zunächst übergangsweise zweimal wöchentlich in den Räumen des Kontaktladens des Vereins durchgeführt. Die beengten räumlichen Verhältnisse sowie die sich häufenden nächtlichen Auseinandersetzungen mit männlichen Drogenkonsumenten, die aufgrund einer durch Obdachlosigkeit geprägten Notsituation ihren Anspruch auf die Räumlichkeiten ebenfalls geltend machten, ließen die Nutzung des Kontaktladens als Schutz- und Ruheraum für die Frauen nicht länger als einige Monate zu. Im Januar 1990 wurde dem Frauenprojekt ein eigenes kleines Haus in der Nähe des Drogenstrichs zur Verfügung gestellt, in welchem das Angebot nunmehr adäquat durchgeführt werden kann.

Das Konzept

Das Haus ist einmal wöchentlich von 20 bis 2 Uhr und dreimal wöchentlich von 23 bis 5 Uhr geöffnet. Die Betreuung findet durch ein Team qualifizierter Honorarkräfte statt (z.Zt. Sozialpädagoginnen, Krankenschwester, eine Ärztin, Juristinnen).

Zu den Aufgaben der Mitarbeiterinnen gehört die Aufklärung der Drogenkonsumentinnen über hygienische Vorsorgemaßnahmen beim Konsum zur Vermeidung und Minderung von gesundheitlichen Risiken. Die medizinisch qualifizierten Frauen des Teams führen Verbandswechsel und Wundversorgung in einem eigens zu diesem Zweck eingerichteten Verbandsraum durch. Die übrigen Mitarbeiterinnen werden von ihnen in diesem Bereich der medizinischen Versorgung angeleitet. Durch Weiterbildung werden sämtliche Mitarbeiterinnen darin geschult, bei Fällen von Überdosis Erste Hilfe zu leisten.

Körperhygiene

Umständehalber, häufig durch ihre Odachlosigkeit bedingt, vernachlässigen die Drogenkonsumentinnen phasenweise ihre Körperpflege. Sie haben die Möglichkeit, während der Öffnungszeit im Haus zu duschen, zu baden, ihre Wäsche zu waschen und zu trocknen, Bekleidung zu wechseln. Es wird ein Bestand an Körperpflegemitteln und Kosmetika bereitgehalten, um den Frauen über diese Art der Beschäftigung mit dem eigenen Körper schrittweise ein positiveres Selbstwertgefühl zu vermitteln.

Ernährung

Zur Abmilderung der Folgen chronischer Mangel- und Fehlernährung wird eine gesunde, warme Mahlzeit angeboten, die möglichst gemeinsam zubereitet wird. Da eine gesunde Ernährung nachgewiesenermaßen Auswirkungen auf die körpereigenen Abwehrkräfte hat und ein großer Teil der Frauen HIV-positiv ist, wird Wert auf die Verwendung vollwertiger Nahrungsmittel gelegt.

Spritzentausch und Kondomvergabe zur Infektionsprävention

Das sogenannte "needle-sharing", das gemeinsame Benutzen von Spritzbestecken, ist der Hauptübertragungsweg von HIV und Hepatitis unter den i.v. Drogenkonsumenten. Die im Verein Kommunale Drogenpolitik/ Verein für akzeptierende Drogenarbeit e.V. verfolgte Praxis des Spritzentauschs (alt gegen neu) wird auch während des Nachtangebots von den Drogenkonsumentinnen in großem Umfang wahrgenommen. Die gebrauchten Spritzen werden in einem in der Nähe liegenden Krankenhaus entsorgt.

Ein weiterer Übertragungsweg von HIV ist der ungeschützte Geschlechtsverkehr. Rund 80 Prozent der Freier (Gersch u.a. 1988, 36) drogenkonsumierender Prostituierter scheinen infektionsträchtige Sexualpraktiken ohne Kondome zu verlangen. Die Kondombenutzungsrate unter den Freiern liegt trotz Kenntnis der Infektionsrisiken demzufolge bei 20 Prozent, das ist deutlich niedriger als in anderen europäischen Ländern (Kleiber 1989, 484) (1).

Wenn die Drogenprostituierten unter Beschaffungsdruck stehen, können die Freier (anders als bei professionellen Prostituierten) ihre Forderung nach ungeschütztem Geschlechtsverkehr häufig durchsetzen. Hier wird eine Schnittstelle der Übertragung von HIV auf die übrige Bevölkerung gesehen (Zoulek 1986, 567). Trotz der Hindernisse scheint die Akzeptanz von Kondomen unter den Frauen größer zu werden. Eine Untersuchung von Kleiber hat ergeben, daß sich das Sexualverhalten der sich prostituierenden HIV-positiven und HIV-negativen Drogenkonsumentinnen unter dem Eindruck von AIDS verändert hat (Kleiber 1989, 483). Dieses Untersuchungsergebnis wird praktisch durch die Anzahl der im Nachtangebot vergebenen Kondome bestätigt. Wenn die Drogenprostituierten auf "geschäftlicher" Ebene die Verwendung von Kondomen auch mehr und mehr durchsetzen mögen, so wird meistens bei den partnerschaftlichen Beziehungen als Liebes- und Vertrauensbeweis darauf verzichtet. Dieser emotional geprägte Bereich ist im Rahmen einer AIDS-Prävention nur schwer zu erreichen.

Notübernachtungen

Das Nachtangebot ist als Schutz- und Ruheraum für die Drogenprostituierten gedacht. Die Nähe zum Straßenstrich läßt es zu, daß die Frauen, die während ihrer Prostitutionstätigkeit ständigem Streß ausgesetzt sind, zwischendurch kommen und sich entspannen können. Für Frauen, die sich in einer besonderen Not- und Krisensituation befinden, besteht die Möglichkeit von betreuten Notübernachtungen.

Krisenintervention nach Vergewaltigungen

Vergewaltigungen und Körperverletzungen durch Freier prägen den Alltag der Drogenprostituierten. Im Rahmen eines gesundheitsfördernden Angebots sind auch Hilfeleistungen in diesem Bereich unerläßlich.

Es ist notwendig, die Frauen davon zu überzeugen, daß sie gewalttätige Freier konsequent anzeigen sollten, denn nur so ist langfristig eine Veränderung im Freierverhalten zu bewirken. Der überwiegende Teil der Drogenprostituierten verzichtet bisher auf eine Anzeige. Dafür gibt es mehrere Gründe: Der Beschaffungsdruck ist zu groß, so daß den Frauen die Zeit fehlt, um zur Polizei zu gehen. Sie werden, wenn sie Anzeige erstatten wollen, häufig von Polizeibeamten verächtlich behandelt und nicht ernst genommen. Sie haben Angst, sich selbst wegen illegaler Prostitution strafbar gemacht zu haben. Und nicht zu vergessen: ihre Toleranzgrenze, was Gewalterlebnisse angeht, ist durch ihre früheren Mißbrauchserfahrungen und den Drogeneinfluß bedingt, recht hoch.

Aufgrund monatelanger vertrauensvoller Zusammenarbeit mit dem für Sexualdelikte zuständigen Dezernat der Staatsanwaltschaft und dem zuständigen Kriminalkommissariat gelingt es zunehmend, die Frauen zum Erstatten einer Strafanzeige gegen gewalttätige Freier und zu Zeuginnenaussagen zu bewegen.

Hier kann eine Praxis der Behörden hilfreich sein, bei der regelmäßig die im Zusammenhang mit der Vergewaltigung stehenden Verfahren wegen illegaler Prostitution eingestellt werden. Nur so besteht eine wirkliche Chance, den Frauen die Angst vor einer Zeuginnenaussage zu nehmen und somit die Ermittlungen hinsichtlich der verfolgungswürdigeren Straftat, der Vergewaltigung, aufnehmen zu können.

Kann erreicht werden, daß die Frauen im Falle einer Vergewaltigung mit Unterstützung der Mitarbeiterinnen des Projektes Anzeige erstatten, ist es erforderlich, binnen 24 Stunden auf eine Beweissicherung in Form einer ärztlichen Untersuchung hinzuwirken. Auch hier sind die betroffenen Frauen auf psychische Unterstützung und Begleitung angewiesen.

Im Frauenprojekt ist im Rahmen einer Arbeistbeschaffungsmaßnahme eine Juristin beschäftigt. Die von Gewalt durch Freier betroffenen Drogenprostituierten können hier eine unmittelbare und niedrigschwellige Rechtsberatung in Anspruch zu nehmen.
Die betroffenen Frauen haben angefangen, sich durch Aushänge vor bestimmten gewalttätigen Freiern zu warnen. Es liegt ein Buch aus, in welchem Übergriffe seitens der Polizei vermerkt werden, um gegebenenfalls Dienstaufsichtsbeschwerden an den Polizeipräsidenten richten zu können.

Weitergehende Aktivitäten des Projektes

1. Beratung und Betreuung im Bereich AIDS:
Zwei Mitarbeiterinnen bieten eine Beratung zur HIV-Problematik an. Es findet psycho-soziale Begleitung und Betreuung HIV-infizierter und an AIDS erkrankter Frauen statt.

2. Sozialberatung:
Die Drogenkonsumentinnen können eine Sozialberatung in Anspruch nehmen. Sie werden bei Kontakten zu Ämtern und bei Behördengängen dahingehend unterstützt, berechtigte Ansprüche durchzusetzen.

3. Rechtsberatung:
Es findet regelmäßig eine kostenlose Rechts- und Schuldnerberatung statt.

4. Frauenknastgruppe:
Durch die seit Jahren bestehende Frauengruppe in der Justizvollzugsanstalt Oslebshausen wird der Kontakt zu den inhaftierten Frauen aufrechterhalten, bzw. es werden neue Kontakte geknüpft.

5. Kooperation im Gesundheitsbereich:
Das Projekt arbeitet mit dem Hauptgesundheitsamt, Abteilung Haut- und Geschlechtskrankheiten, der AIDS-Hilfe, anderen Drogenberatungsstellen sowie substituierenden Ärzten zusammen. Bei anstehenden Schwangerschaften werden Beratungen durchführt, in Konfliktfällen besteht langjährige Zusammenarbeit mit Ärzten und Kliniken.

Bedarfsanalyse

Das gesundheitsfördernde Nachtprojekt findet unter den Drogenprostituierten breite Akzeptanz. Es wird von rund 35 bis 40 Frauen der angesprochenen Zielgruppe frequentiert.

Infolge der bislang gewonnenen Erfahrungen in der niedrigschwelligen Arbeit mit Drogenprostituierten haben sich notwendigerweise im Hinblick auf eine effektivere und spezifische Gesundheitsfürsorge folgende drogenpolitische Forderungen herauskristallisiert: Möglichkeit der Einrichtung sogenannter "Druckräume" und ein Methadonprogramm für Drogenprostituierte.

Zur Einrichtung sogenannter "Druckräume"

Unter Druckraum ist ein hygienisch ausgestatteter und durch qualifiziertes Personal betreuter Raum zu verstehen, in dem es i.v. DrogengebraucherInnen gestattet ist, sich Injektionen (einen "Druck") zu verabreichen (siehe Teil II, Kapitel 1). Ziel und Zweck von Druckräumen ist es, die gesundheitlichen Risiken beim i.v. Drogenkonsum so gering wie möglich zu halten. Obdachlose DrogengebraucherInnen sind derzeit darauf angewiesen, in Hauseingängen, öffentlichen Toiletten und Parks zu konsumieren. Solche Bedingungen sind denkbar gesundheitsschädlich, denn sie gewährleisten nicht das geringste Minimum an Hygiene. So werden beispielsweise das Wasser aus öffentlichen Toiletten, Regenwasser, Kronkorken und alte Konservendosen zum Aufkochen des Heroins benutzt.
Auf diese Mißstände haben die Mitarbeiterinnen des Frauenprojektes reagiert und tolerieren aus gesundheitsfürsorgerischen Gründen und im Rahmen einer ernst gemeinten akzeptierenden Drogenarbeit den Drogenkonsum innerhalb des Hauses in einem eigens hierfür zur Verfügung stehenden Raum. Dort können sich jeweils fünf Frauen aufhalten, um sich einen Druck zu machen.
Um die für den i.v. Drogenkonsum erforderliche "peinliche Hygiene bei der Benutzung von Injektionsutensilien" (Große-Aldenhövel u.a. 1986, 347 ff.) zur Vermeidung von Infektionsrisiken sicherzustellen, werden saubere Löffel, reines Wasser, Alkoholtupfer und sterile Spritzen zur Verfügung gestellt. In Fällen von Überdosis können die Mitarbeiterinnen Erste Hilfe leisten. Handel und Erwerb von Betäubungsmitteln innerhalb des Hauses sind strengstens untersagt. Überschreitungen des Verbotes werden sanktioniert.
Die Erfahrungen mit dem tolerierten Drogenkonsum sind ausgesprochen gut. So achten die Drogenkonsumentinnen in der Regel aufeinander, z.B. was die Höhe der Dosierung betrifft. Auch werden Absprachen über den Reinheitsgehalt des Stoffes getroffen. Innerhalb eines Jahres waren lediglich zwei Notarztwageneinsätze erforderlich; das zeugt von einem verantwortungsvollen Umgang der drogenabhängigen Frauen mit dem Konsum, wenn er in einem geschützten Rahmen stattfinden kann.

Leider ist die Rechtslage bezüglich des Betreibens von Druckräumen noch strittig. Hinsichtlich der gesundheitsfördernden und HIV-präventiven Bedeutung von Druckräumen wäre eine klarstellende gesetzliche Regelung des § 29 Abs. 1 S. 10 BtMG notwendig.

Methadonprogramm für Drogenprostituierte

In Bremen ist eine Methadonvergabe derzeit nur im Einzelfall vorgesehen. Als medizinische Indikationen im Sinne von § 13 Abs.1 BtMG werden schwere und finale Krankheitszustände, Krankenhausaufenthalte wegen körperlicher Erkrankungen sowie Schwangerschaften anerkannt. Angesichts der im Zusammenhang mit der Beschaffungsprostitution bestehenden gesundheitlichen und persönlichen Risiken muß die Forderung nach einem Methadonprogramm für Drogenprostituierte erhoben werden. Die Vergabe an einen Abstinenzanspruch zu koppeln, würde allerdings die Zielsetzung verfehlen.
Zwar wäre Methadon für Frauen, die aus der Prostitution bzw. Sucht aussteigen wollen, eine große Hilfe. Vorrangiger und fürsorglicher Gesichtspunkt der Vergabe hat jedoch die Entschärfung des unmittelbaren, durch die Sucht bedingten Zwanges zu sein, sich unter allen Umständen durch die Prostitution Geld zu beschaffen. Nur so können die Frauen im Bereich der Prostitution in die Lage versetzt werden, mehr Selbstbestimmung zu üben, d.h., sie können Geschlechtsverkehr ohne Kondome und unerwünschte bzw. risikoreiche Sexualpraktiken ablehnen.

Anmerkung

(1) Der Leiter des AIDS-Zentrums, Prof. Dr. M. Koch, äußerte am 20.7.88 gegenüber der TAZ, er habe manchmal den Eindruck, daß es zu den Grundrechten des deutschen Mannes gehöre, auf der Autobahn 180 km/h zu fahren und auf das Kondom verzichten zu dürfen.

Literatur

Algeier, R./ Nardini, G.: Prostitution und Sucht. In: Soziale Arbeit 10/1985, S. 486

Bleibtreu-Ehrenberg, G.: AIDS aus der Nadel. In: Walter, M. (Hrsg.): Ach, wär's doch nur ein böser Traum - Frauen und AIDS. Freiburg 1987

Böllinger, L.: Drogenrecht, Drogentherapie, Materialien zur Sozialarbeit und Sozialpolitik, Band 12, Frankfurt/M. 1987

Deissler, K.: Prostitution und AIDS, Prävention durch Methadon? In: Suchtreport 2/1987

Gersch, C. et al.: Drogenabhängige Prostituierte und ihre Freier. Sozialpädagogisches Institut Berlin 1988

Große-Aldenhövel et al.: Anamnestische und HIV-serologische Befunde bei Personen mit intravenösem Drogenmißbrauch. In: Bundesgesundheitsblatt 29/ 1986, S.347f

Kleiber, D.: HIV-Infektionen bei i.v. Drogenabhängigen. Ergebnisse einer differentiell-epidemiologischen Prävalenzstudie in der Bundesrepublik In: Neurologie/ Psychiatrie 3/1989, S.475ff

Quensel, S.: Drogenelend. Frankfurt/New York 1982

Soltau, R.: Die frauenspezifische Abhängigkeit von Suchtmitteln. In: Merfert-Diete, C./Soltau, R. (Hrsg.): Frauen und Sucht. Reinbek 1988

Zoulek, G. et al.: Zunahme der Prävalenz von Antikörpern gegen LAV/HTLV III bei Drogenabhängigen in der Bundesrepublik Deutschland.In: Deutsche Medizinische Wochenschrift 111/1986, S. 567ff

4. Akzeptierende Drogenarbeit im Strafvollzug

Willi Wambsganß

Wenn wir dazu bereit sind, den Konsum von Drogen als eine individuelle Entscheidung des einzelnen zu akzeptieren, dann müssen wir auch zwangsläufig zu dem Schluß kommen, daß die Konsumenten nicht wegen strafbarer Handlungen, die in Zusammenhang mit dem Konsum dieser teils illegalen Drogen stehen, inhaftiert werden dürfen. Die strafrechtliche Verfolgung der Konsumenten illegaler Drogen aufgrund des Betäubungsmittelgesetzes (BtMG) hat sich als ein unwirksames Mittel erwiesen. Das Ziel, den Konsum illegaler Drogen zu verhindern, wurde nicht erreicht. Den Konsumenten von verbotenen Drogen läßt sich nicht plausibel vermitteln, daß die von ihnen bevorzugten Drogen verteufelt, die kulturell akzeptierten Drogen hingegen verharmlost, besteuert und ihr Absatz aufgrund massiver Werbekampagnen Jahr für Jahr gesteigert wird. Aufgrund dieser gesellschaftlichen Doppelmoral wird die Drogenscene unterdrückt und verfolgt. Das Resultat ist der Drogenschwarzmarkt, auf dem zumeist schlechte (gefährliche) und unkalkulierbare Ware zu unverhältnismäßig hohen Preisen angeboten wird. Drogenkonsumenten, die aufgrund ihrer Sucht auf diese Schwarzmarktdrogen angewiesen sind, geraten in den Teufelskreis Beschaffungskriminalität - Inhaftierung - Zwangstherapie - Beschaffungskriminalität. Häufig endet dieser Teufelskreis mit einer tödlichen Überdosis aufgrund von Mischkonsum, Suizid nach Jahren der Perspektivelosigkeit oder neuerdings auch durch die Todesursache AIDS.

In diesem Beitrag geht es um die Lebensbedingungen inhaftierter Drogengebraucher ("Btmer") am Beispiel der Justizvollzugsanstalt (JVA) Bremen-Oslebshausen und um Praxis und Perspektiven akzeptierender Drogenarbeit im Knast. In Bremen stellt die Gruppe der "Btmer" ca. 25 Prozent (ca. 100 Personen) aller inhaftierten Männer. Der Großteil dieser Menschen ist wegen Delikten, die in Zusammenhang mit Drogenkonsum und Abhängigkeit stehen, inhaftiert. Bei den inhaftierten Frauen liegt das Verhältnis von fixenden zu nicht-fixenden Frauen bei 1:1 (insgesamt ca. 26 Frauen). Akzeptierende Drogenarbeit im Knast muß aus der eingangs erwähnten Überzeugung resultieren, daß es ein Menschenrecht auf Konsum von Drogen gibt, das nicht teilbar ist (in legale und illegale Drogen) und das von jedem eigenverantwortlich in Anspruch genommen werden kann. Die negativen Auswirkungen des Konsums illegaler Drogen liegen für die inhaftierten Drogenkonsumenten in der Tatsache, daß sie auf-

grund der Illegalität letztendlich zum Teil langjährige Haftstrafen verbüßen müssen, die den Konsumenten vergleichbarer legaler Drogen erspart bleiben. Aufgrund dieser Tatsachen hat eine akzeptierende Drogenarbeit im Strafvollzug eine parteiische Arbeit zu sein, welche die negativen Auswirkungen der Inhaftierung aus dem Blickwinkel der "Btmer" betrachtet. Sie ist auf Dauer erfahrungsgemäß nur externen, von der Knasthierarchie unabhängigen Sozialarbeitern bzw. ehrenamtlich Tätigen möglich. Sie ist nicht gezwungen, einen Etikettenschwindel zu betreiben, um mit "Rattenfängermethoden" (Pseudoniedrigschwelligkeit) Gefangene unter Vorspiegelung falscher Tatsachen in Angebote zu locken, die bei ehrlicher Nennung ihrer Ziele von den "Btmern" nicht wahrgenommen werden würden. Akzeptanz darf keine erlernte Technik sein, die mit dem Ziel, Menschen zu gesetzestreuem Verhalten zu animieren, Verständnis vorspielt.
Politische Arbeit im Knast mit dem Ziel einer veränderten Drogenpolitik gerät leicht zwischen die Mühlsteine der Knastgegebenheiten. Einerseits wird von der Anstalt erwartet, daß die mit dem BtMG in Konflikt geratenen Gefangenen ("Btmer") einsichtig sind und zum "normalen", d.h. legalen Drogenkonsum konvertieren, andererseits haben die "Btmer" die Erfahrung gemacht, daß Ehrlichkeit und jedes offene Eintreten für ihre Drogen in Form einer Diskussion unverhältnismäßig sanktioniert wird. Da aber Offenheit und Ehrlichkeit bestraft werden, findet der Drogenkonsum "heimlich" statt. Dies ist zwar auch der Anstaltsleitung bewußt, aber nach außen bleibt der Schein gewahrt. Akzeptierende Drogenarbeit versucht einen transparenten Weg zu gehen. Dies ist eine alltägliche Gratwanderung, bei der gerade im Knast viele Umwege gegangen werden müssen. Effektive externe Knastarbeit funktioniert nicht nach einem starren Schema, sondern nur als ein offener Prozeß, der die Gegebenheiten des Knastalltags und die daraus resultierenden Bedürfnisse der "Btmer" in seine Arbeit mit einbezieht und sich den schizophrenen Knastsituationen stellt. Knastarbeiter von außen können und müssen helfen, uns dies wieder ins Bewußtsein zu rufen.

Offenheit als Grundlage der Arbeit

Der Verein "Kommunale Drogenpolitik/Verein für akzeptierende Drogenarbeit" versucht seit Jahren, in der JVA Bremen-Oslebshausen mit einer externen Knastgruppe den Ansatz einer akzeptierenden Drogenarbeit durchzuführen. Externe Knastarbeit wird in der Regel aufgrund der vermuteten Justizferne von den Inhaftierten mit einem Vertrauensvorschuß bedacht. Da wir uns als Interessenvertreter der Gefangenen verstehen und in Konflikten immer die Partei der Schwächeren, nämlich die der Insassen unterstützen, konnten wir unseren guten Ruf bei den "Knackies" behalten und ausbauen. Wir lehnten es aufgrund unserer bewußt praktizierten Parteilichkeit ab, auch mit den Bediensteten der Vollzugsanstalt auf der Kumpelebene zu verkehren. Daher kursierten bald von seiten der Anstalt die wildesten Gerüchte, was unsere Gruppenarbeit anbetraf. Aber es wurde auch geschlußfolgert: "Wer sich nicht von den Gefangenen abgrenzt, wird auch strafbare Handlungen begehen." Es wurde uns, angefangen von Sexualkontakten, die wir zu Insassen hätten, bis hin zum Drogenschmuggel in den Knast, alles Erdenkliche unterstellt. Die inhaftierten Gruppenteilnehmer mußten sich schikanöse Behandlungen gefallen lassen. Die externen Drogenarbeiter wurden mehrfach Körperkontrollen unterzogen - ohne Erfolg. Es war offensichtlich, daß wir aufgrund unseres unkonventionellen Ansatzes gegenüber den anderen, sowohl internen als auch externen Knastgruppen, benachteiligt wurden. Aufgrund unserer Hartnäckigkeit traf sich die Gruppe trotz aller Schikanen kontinuierlich einmal pro Woche. Bei den Gefangenen bildete sich bald ein "harter Kern" von Gruppenteilnehmern heraus, denen die Gruppenteilnahme wichtiger war als ihr guter Ruf beim Anstaltspersonal. Basis unserer Arbeit war das offene Gespräch über knastinterne und drogenpolitische Geschehnisse. Im niedrigschwellig konzipierten Kontaktladen unseres Vereins konnte nach der Haftentlassung der Kontakt zu den Gruppenmitgliedern in der Regel aufrechterhalten werden. So resultierte aus der Mitarbeit in der Knastgruppe nach der Entlassung des öfteren eine ehrenamtliche Mitarbeit bzw. Mitgliedschaft im Verein "Kommunale Drogenpolitik/Verein für akzeptierende Drogenarbeit". Aber auch der umgekehrte Weg war nicht ungewöhnlich. So meldeten sich im Knast regelmäßig Neuinhaftierte zur Knastgruppe, die uns schon als Besucher des Kontaktladens bekannt waren. Diese oft nur flüchtigen Kontakte konnten sich im Knast intensivieren, so daß nach der Entlassung oder auch auf der Flucht aufgrund der Vertrauensbasis unbürokratische Unterstützung geleistet werden konnte. Neben drogenpolitischen Themen wie etwa Legalisierung/Entkriminalisierung des Drogenkonsums kamen aufgrund eigener Erfahrungen aus den Reihen der Gefangenen auch Themen wie Erpreßbarkeit bei der Verhaftung aufgrund von Entzugserscheinungen, Möglichkeiten der Überbrückungssubstitution zur Wahrnehmung des Rechts der Aussageverweigerung bei polizeilicher Vernehmung während der ersten Tage nach der Verhaftung und Substitutionsbehandlung für drogenabhängige Gefangene, wie etwa in dänischen Knästen, zur Sprache. Das Thema HIV-Infektion und AIDS nahm aufgrund der Häufung HIV-AK-positiver Gruppenmitglieder, die sich durch die Weitergabe von gebrauchtem Spritzbesteck infiziert hatten, einen breiten Raum ein. Wir hatten in unserer Gruppe trotz alledem immer ein gutes Verhältnis von Arbeit und geselligem Beisammensein.

Wenn keine wichtigen Themen anstanden oder einfach niemand Lust hatte, etwas zu tun, hatten wir auch keine Probleme, die Zeit beim Kaffeeklatsch zu verbringen. Bei der Suche nach Lösungsmöglichkeiten, den Knast mit möglichst wenig psychischen und physischen Schäden zu überleben, schreckten wir auch vor spektakulären Aktionen nicht zurück. So ist etwa das Problem der Spritzenknappheit im Knast besonders gravierend. Gerade für externe Drogenarbeiter, die außerhalb der Anstaltsmauern Spritzenautomaten bestücken und Spritzenaustauschprogramme durchführen, ist es unerträglich mit ansehen zu müssen, wie sich die Gefangenen aufgrund des Spritzenmangels reihenweise mit dem HI-Virus infizieren, nur weil ihnen durch die Schwerfälligkeit der Anstaltsbürokratie Schutzmöglichkeiten vorenthalten werden (1). In diesem Zusammenhang appellierten wir durch ein medienwirksames "Throw-In" an die staatliche Fürsorgepflicht gegenüber den Gefangenen. Es wurden sterile Spritzen über die Anstaltsmauern geworfen, um auf den Notstand aufmerksam zu machen. Im Knast bewirkte allein die Tatsache, daß eine breite Öffentlichkeit auf die Mißstände aufmerksam gemacht werden konnte, einen positiven Schub, der als Gegengewicht zu Resignation und Knastfrust bewertet werden kann. Trotz Angst vor Bespitzelung wurden von den "Btmern" heimlich Transparente angefertigt und am Knast befestigt, auf denen "Sterile Spritzen auch im Knast" gefordert wurden. Der Mut zur gemeinsamen Aktion war größer als die Angst vor den zu erwartenden Sanktionen. Es hatte sich erwiesen, daß solidarische Aktionen auch im Knast möglich sind. Diese Aktion wurde von der gesamten Bremer Fachöffentlichkeit unterstützt. Leider blieb sie auch nach der Erstellung eines Rechtsgutachtens (Lesting 1990) über die grundsätzliche Zulässigkeit der Spritzenvergabe im Strafvollzug bisher erfolglos.

Rechtskundiger Beistand

Ein wichtiger Bestandteil der akzeptierenden Knastarbeit sind kompetente und engagierte Anwälte, die im Knast eine kostenlose Rechtsberatung durchführen und neben den Problemen aufgrund des BtMGs auch zur Abwehr von Willkürentscheidungen auf der Grundlage des Strafvollzugsgesetzes behilflich sind. Durch die darin enthaltenen zahlreichen Kann-Bestimmungen und der Erfahrung, daß im Streitfall grundsätzlich der "Sicherheit und Ordnung" des Knastes der höhere Stellenwert eingeräumt wird, ist es für die Selbstachtung der Gefangenen von höchster Wichtigkeit, der alltäglich erlebten Knastwillkür etwas entgegensetzen zu können. Juristischer Beistand ist somit auch ein "Therapeutikum" gegen Resignation und Psychostreß. Sich auch im Knast aktiv für seine

Rechte einzusetzen, ohne Rückendeckung von außen, ist aber de facto ein zermürbendes und hoffnungsloses Unterfangen. Gemeinsam erkämpfte Erfolgserlebnisse hingegen können die treibende Kraft für weitere, den gesamten Insassen, bzw. den "Btmern" zugute kommenden Gruppenaktivitäten werden. Aus der Erfahrung heraus, daß sich das Einmischen in die Entscheidungsprozesse lohnen kann, entstehen dann evtl. Aktionen wie das Erstellen von Info-Material, Mitarbeit bei der Knastzeitung, Gründung von Arbeitskreisen etc. Nicht nur aus Gründen der Haftvermeidung wäre es wichtig, für Drogenkonsumenten, die bereits per Haftbefehl gesucht werden bzw. sich nach dem Knasturlaub oder Therapieabbruch auf der Flucht befinden, neue Rechtsgrundlagen zu schaffen, um auch niedrigschwellige Wohnprojekte (evtl. medikamentengestützt statt drogenfrei) nach § 35 BtMG ("Therapie statt Strafe") anerkennen zu lassen. Gerade per Haftbefehl gesuchte Drogenkonsumenten, die aufgrund ihrer Mehrfachbelastung (Abhängigkeit, Beschaffungsstreß, Verfolgungsdruck etc.) und daraus resultierender zwangsläufiger Obdachlosigkeit ein enorm hohes Todesrisiko haben, bräuchten eine erweiterte Auslegung des § 35 BtMG. Sie befinden sich oft in aussichtslosen Lebenslagen und flüchten sich in exzessiven polytoxikomanen Drogenkonsum. Kontrollierter Drogengebrauch wird unter diesen erschwerten Rahmenbedingungen kaum möglich sein. Gerade für diesen Personenkreis könnte die Möglichkeit, "geschützt" in einem Übernachtungsprojekt unterzukommen, den Ausschlag dafür geben, sich herunterzudosieren bzw. bei einem vergleichbar niedrigschwelligen Wohnprojekt, das nach § 35 BtMG anerkannt wäre, einzuziehen, um sich dort weiter zu stabilisieren (siehe Teil II, Kapitel 2).

NORMALISIERUNG

Der Knast als totale Institution ist für den Inhaftierten durch seine Allmacht dermaßen bedrohlich, daß sich in der Regel als einzig möglicher Schutz die Flucht anbietet. Aufgrund der baulichen Ausführung des Knastes ist die Flucht "nach außen" kaum praktizierbar. Die Flucht "nach innen", zumeist unter Zuhilfenahme von illegalen Drogen, ist hingegen im Knast praktisch nicht zu verhindern. Die alltäglichen Knastschikanen zu überstehen, ohne die aufgestauten Aggressionen in Meuterei oder Gewaltdelikte jeglicher Art umzusetzen, wäre für Menschen mit gesunden Emotionen häufig nicht möglich. Das Ausleben von aufgestauten Aggressionen (sogenannter Haftkoller häufig nach Alkoholkonsum) wird dermaßen unverhältnismäßig sanktioniert ("Bunkeraufenthalte" etc.), daß auf den bewährten Gebrauch von Substanzen, die nicht die vorhandene Aggressivität steigern, sondern mindern und Ablenkung schaffen, zurückgegriffen wird. Gegen die in der Regel hinzukommenden, durch den Knastaufenthalt bedingten Schlafstörungen werden reichlich, zumeist barbiturathaltige Medikamente eingenommen. Da die Ursache, das Eingesperrtsein, sich z.Zt. nicht abschaffen läßt, bleibt als ein möglicher Weg, um die Situation der Inhaftierten zu verbessern, die Auflockerung der unmenschlichen Knastbedingungen. Auch innerhalb der Anstaltsmauern sind Umstände herbeizuführen, die normalen Standards entsprechen. An erster Stelle wäre die Ermöglichung einer täglichen Kontaktaufnahme zu Angehörigen und Freunden durch zeitlich unbegrenzte und ungestörte Besuche in den Privaträumen der Gefangenen zu nennen (Zelle von innen abschließbar). Eine sinnvolle Ergänzung wären ein Telefon, Zeitungs- und Zeitschriftenabonnements sowie Fernsehen und Video auf der Zelle. Zu einem eigenverantwortlichen realitätsnahen Knastaufenthalt gehören auch das Einkaufen sowie das Zubereiten der eigenen Mahlzeiten und das Waschen der eigenen Wäsche. Die Möglichkeiten der externen Knastarbeiter beschränken sich bisher noch auf Begleitausgänge zu allen erdenklichen Anlässen. Einladungen zu Seminaren, Arbeitsbesprechungen sowie die Vermittlung von Urlaubsadressen werden als Ablenkung vom zerstörerischen Knastalltag von Gefangenen, die sich in Vollzugslockerungen befinden, gerne genutzt. Für Gefangene, denen die Vollzugslockerungen vorenthalten werden, und das ist der weitaus größte Teil der "Btmer", bleiben z.B. "Besuchermeetings". Dort besteht auch für die Drogenarbeiter die Möglichkeit, mit den Angehörigen zu sprechen. Bei entsprechender Kontaktpflege ließe sich möglicherweise ein fortschrittlicher Eltern- bzw. Angehörigenkreis für Drogenkonsumenten aufbauen. Dieser könnte als neue Kraft politische Forderungen effektiver erarbeiten und vertreten, als es die Gefangenen können. Des weiteren muß mit Nachdruck gefordert werden, daß die regelmäßig stattfindenden Knastgruppen der externen Knastarbeiter von "Btmern", sowohl des Frauen- als auch des Männerknastes, besucht werden dürfen. Auch diese gemischtgeschlechtlichen Gruppen sind ein Beitrag zur Normalisierung. Die erzwungene Geschlechtertrennung des Knastes ist als unnatürlich abzulehnen. Eine Forderung der Gefangenen wird stets der gemischtgeschlechtliche Knast sein. Auch müßte es heutzutage möglich sein, in jedem Haus des Knastes eine Kneipe von Gefangenen eigenverantwortlich bewirtschaften zu lassen. Bei angenehmer Kneipenatmosphäre könnte sich bei einem Glas Bier (evtl. alkoholfrei) und Musik etc. eine positive Kneipenkultur entwickeln, die es ermöglicht, sich nicht nur mit den Ärgernissen des Alltags zu befassen. Ohne mit großen Schritten in Richtung Normalisierung des Knastalltags zu gehen, wird sich der Knast wie eh und je auch weiterhin "kontraproduktiv" auswirken.

In der Bremer JVA sind ca. 50 Prozent der inhaftierten Frauen heroinabhängig. In der Regel gingen sie der Beschaffungsprostitution nach. Verurteilungen erfolgen häufig wegen Beischlafdiebstahls. Auch Geldstrafen, die wegen Prostitution im Sperrbezirk ausgesprochen werden, oft aber nicht bezahlt werden können, führen zu Gefängnisaufenthalten. Der kleinere Teil dieser Frauen sitzt wegen Diebstahlsdelikten und Drogenschmuggels bzw. Drogenhandels ein. Die Haftdauer beträgt zumeist weniger als 12 Monate. Da nur wenige Frauen in Bremen inhaftiert sind (insgesamt ca. 25 bis 30), erscheint es der Anstalt nicht lohnenswert, sinnvolle Angebote, wie etwa das Nachholen von Schulabschlüssen, Berufsausbildungen, Lehrgängen, Kursen, Sport und Freizeitveranstaltungen etc. anzubieten. Andererseits wird von dem Anstaltsleiter der Knast als "Männerfreie Zone", als Schutzraum und Rückzugsmöglichkeit vor den Männern propagiert (siehe Die Tageszeitung 1990). Der Kontakt zu den Männern (sie werden als potentielle Zuhälter betrachtet) soll vermieden werden. Dieser Versuch, die Frauen zu ihrem "Glück" zu zwingen, stößt erwartungsgemäß auf wenig Gegenliebe bei den inhaftierten Frauen. Es ist festzustellen, daß, seit in der Drogengruppe des Bremer Knastes keine gemeinsamen Treffen der männlichen und weiblichen Drogenkonsumenten mehr stattfinden dürfen, d.h. faktisch keine Männerkontakte mehr vorhanden sind, die Männer häufig idealisiert werden und nach der Entlassung schnell und unkritisch neue Beziehungen eingegangen werden (Prieger/Schwinn 1988). "Männerverbot" darf nicht gegen den Willen der betroffenen Frauen durchgesetzt werden. Selbst die gute Absicht des Anstaltsleiters, die Frauen beschützen zu wollen, kommt bei den weiblichen Gefangenen als Bevormundung an, da sie davon ausgehen, in dieser Hinsicht für sich selbst sorgen zu können. Unausgesprochen wird durch das Trennen der Geschlechter auch versucht, Sexualkontakte zu vermeiden, sei es aus moralischen Gründen, zur Verhinderung von Prostitution oder auch nur deshalb, weil der Entzug der Sexualität als ein wesentlicher Teil der Strafe angesehen wird. Dies umgehen die Frauen (auch Männer) häufig durch gleichgeschlechtliche Knastsexualität. Als ein Kompromißmodell, das auch dem Argument der Schutzbedürftigkeit und dem Vorteil von Rückzugsmöglichkeiten in "männerfreie" Bereiche unter freiwilligen Bedingungen berücksichtigen würde, wären etwa von Frauen und Männern gemeinsam nutzbare Freizeit-, Sport- und Kulturbereiche denkbar.

Ein ähnliches Konzept könnte auch bei einem Methadonvergabemodell im Strafvollzug zur Anwendung kommen. Eine strikte Trennung der Gefangenen mit und ohne Substitutionsbehandlung sollte nicht vorgenommen werden. Auch hier wäre die Möglichkeit des freiwilligen Rückzugs in den "drogenfreien" Schutzraum gewährleistet, sofern dies gewünscht ist. Je größer der Kontrast zwischen dem Leben innerhalb und außerhalb der JVA ist, desto schwieriger, chancenloser und gefährlicher ist der Übergang in das Leben nach der Entlassung.

Vermeidbare Überdosis

Wenn es ein Gefangener endlich geschafft hat, über saubere Urinkontrollen in die Vollzugslockerungen zu kommen bzw. "auf Endstrafe" entlassen wird, ist es lebenswichtig, ihn darauf hinzuweisen, daß ein handelsübliches "Straßenpäckchen" Heroin für ihn schon eine tödliche Überdosis bedeuten kann. Das im Knast gehandelte Heroin hat nur einen sehr geringen Reinheitsgehalt. Dies erklärt sich aus der Tatsache, daß z.B. in Bremen z.Zt. in der Regel aus einem Gramm ca. 20prozentigem Heroinverschnitt ca. 12 bis 14 "Straßenpäckchen" verkauft werden. Im Knast hingegen werden aus dem gleichen Gramm durch zusätzliches Beifügen von Füllstoffen ca. 24 Knastpäckchen abgefüllt. Hinzu kommt noch, daß aufgrund der Geldknappheit im Knast in der Regel nur ein bis dreimal wöchentlich gedrückt wird, in Ausnahmefällen einmal täglich. Da sich die Gefangenen diese Tatsache der niedrigen Dosiseinstellung nicht bewußt machen, kommt es sowohl bei Hafturlauben und Entlassungen als auch bei Therapieabbrechern immer wieder zu tragischen Unfällen in Form einer Überdosis. Gerade diese Fälle wären vermeidbar, wenn es einen öffentlichen "Druckraum" gäbe, in dem die erste Dosis "in Freiheit", mit dem Wissen um medizinisch geschultes Personal im Hintergrund, konsumiert werden könnte. Schon nach einigen "Drucks" ist die problematische Umstellungsphase von "Knastpäckchen" auf "Straßenpäckchen" geschafft (meist leider durch Hochdosierung), so daß die Gefahr eines Unfalls auf das übliche Risiko bei Schwarzmarktdrogen reduziert ist. Gerade diese vermeidbaren Unglücksfälle zermürben aber momentan noch viele Drogenarbeiter. Die resignierende Schlußfolgerung liegt dann häufig in dem Satz: "der sicherste Platz ist immer noch im Knast". Es wird sozusagen die Inhaftierung als Schutz des Junkies vor sich selbst propagiert, obwohl jedem klar sein müßte, daß die Opfer des BtMGs im Knast völlig deplaziert sind.

Öffentlichkeit schaffen

Der in der (Fach-)Öffentlichkeit allseits bekannte "Drehtüreffekt" in der Behandlung von Drogenkonsumenten, von Beschaffungskriminalität, Knastaufenthalt, (abgebrochene) Abstinenztherapie, Beschaffungsdelikten usw. hat bisher nicht dazu geführt, daß wirksame Schritte unternommen wurden, um diesen zerstörerischen Kreislauf wirkungsvoll zu unterbrechen. Die bisher praktizierten Wege haben sich als wenig erfolgreich erwiesen. Das Spektrum der traditionellen Drogenarbeit ist viel zu eng; die verheerenden Auswirkungen des BtMG werden entweder ignoriert oder, was noch schlimmer ist, als den Leidensdruck verstärkend selbstgerecht begrüßt. Daß jeder Mensch eigenverantwortlich die Drogen konsumieren darf, für die er sich nach eigenen Gesichtspunkten entscheidet, kann von Drogenarbeitern, die es gewohnt sind, die Konsumenten illegaler Drogen wie unmündige Kinder zu behandeln, um keinen Preis akzeptiert werden. Die unter kriminalisierten Bedingungen konsumierenden Fixer sind häufig dermaßen verelendet, daß sie wiederum das gängige Klischee, das auch durch Sensationsberichtserstattungen in den Medien immer wieder propagiert wird, zu bestätigen scheinen. Die Verelendung erfolgt in der Regel aber nicht aufgrund der pharmakologischen Auswirkungen der Droge selbst, sondern durch den Verfolgungsdruck und die hohen Kosten, die aufgrund der Schwarzmarktbeschaffung anfallen. Konsumenten illegaler Drogen, die es schaffen, nicht auffällig zu werden, können bei kontrolliertem Umgang mit der Droge genauso gesund bleiben und genauso alt werden, wie etwa die Konsumenten der legalen Droge Alkohol. Dieser Personenkreis kann sich jedoch offen zu seinem Konsum bekennen, ohne dadurch Nachteile befürchten zu müssen. Der Heroinkonsument, der das gleiche Verhalten an den Tag legt, um zu beweisen, daß er mit seiner Droge kontrolliert umgehen kann, wird strafrechtlich verfolgt. Um nicht im Knast zu landen, wird er sich auch nicht in diese schizophrene Situation begeben. Ohne ein "coming-out" läßt sich das gängige Klischee vom kaputten Fixer aber nur schwer relativieren. Den Fixern fehlt eine einflußreiche Lobby. Es gibt bisher nur in Ansätzen Betroffenengruppen, wie etwa "JES" (Junkies, Ex-Juser, Substituierte; siehe Teil IV, Kapitel 2), die es wagen, ihre berechtigten Interessen als politische Forderungen zu vertreten. Erst durch die legale Substituierung mit Opiaten steht ihnen ein Zeitpotential zur Verfügung, um eine Einmischung in den politischen Entscheidungsfluß wagen zu können. Vorher war eine kontinuierliche Arbeit in der Regel nicht möglich, da die Beschaffung illegaler Drogen als Full-time-Job anzusehen ist. Die Knastarbeiter sind aufgefordert, die Kompetenz der Betroffenen mit in ihre Arbeit einzubauen. Die Informationen über den menschenverachtenden Drehtüreffekt müssen, gepaart mit dem Wissen der Betroffenen, dazu genutzt werden, auf allen erdenklichen Wegen, sei es mit Leserbriefen, Rundfunksendungen, Interviews oder bestimmten Aktionen, an eine breite Öffentlichkeit zu appellieren, den zerstörerischen Teufelskreis zu durchbrechen. Eine andere Möglichkeit wäre beispielsweise, den jährlichen Welt-AIDS-Tag zum

Thema "AIDS im Knast" stattfinden zu lassen. Der Sinn der Strafe könnte hierbei unter vielen Gesichtspunkten neu hinterfragt werden. Besonders wenn bekannt wird, daß der Knast wohl der Ort ist, an dem sich z.Zt. die meisten Fixer mit HIV infizieren. So könnte etwa aufgezeigt werden, daß die Verurteilung wegen Beschaffungsprostitution im Sperrbezirk evtl. einem "schleichenden Todesurteil" gleichkommt, wenn die Drogenabhängige sich mit mehreren, möglicherweise HIV-infizierten Mitgefangenen eine Spritze teilen muß und sich dadurch zwangsläufig früher oder später infiziert.

Zusammenfassung

Die traditionelle Knastarbeit mit Drogenkonsumenten steckt in einer Sackgasse (vgl. Brakhoff 1988). Eine ernsthafte, akzeptierende Drogenarbeit zu leisten, bedeutet, im Knast endlich zu akzeptieren, daß der Drogenkonsum für die Inhaftierten auch eine Überlebensmöglichkeit unter unmenschlichen Knastbedingungen darstellt. Drogenkonsumenten gehören nicht in die Knäste. Die heutige drogenpolitische Ausgangslage wird von den meisten Junkies jedoch pessimistisch eingeschätzt. Betroffene und Knastarbeiter müssen gemeinsam Lösungsmöglichkeiten erarbeiten und in die Öffentlichkeit tragen. Eine mögliche Richtung, aus dem Teufelskreis des kriminalisierten Drogenkonsums mit all seinen verheerenden Folgen herauszukommen, könnte uns die Schwulenbewegung aufzeigen. Gruppen von benachteiligten, gleichgesinnten Drogenkonsumenten könnten aufgrund ihres gemeinsamen coming-out in Verbindung mit einer entsprechenden Lobby ebensoviel wie die Schwulenbewegung erreichen. Das BtMG sitzt schließlich auch den Cannabiskonsumenten im Nacken. Ein gemeinsames coming-out von nicht registrierten Konsumenten des gesamten Spektrums der illegalen Drogen, vergleichbar etwa auch mit den ehemaligen selbstbekennenden § 218-Aktionen unter dem Motto "ich habe abgetrieben", könnte unter dem medienwirksamen Motto "ich habe illegale Drogen konsumiert" ein breites Bündnis mit dem Ziel der Abschaffung oder Veränderung des Betäubungsmittelgesetzes ermöglichen. Eine Normalisierung beim Umgang mit sämtlichen Drogen nach der Abschaffung des BtMGs würde die heutzutage noch oft zu beobachtende Idealisierung, bzw. die Fixierung auf die Droge einerseits und die Verteufelung andererseits abschwächen. Der Drogenkonsum könnte nach der Entkriminalisierung endlich einen realistischen Stellenwert erhalten. Seien es grenzüberschreitende Erlebnisse oder auch nur Ablenkung, die nun für viele angstfrei - mit, aber auch ohne Drogeneinwirkung - möglich wäre. Machen wir die Knäste überflüssig!

ANMERKUNG

(1) Die umfangreichste differentiell-epidemiologische Studie zur HIV-Prävalenz bei i.v. Drogengebrauchern in der BRD kam zu dem Schluß, daß 19,9 Prozent der Befragten (n=1194) HIV-infiziert waren. Knapp 60 Prozent aller befragten Drogenabhängigen berichteten über Knasterfahrungen. Der Anteil der HIV-Infizierten mit Knasterfahrungen lag bei 78 Prozent. Weiterhin gaben 67 Prozent der HIV-Positiven mit Knasterfahrungen an, dort auch gefixt zu haben. Der Anteil derjenigen in der Gesamtstichprobe der Abhängigen mit Knasterfahrungen, die im Knast Drogen intravenös zu sich genommen haben, lag bei "nur" 39,3 Prozent (Kleiber 1990, 44).

LITERATUR

Brakhoff, J. (Hrsg.): Drogenarbeit im Justizvollzug. Freiburg 1988

Die Tageszeitung (Bremen) v. 2.3.1990

Kleiber, D.: HIV-positiv und drogenabhängig. In: Sozialmagazin 1/199O, S. 41-45

Lesting, W.: Die Abgabe von Einwegspritzen im Strafvollzug - strafbar oder notwendig? In: Der Strafverteidiger, 5/1990, S. 225ff

Prieger, A./Schwinn, E.: Im Knast Therapie, das schafft ihr nie? Frankfurt a. M. 1988

Teil III
Heroinkonsum substituierende Formen von Drogenarbeit

1. Von der Methadondiskussion zur Praxis: Darstellung und Einschätzung der Modellversuche in Nordrhein-Westfalen und Hamburg

Hermann Schlömer

Im Juli 1987 beschloß die nordrhein-westfälische Landesregierung, die vorhandenen Hilfen für Heroinabhängige durch Etablierung von substitutionstherapeutischen Angeboten im Rahmen eines wissenschaftlich begleiteten Probelaufs zu ergänzen. Damit war Nordrhein-Westfalen (NRW) das erste Bundesland, das die bis dahin die Drogenpolitik in der BRD ausnahmslos bestimmende grundsätzliche Ablehnung medikamentengestützter Rehabilitationsmaßnahmen aufgab. Ungefähr ein Jahr danach (Juni 1988) erklärten Senat und Ärztekammer des Stadtstaates Hamburg als Ergebnis gemeinsamer Beratungen ihre Verabschiedung vom drogenpolitischen Anti-Substitutions-Dogma, d.h. die künftige Zulässigkeit kontrollierter Substitutionstherapie mit Levomethadon (L-Polamidon) bei Heroinabhängigen in begründeten Einzelfällen.
Diese drogenpolitischen Umorientierungen sind in beiden Bundesländern im wesentlichen aus ähnlichen Analysen abgeleitet: Es wird eingeräumt, daß die meisten der von illegalen Drogen Abhängigen die therapeutischen Institutionen, die körperliche Entgiftung und Drogenfreiheit voraussetzen, nicht in Anspruch nehmen, geschweige denn zur dauerhaften Überwindung ihrer Drogenabhängigkeit nutzen können (vgl.z.B. Bürgerschaft 1988, 3f.; Hüsgen 1988, 530). Die zunehmende Verstrikkung vor allem der zahlenmäßig durchaus relevanten Gruppe der Langzeitabhängigen in Kriminalität und Prostitution, ihre soziale Desintegration und Verelendung sowie ihr beträchtliches Todesrisiko, das sie selbst betreffende und ein von ihnen ausgehendes HIV-Infektionsrisiko werden beklagt (Pressestelle 1989, 15; Bürgerschaft 1990b, 5f u. 17f; Hüsgen 1988, 88; Heinemann 1987, 3ff.).
Die positiven Erfahrungen mit Methadonprogrammen im westeuropäischen und nordamerikanischen Ausland bezüglich sozialer Stabilisierung und Rehabilitation sowie Verbesserung der gesundheitlichen Befindlichkeit substituierter Heroinabhängiger und auch die Ergebnisse längerfristiger substitutionstherapeutischer Unterstützung in puncto Ausstieg aus der Opiatabhängigkeit werden anerkannt (Hamburger Ärztekammer 1987, 3f.; Pressestelle 1990b, 9ff; Hüsgen 1988, 531).
Was die praktische Umsetzung der beiden Grundsatzentscheidungen für (Levo-)Methadonsubstitution Heroinabhängiger betrifft, so haben NRW und Hamburg unterschiedliche Wege eingeschlagen, um die die Reform

behindernden Barrieren des Betäubungsmittelrechts einerseits und der geltenden Lehre von der ärztlichen Kunst andererseits (vgl. dazu Hellebrand 1988; Moll 1989) zu umgehen, zu überwinden oder aus dem Weg zu räumen. Der NRW-Versuch hat als Modell Nummer eins Aufsehen erregt und Nachahmungsbereitschaft im Saarland und zumindest vorübergehend auch in Niedersachsen ausgelöst. Hamburg empfiehlt seine Strategie quasi als Alternativmodell und wertet vergleichbare Bemühungen in Bremen und Schleswig-Holstein als Bestätigung. Um so bedeutsamer ist es daher, Theorie und bisherige Praxis der beiden Alternativkonzepte kritisch unter die Lupe zu nehmen. Dieser Aufgabe sind die folgenden Ausführungen gewidmet. Dabei soll aber nicht noch einmal das prinzipielle Für und Wider der Methadondiskussion aufgerollt werden. Von der Ergänzungsbedürftigkeit des Drogenhilfesystems um substitutionstherapeutische Angebote wird ausgegangen. Den Bewertungshintergrund liefern statt dessen die Maßstäbe einer sich neu- bzw. rückbesinnenden Drogenarbeit, die

1. gegenüber Drogenabhängigkeit als menschlichem Befindlichkeitszustand nicht gleichgültig reagiert, aber dennoch die Entscheidung jedes Konsumenten illegaler Drogen für oder gegen die Fortsetzung des Drogenkonsums akzeptiert;
2. die Inhumanität und Ineffektivität einer auf Abstinenz als Vorleistung zu jedweder Hilfsgewährung pochenden und auf polizeiliche und justitielle Leidensdruckverstärkung setzenden Beratung und Therapie von Konsumenten illegaler Drogen begriffen hat;
3. sich am individuell unterschiedlichen Wollen und Können der hilfesuchenden Drogenkonsumenten orientiert, vom eigenständigen Stellenwert von Überlebenshilfe und Hilfe zur Reduzierung bzw. Vermeidung von Verelendung und Ausgrenzung ausgeht und sich folgerichtig für den Auf- und Ausbau lebenspraktischer, suchtbegleitender, niedrigschwelliger Angebote engagiert;
4. in diesem Kontext die kooperative Einbeziehung medizinischer Versorgung für unverzichtbar hält, aber die psycho-sozialen Dimensionen von Drogenabhängigkeit gegenüber Versuchen betont, für die Versorgung bzw. Behandlung Drogenabhängiger die primäre Zuständigkeit einer das Problem eher somatisch reduzierenden Medizin oder einer die sozialen Bedingungen nicht selten ausblendenden, persönlichkeitszentrierten Psychiatrie festzulegen;
5. Freiwilligkeit sowie weitestgehende Anonymität bei der Wahrnehmung von Hilfen seitens hilfsbedürftiger Drogenkonsumenten als Voraussetzung für effektive Hilfe garantiert sehen will.

Das Konzept

Politisch gewollte Polamidonsubstitution Heroinabhängiger erfolgt in NRW seit 1988 auf zwei Ebenen.
1. AIDS-kranke Heroinabhängige (Ende August 1989 ca. 80; vgl. Hüsgen 1989, 11) werden in NRW von Ärzten substituiert, und zwar auf der Basis eines gesundheitsministeriellen Erlasses vom Dezember 1987, demzufolge grundsätzlich jeder Arzt bei "schweren körperlichen Erkrankungen mit vitaler Gefährdung", d.h. auch bei HIV-assoziierten Erkrankungen der Gruppe IV der CDC-Klassifikation oder bei "Krankheitsbildern..., wie sie erfahrungsgemäß auch schon bei HIV-Infektionen im Stadium 3 der Walter-Reed-Skala vorkommen können" (Hellebrand 1988, 67), juristisch und medizinisch vertretbar substitutionstherapeutisch tätig werden kann. Er sollte dabei, so die Empfehlung des Ministers für Arbeit, Gesundheit und Soziales (MAGS), Heinemann, bei der Indikationsstellung den Nachweis einer bestehenden Opiatabhängigkeit erbringen und die Eventualität bestehender Polytoxikomanie prüfen, zur Vermeidung von Doppelbehandlungen sich mit dem Amtsarzt abstimmen, eine tägliche orale Vergabe nicht injizierbaren L-Polamidons in seiner Verantwortung sicherstellen und Kontrollen auf Begleitkonsum vornehmen.
Von einem Programm kann hier eigentlich nicht gesprochen werden. Vielmehr handelt es sich um eindeutig medizinisch begründete ärztliche Behandlungen erkrankter Patienten. Die lassen sich mittlerweile im Einklang mit den Auffassungen der Bundesopiumstelle des Bundesgesundheitsamtes (BGA) (Hüsgen 1989, 111), der Bundesärztekammer (1988) und der Gesundheitsministerkonferenz durchführen, auch wenn Angst vor strafrechtlichen und beruflichen Sanktionen bzw. Schwierigkeiten, z.B. durch bei Polamidonverschreibung nach wie vor ergehende Auflagenbescheide des BGA und Regreßforderungen der Krankenkassen bei Remedacenverschreibung (1) geschürt, noch viele praktizierende Ärzte in der BRD davon abhält. Der Erlaß Heinemanns beinhaltet also eine nützliche Empfehlung zur Erhöhung ärztlicher Rechtssicherheit und zur Beförderung substitutionstherapeutischer Behandlungsbereitschaft. Ausdrückliche Empfehlungen dieser Art durch die Bundesgesundheitsministerin und Gesundheitsminister anderer Bundesländer wären hilfreich, um eine humane Versorgung AIDS-kranker Heroinabhängiger bundesweit zu ermöglichen. Auf die Probleme, die auch im Kontext dieser substitutionstherapeutischen Krankenversorgung mit einer kompromißlosen Beachtung der täglichen Vergaberegel verbunden sind, wird später noch eingegangen.

2. Wenn vom Methadonprogramm in NRW die Rede ist, dann ist in der Regel das seit Frühjahr 1988 angelaufene "Wissenschaftliche Erprobungsvorhaben zur medikamentengestützten Rehabilitation bei i.v. Opiatabhängigen" gemeint. In fünf Städten (anfangs in Bochum, Düsseldorf, Essen, später dann auch in Bielefeld und Köln) bieten mittlerweile städtische Gesundheitsämter (Düsseldorf und Köln) oder Krankenhausambulanzen in Kooperation mit Drogenberatungsstellen jeweils 25 Heroinabhängigen (in Bochum nur 20) medizinische Versorgung und Substitutionstherapie mit L-Polamidon als medikamentöse Unterstützung einer auf Rehabilitation abzielenden psychosozialen Betreuung an. Das Projekt wird wissenschaftlich begleitet und ausgewertet. Unverkennbare Zielsetzung des Erprobungsvorhabens ist nämlich der empirische Nachweis an einer streng ausgelesenen Gruppe von Patienten/Klienten, daß Heroinabhängige, die Entgiftungs- und Entwöhnungsbehandlungen nach wiederholtem Scheitern entmutigt und/oder ablehnend gegenüber stehen, auch in der BRD durch substitutionstherapeutische Unterstützung soziale Integration, soziale Stabilisierung, berufliche Rehabilitation und über diese Brücke längerfristig auch Opiatfreiheit erreichen können, und zwar in einem mit den Ergebnissen des Auslands vergleichbaren Ausmaß. Die Tür zur Erweiterung des Drogenhilfesystems um nicht nur medizinisch, sondern auch psychosozial indizierte Substitutionstherapien soll offenbar so aufgestoßen und ein Wandel der fachöffentlichen und politischen Meinung bewirkt werden (Heinemann 1987; Hüsgen 1989).
Um diese "Fuß in die Tür"-Strategie realisieren zu können, wurde peinlichst genau darauf geachtet, die Anforderungen des Betäubungsmittelgesetzes (BtMG), der Betäubungsmittelverschreibungsverordnung (BtMVV) und der hierzu vorliegenden Rechtsprechung zu beachten und die Reform unter Ausnutzung sicher erscheinender rechtlicher Spielräume in die Tat umzusetzen (Hüsgen 1989, 110). Folgt man der Analyse Hellebrands, so konnte das nur als wissenschaftliches Modellvorhaben in staatlicher Verantwortung geschehen. Die Beschränkung des Kreises der davon profitierenden Opiatabhängigen durch die strenge Beachtung des Vorrangs der Abstinenztherapie als Therapieform erster Wahl sei eine unvermeidliche Konsequenz des § 13 BtMG (17 u. 30ff.). Heinemann zufolge sind die Rahmenbedingungen für die Programmdurchführung insgesamt ausdrücklich auch Ergebnis der Rechtslagenprüfung (Heinemann 1987, 6). Die Tatsache, daß den beiden Ärztekammern von Nordrhein-Westfalen nur tolerierende Erklärungen abgerungen und das Erprobungsvorhaben erst nach einem "Machtwort" des Generalstaatsanwalts in Hamm gegenüber der mit strafrechtlichen Ermittlungsverfahren drohenden Staatsanwaltschaft in Bochum ein hal-

bes Jahr später als geplant anlaufen konnte, sprechen erst einmal für die Berechtigung der praktizierten Vorsicht.

Indikationskriterien und Durchführungsbestimmungen

Aufnahme in dieses Programm sollen in der Regel nur Drogenkonsumenten mit einem Mindestalter von 22 Jahren finden, die mehrjährige Opiatabhängigkeit, mindestens zwei gescheiterte mehrmonatige Abstinenztherapien sowie das Nichtbestehen von Mehrfachabhängigkeit bzw. unbehandelter Alkoholabhängigkeit nachweisen können und sich zur Teilnahme am psychosozialen Betreuungsprogramm verpflichten. Bei HIV-Infizierten der Stadien 1 bis 3 der WR-Skala sind die das Lebensalter und vorherige Abstinenzanstrengungen betreffenden Eingangskriterien nicht ganz so streng: Mindestalter 18 und Nachweis einer gescheiterten mehrmonatigen Abstinenztherapie oder mehrerer Entzugsbehandlungen.

Die Bedingungen für die Durchführung der Behandlung, wie sie etwa im Informationsblatt für Bewerber, in den Nebenbestimmungen des standardisierten Bewilligungsbescheides oder in der Behandlungsvereinbarung zum Ausdruck kommen, enthalten darüber hinaus weitere Voraussetzungen für die Gewährung der medikamentengestützten Therapie: regelmäßiges tägliches Erscheinen zur oralen Einnahme des Polamidons unter ärztlicher Kontrolle, d.h. auch Verzicht auf Urlaub; Zustimmung zur letztlich ärztlichen Entscheidung über die Dosierung im Rahmen der Höchstmenge von 60 mg Levomethadon; Mitwirkung bei regelmäßigen Urintests zur Kontrolle des Beigebrauchs (Wiederholt festgestellter Konsum illegaler Drogen führt zum Ausschluß aus dem Programm); Teilnahme an den medizinischen, psychologischen und sozialwissenschaftlichen Begleituntersuchungen; Einnahme von Arzneimitteln nur mit Einverständnis des behandelnden Arztes; Verzicht auf Teilnahme am motorisierten Straßenverkehr während der ersten Behandlungsphase; Unterlassen von Drogenhandel, Prostitution und Gewalt gegenüber Betreuungspersonen und Mitpatienten.

Das Aufnahmeverfahren

Um in den Genuß der substitutionstherapeutischen Hilfe zu kommen, müssen interessierte Opiatabhängige folgendes Verfahren durchlaufen: Bewerbung bei einer für die psychosoziale Betreuung zuständigen Drogenberatungsstelle; dort Wahrnehmung einer über Vor- und Nachteile des Angebots gründlich aufklärenden Beratung; Sozialbericht und positive Feststellung der psychosozialen Indikation durch die Drogenberatungsstelle; positive Feststellung der medizinischen Indikation nach eingehender Anamnese und Untersuchung durch den behandelnden Arzt; einstimmiges positives Votum der Bewilligungskommission (zwei Ärzte, ein Amtsapotheker, ein Ministeriumsvertreter) als Vorschlag für die Antragsbescheidung; positive Bescheidung des Antrages durch den Gesundheitsminister für ein halbes Jahr; alle 6 Monate erneut Indikationsüberprüfung und positive Bescheidung einzureichender Weiterbewilligungsanträge.

Die Praxis

Substitution als Gnadenerweis

Ende August 1989 hatten 95 Opiatabhängige, "fast regelhaft nur Abhängige mit langen Drogenkarrieren und Chronifizierung der Abhängigkeitserkrankung" die Aufnahme in die medikamentengestützte Therapie beantragt (Hüsgen 1989, 11). Mitte März 1990 waren ca. 100 Patienten/Klienten im 125 Plätze umfassenden Programm (telefonische Auskünfte der fünf Drogenberatungsstellen).
Auch wenn man berücksichtigt, daß die 50 Plätze in Köln und Bielefeld erst seit Herbst 1989 zur Verfügung standen, illustriert das die Hochschwelligkeit des Angebotes. Die ist nur, bedingt durch eine Erweiterung der Therapieplatzkapazitäten, wie sie offenbar in NRW geplant wird (Teilnahme weiterer 3 Städte mit zusammen 75 Therapieplätzen), abzubauen. Denn sie ist zum großen Teil Folge einiger Programmstrukturen: Die strengen, letztlich doch relativ willkürlich festgesetzten Selektionskriterien bezüglich Lebensalter und vorherigen gescheiterten Abstinenztherapieversuchen versperren mit Sicherheit vielen substitutionsbedürftigen und -motivierten Heroinabhängigen in NRW den Zugang zu einer ihnen angemessenen Hilfe. Therapeutisch bislang unbehandelte und noch nicht HIV-infizierte, aber seit mehr als fünf Jahren opiatabhängige Heroinkonsumenten, die es ja durchaus und nicht selten auch in stark verelendeten Befindlichkeiten gibt, brauchen sich erst gar nicht zu bewerben. Und Verelendungsverhinderung, d.h. auch HIV-Prophylaxe, aus der gerade von der NRW-Landesregierung oft zitierten Schweizer Sicht eine wichtige Indikation für Substitution, ist so kaum möglich.
"Das Aufnahme- und Einstellungsverfahren ist", nach Einschätzung des NRW-Landesdrogenbeauftragten, "langwierig" (Hüsgen 1989, 109) und für die Betroffenen mit Sicherheit mühsam. Aus ihrer Perspektive muß die Aufnahme in das Programm wie ein Gnadenerweis erscheinen, für

den auch noch ein hoher Preis zu zahlen ist: tägliches Erscheinen zur Polamidonvergabe, obligatorische Teilnahme an der psychosozialen Betreuung und an ständigen Tests, Befragungen im Rahmen der wissenschaftlichen Begleitung und halbjährliche Wiederbewilligungsanträge, Verzicht auf Urlaub oder nicht zuletzt auch der Druck, persönlich für das Gelingen des sozial- und gesundheitspolitischen Experiments mitverantwortlich zu sein. All das dürfte auf nicht wenige die Zulassungsvoraussetzungen erfüllende Heroinabhängige, die substitutionstherapeutische Hilfe wünschen und benötigen, abschreckend wirken. Es hat schon etwas Absurdes, mit derart hochschwelligen Angeboten die bislang Unerreichbaren rehabilitieren zu wollen.
Was nun die bisher verfügbaren Erfahrungen mit der praktizierten Substitutionstherapie des laufenden Erprobungsvorhaben betrifft, so sind Rückmeldungen aus zwei unterschiedlichen Perspektiven von Interesse.

Die "Therapieergebnisse"

Die bisher veröffentlichten Ergebnisse der wissenschaftlichen Evaluation bestätigen vorläufig, aber deutlich die positiven Erfolgserwartungen der Substitutionsbefürworter. Der Landesdrogenbeauftragte von NRW faßt sie für den Zeitraum bis Ende August 1989 wie folgt zusammen: rasch einsetzende gesundheitliche und soziale Stabilisierung "bei fast allen Patienten"; schnelle Abnahme von Kriminalitäts- und Prostitutionsverhalten; bei der Mehrzahl der Patienten anfänglich festgestellter Nebenkonsum, der aber in der Regel nicht chronisch, häufig krisenbedingt ist und mit Fortschreiten der Rehabilitation zumeist nachläßt; keine Behandlungsabbrüche: fünf Ausschlüsse, zwei Todesfälle und drei Erkrankungen (Hüsgen 1989, 111).

Die Mühen der psychosozialen Betreuung

Die hier knapp referierten "Ergebnisse" werden von befragten Betreuten und Betreuer/Innen nicht bestritten. Dennoch erfährt man aus dieser Sicht auch bemerkenswerte Kritik. Sie konzentriert sich vor allem auf die Strukturen des Programms, die die soziale Rehabilitation behindern.
Insbesondere wird dabei die Unflexibilität der Polamidonvergabe kritisiert. Der Zwang, sich täglich zu relativ festen Zeiten an einem bestimmten Ort das Polamidon holen und konsumieren zu müssen, beinhaltet ja nicht nur den Verzicht auf Urlaub, er stört darüber hinaus die Wochenenderholung und kollidiert mit Berufsanforderungen wie einzuhaltende Arbeitszeiten oder räumliche Mobilität (wichtig für Kraftfahrer,

Montagejobs, kunstgewerblich Tätige etc.). Mit anderen Worten, er beeinträchtigt erheblich die Chancen auf Normalisierung sowie auf berufliche und anderweitige soziale Integration. In diesem Zusammenhang bedeutsam erscheint mir ein Befund, der im ersten Jahresbericht des mit der wissenschaftlichen Auswertung beauftragten Instituts Prognos beschrieben wird: Alle Befragten gaben an, "keine (engen) Beziehungen mehr zur Drogenszene zu haben... Die Herauslösung aus der Szene bedeutet ... jedoch gleichzeitig, ... vor dem Neuaufbau tragfähiger sozialer Beziehungen zu stehen". Das sei für die "von Kontakten mit Gleichaltrigen weitgehend isolierten" Teilnehmer ohne feste Partnerbeziehung schwer, zumal die alltäglichen Chancen für die Knüpfung neuer Kontakte während der Ausbildung oder des Berufslebens selten gegeben seien (S.67f.). Durch die ständige Einbindung in die Wahrnehmung von obligatorischen Betreuungsterminen dürfte sich für die Substituierten diese Problemlage meiner Ansicht nach noch verschärfen.
Ein weiteres gravierendes Problem ist natürlich die allgemeine Misere auf dem Wohn- und Arbeitsmarkt. Auf den ersten Blick mag hier eine bevorzugte Sonderbehandlung Drogenabhängiger gegenüber anderen problembelasteten Gruppen unserer Gesellschaft ungerecht erscheinen. Andererseits jedoch kann mit gutem Recht eine gesellschaftliche Wiedergutmachungsverpflichtung gegenüber den Konsumenten illegaler Drogen eingeklagt werden, die durch politisch zu verantwortende Kriminalisierung und Ausgrenzung in die soziale Deklassierung gestoßen wurden. Zu Recht betont die NRW-Regierung, "daß Umfang und Qualität der psychosozialen Betreuung im wesentlichen ausschlaggebend sind für den Erfolg" der medikamentengestützten Rehabilitation (MAGS 1987, 13). Diesen Erfolg können die Betreuer in den Drogenberatungsstellen natürlich nicht herbeizaubern. Um so bedauerlicher ist die Feststellung aus dem Hause des zuständigen Ministers, daß "für Ausbildung, Arbeit und Wohnen" nur "auf den normalen Arbeits- und Wohnungsmarkt zurückgegriffen" wird (Hüsgen 1989, 110).
Schließlich dürfte auch das bislang weitgehende Fehlen niedrigschwelliger lebenspraktischer Hilfsangebote (Aufenthalt- und Freizeitangebote, Essen, Wäschewaschen, Duschen etc.), wie sie z. B. von der Drogenberatungsstelle in Bielefeld schon seit längerem unterhalten werden, die soziale Rehabilitation erschweren. Das läßt auch ein weiterer Befund des ersten Jahresberichts von Prognos vermuten: Der Bruch mit der Szene verschaffe den befragten Klienten erstmalig die Verfügung über freie Zeit. Dennoch enstehe zunächst häufig infolge fehlender Perspektiven zur Freizeitgestaltung, verlorengegangener Interessen und Kompetenzen und mangelnder sozialer Kontakte außerhalb der Szene ein "großes zeitliches Loch" (S.68f.). Das von der NRW-Regierung vor kurzem aufgelegte Landesprogramm zum Aufbau niedrigschwelliger Angebote (für

acht Städte jeweils 150.000 DM) ist hier eine zwar richtige, aber insgesamt doch zu bescheidene Reaktion.
Ein Spezialproblem, das die Substituierten des Programms mit der sozialen Rehabilitation haben, wirft ein illustrierendes Licht auf ihre konkreten Mühen: Ein Wiedererwerb von Fahrerlaubnissen auch zu beruflichen Zwecken ist offenbar zur Zeit unmöglich.
Darüber hinaus sind von Betreuern und Betreuten relativ häufig zwei weitere Kritikpunkte zu hören. Zum einen wird berichtet, daß die obligatorische Verpflichtung zur Teilnahme an der psychosozialen Betreuung vor allem bei den Substitutionsklienten, die durch die vorherige Absolvierung zahlreicher Therapien und anderer zusätzlicher Betreuungsauflagen z.B. im Bereich der Bewährungshilfe betreuungsmüde wären, zu einem Attraktivitätsverlust des so fremdbestimmten Hilfsangebots führe und damit auch seine Wirkungsmöglichkeiten mindere. Zum anderen wird beklagt, daß bei der Bewertung von Rückfällen und Beigebrauch noch zuviel Moral im Spiel sei und zuwenig berücksichtigt würde, daß auch substituierte Heroinabhängige nicht von heute auf morgen zu abstinenten Mustermenschen werden und die angestrebte fundamentale Änderung langjährig gewohnter Lebensweisen schaffen könnten.

Die Bürde des Betäubungsmittelrechts

Nun könnte man sagen, daß all diese Mängel den gesetzlichen Rahmenbedingungen des Erprobungsvorhabens zuzuschreiben sind und die Novellierungsbedürftigkeit eben dieser gesetzlichen Regelungen bereits ein wichtiges Ergebnis der laufenden Erprobung darstellt. Einer neueren außerordentlich differenzierten Analyse strafrechtlicher Aspekte ärztlicher Substitutionsbehandlung ist jedoch zu entnehmen, daß die Landesregierung in NRW aus verständlicher Besorgnis juristisch argumentierender Substitutionsgegner zuviele Zugeständnisse gemacht haben könnte, die nun den Kreis der Substituierbaren unnötig einschränken und die soziale Rehabilitation der Substituierten erheblich erschweren. So nimmt Moll (1989) an, daß die von der Rechtsprechung entwickelten Voraussetzungen für eine Methadonbehandlung auch ohne Nachweis gescheiterter Abstinenztherapien gegeben seien, "wenn eine drogenfreie Behandlung zum fraglichen Zeitpunkt nicht möglich ist oder der Arzt sie für aussichtslos hält" (S. 246 ff. und 255). Er vermutet auch die Zulässigkeit der Mitgabe einer nicht injizierbaren "take home dosis", "wenn Zustand und Verhalten des Patienten sich im Verlauf der Behandlung stabilisieren" und "wenn dabei die Bestimmungen der BtMVV eingehalten werden" (S.255). Letzteres dürfte jedoch mit erheblichen Schwierigkeiten verbunden sein (vgl. Moll 1989, 248ff.).

DAS HAMBURGER EINZELFALLKONZEPT

Das Hamburger Konzept in seiner ursprünglichen Fassung findet sich in den "Empfehlungen der 'Sachverständigenkommission Substitutionsmaßnahmen' zur Frage einer langfristigen Levomethadon-Substitution" vom 19.5.1988. Die nach Absprache zwischen der Hamburger Ärztekammer und der damaligen Gesundheitssenatorin eingerichtete Sachverständigenkommission (SVK), der neben Vertretern der Hamburger Ärzteschaft und der beiden fachlich zuständigen Behörden (Gesundheit und Soziales) auch der in Hamburg für Betäubungsmittelrecht zuständige Oberstaatsanwalt angehörte, empfiehlt Substitutionsmaßnahmen mit Levomethadon "in medizinisch ärztlich begründeten" und von der SVK zu genehmigenden "Einzelfällen" unter der Voraussetzung einer "obligaten psychosozialen und psychotherapeutischen Begleitung der PatientInnen" (S. 2 u. 5), gibt einen Katalog als zulässig erklärter Indikationen vor und formuliert Bedingungen für die Aufnahme und Durchführung der Therapie. Was letztere betrifft (vgl. S. 10ff.), so unterscheiden sie sich nicht wesentlich von denen des NRW-Erprobungsvorhabens. Das gilt auch für das prinzipielle Festhalten an der Abstinenztherapie als Therapiemethode erster Wahl und für die Formulierung der therapeutischen Ziele (gesundheitliche, psychosoziale und berufliche Besserung, Stabilisierung, Rehabilitation und nachgeordnet Opiatabstinenz; S. 3). Die entscheidenden Unterschiede liegen in der aktiven Befürwortung von Substitution durch die Landesärztekammer, in der strukturpolitischen Absicht, Substitutionstherapien nicht als Programm in staatlicher Regie, sondern als ärztliche Einzelfallhilfe zu etablieren, und beim Indikationskriterienkatalog.

Substitution - für wen?

Was den Katalog der Indikationskriterien angeht, so hält die SVK den langfristigen Einsatz des Substitutionsmittels L-Polamidon bei i.v. Opiatabhängigen für "medizinisch gerechtfertigt und unter Umständen sogar geboten",

"wenn bei Anlegung sehr strenger Maßstäbe eine Abstinenztherapie in absehbarer Zeit nicht in Frage kommt, wenn zum Beispiel erwiesenermaßen geeignete Versuche mit einer Abstinenzbehandlung mehrfach gescheitert sind" (S.3);

"wenn bei weiterer Einnahme illegaler Drogen eine konkrete erhebliche Gesundheitsgefährdung mit möglichem letalen Ausgang für die Abhängigen besteht" und
z.B. bei i.v. Opiatabhängigen,
"mit schweren chronischen somatischen Erkrankungen",
"in der Spätschwangerschaft",
"mit erheblichen Persönlichkeitsstörungen",
"mit ausgesprochen destruktiven Tendenzen",
"mit ungewöhnlich malignem Verlauf" der Abhängigkeit,
"die mit einem anderen Medikament (gemeint ist wohl
Remedacen) mindestens sechs Monate lang erfolgreich, d.h. ohne Nebenkonsum von Heroin und eine psychosoziale Stabilisierung herbeiführend, substituiert worden sind" (S.4).
Dieser Katalog erlaubt explizit und durch die Verwendung weit interpretierbarer Begrifflichkeiten implizit psychosoziale Indikationen. Er verzichtet im positiven Kontrast zum NRW-Modell auf die willkürliche Festsetzung von Altersgrenzen und einer bestimmten Anzahl nachzuweisender Abstinenztherapieversuche und auf eine aus AIDS-präventiver Sicht fragwürdige Bevorzugung HIV-Infizierter. Das erweitert natürlich erheblich den Kreis der potentiell Substituierbaren.
Mittlerweile hat sich der Hamburger Senat mit Verabschiedung seines "Konzeptes zur Drogenbekämpfung" (Januar 1990), das auch vom Hamburger Landesparlament gebilligt wurde, für eine erhebliche Ausweitung der Substitution ausgesprochen. Bestandteil des neuen drogenpolitischen Konzeptes ist eine mit dem Generalstaatsanwalt abgestimmte Einschätzung des rechtlich zulässigen Anwendungsbereichs für die Verschreibung von Levomethadon. Zentrales Ergebnis dieser Analyse ist, daß die Spielräume für Levomethadonbehandlung "erheblich weiter" sind, als die von der SVK "beschriebenen Indikationsfälle". Die Behandlung sei zulässig, wenn sie auf "Heilung oder Linderung" einer Opiatabhängigkeit mit Krankheitswert abziele. "Substitutionsbehandlung zielt auf Beseitigung des zwanghaften, also krankhaften Verlangens nach Suchtbefriedigung" sowie der durch dieses Verhalten "bedingten weiteren Kranheitsbilder". Sie zielt außerdem auf eine verstärkte HIV-Prophylaxe und dient damit einer deutlichen Verringerung der Mortalität und Morbidität. Die mit der Substitutionsbehandlung intendierte soziale Reintegration ist ihrerseits von wesentlicher Bedeutung für die Verhütung der beschriebenen Krankheitsbilder. Zwar dürfe der beabsichtigte Zweck nicht auf andere Weise erreicht werden können. Die Entscheidung darüber könne der Arzt jedoch nicht nach abstrakten Kriterien (z.B Nachweis gescheiterter Abstinenzversuche), sondern nur unter Berücksichtigung aller Umstände des jeweiligen Einzelfalls fällen. Im übrigen werde "die Entscheidung durch den behandelnden Arzt in eigener ärztli-

cher Verantwortung getroffen". Die Zustimmung eines Sachverständigengremiums zur Indikationsstellung, Verschreibung und Verabreichung des Substituts sei gesetzlich nicht vorgeschrieben. Eine strukturierende psychosoziale Betreuung sei nur dann obligatorisch, "wenn aus ärztlicher Sicht des jeweiligen Falles geboten".
Mit der Klarstellung der bestehenden Indikationsmöglichkeiten soll offensichtlich die vorhandene Rechtsunsicherheit in der Ärzteschaft abgebaut und die Bereitschaft zur Praktizierung von Substitutionstherapie erhöht werden. Zusätzlich zu dieser Klärung hat der Hamburger Senat im Bundesrat die Streichung der die absolute Vorrangigkeit drogenfreier Therapie gebietenden sogenannten "ultima-ratio-Klausel" (§ 13 Absatz 1 Satz 2 BtMG) beantragt, um allen "nach ausländischen Erfahrungen für eine Substitutionsbehandlung in Betracht" kommenden Abhängigen diese Hilfe zukommen lassen zu können (vgl. hierzu insgesamt S.11ff.). Auf diesen Antrag hin hat die Mehrheit des Bundesrates mittlerweile die Zulässigkeit substitutionstherapeutischer Behandlung Betäubungsmittelabhängiger in die Regelungen des § 13 BtMG eingefügt. Die gesetzgeberisch notwendige Zustimmung des Bundestages steht noch aus.
Ein Anlaß für diese drogenpolitische Offensive des Hamburger Senats dürfte die Unzufriedenheit mit der nur zögerlichen Bereitschaft des Prüfungsausschusses der SVK gewesen sein, bei der Entscheidung über ihm vorliegende Anträge auf Bewilligung einer Polamidonsubstitution die psychosozialen Dimensionen der eigenen Indikationskriterien tatsächlich auszuschöpfen. Im ersten und bisher einzigen Jahr der Arbeit des Prüfungsausschusses wurden nicht mehr als 50 Anträge bewilligt. Entscheidender war aber wohl die dem "Konzept zur Drogenbekämpfung" zu entnehmende relativ positive Bewertung der niederländischen Methadonpolitik. An dem hier enthaltenen drogenpolitischen Bekenntnis muß die Praxis der Hamburger Drogenpolitik jetzt gemessen werden.

Wer zahlt?

Die in den Empfehlungen der SVK zum Ausdruck kommende regierungs- und standespolitische Grundsatzentscheidung vom Juni 1987 für Polamidonsubstitution als ärztliche, psychosozial begleitete Einzelfallhilfe weckte bei vielen substitutionsbedürftigen Heroinabhängigen in Hamburg große Hoffnungen, die sich bis heute leider nur für sehr wenige (ca. 40) erfüllten. Die Entscheidung war medienwirksam, aber aus praktischer Sicht zu oberflächlich, unkonkret und daher kaum realisierbar. Die damals bundesweit durchgängig bestehende Verurteilung der Krankenkassen und Kassenärztlichen Vereinigungen (KV) von Polamidonsubstitution als suchtverlängerndem ärztlichen Kunstfehler,

derzufolge substitutionstherapeutischen ärztlichen Leistungen die Zulässigkeit und Erstattungsfähigkeit abgesprochen wurde, war ungenügend berücksichtigt worden. Zentrale inhaltliche, strukturelle und vor allem Finanzierungszuständigkeiten waren nicht geklärt.
So entspann sich gleich nach Verkündigung der Neuerung sozusagen auf dem Rücken der auf substitutionstherapeutische Hilfe Wartenden ein teilweise verbissener, öffentlich geführter Streit um die Verantwortlichkeiten, der die Realisierung der Innovation weitgehend blockierte. Die Hamburger Gesundheits- und Sozialbehörde beharrte auf dem Standpunkt, die Finanzierung der ärztlich indizierten Behandlung der Krankheit Sucht sei vorrangig Pflicht der Krankenkassen. Die Hamburger Arbeitsgemeinschaft der Krankenkassen aber verweigerte selbst die Kostenübernahme des Medikaments, weil es hier in erster Linie um sozialtherapeutische, staatlich zu finanzierende und nicht um medizinische Ziele gehe. Hinzu kam ein weiterer Streit. Ärztekammer und SVK verlangten von der Hamburger Landesregierung, die völlig unzureichenden Kapazitäten für die als obligatorisch definierte psychosoziale Begleitbetreuung auszubauen bzw. abzusichern und angesichts ungeklärter Vergabezuständigkeiten und einer nur geringen Zahl substitutionsbereiter (wohl auch Folge der chaotischen Rahmenbedingungen) und -kompetenter niedergelassener Ärzte eine staatliche Methadonambulanz einzurichten. Wegen des Ausbleibens der Einigungen stellte die SVK Anfang Juni 1989 demonstrativ ihre Arbeit ein. Anträge wurden bis heute (Mitte März 1990) nicht mehr entgegengenommen und bearbeitet.
Um der eigenen drogenpolitischen Glaubwürdigkeit willen - der Hamburger Senat hatte ja schließlich im Sommer 1989 eine Ausweitung der Polamidonsubstitution angeregt, sogar eine staatlich lizensierte kontrollierte Heroinabgabe an Heroinabhängige zur Diskussion gestellt und damit bundesweit für große Aufregung gesorgt - schlugen im Herbst 1989 der Justiz-, der Innenminister und der Erste Bürgermeister Hamburgs in öffentlicher Kontroverse zur Linie des fachlich zuständigen Gesundheitsministers vor, das Tauziehen durch Bereitstellung erheblicher Mittel aus dem Landeshaushalt (von 10 Millionen DM war die Rede) zu beenden und auf diese Weise endlich ein breites Substitutionsangebot auf die Beine zu stellen. Doch dazu kam es bisher nicht. Statt dessen konnte die Behörde für Arbeit, Gesundheit und Soziales (BAGS) Ende Februar 1990 die "Abgabe und Finanzierung von Methadon-L-Polamidon zu Substitutionszwecken" vertraglich mit der Kassenärztlichen Vereinigung Hamburg und den Hamburger Krankenkassen regeln. Gemäß diesem, für eine Erprobungsdauer von drei Jahren gültigen Vertrag übernehmen die Kassen nach einzellfallbezogener Zustimmung der SVK die Kosten der medizinischen Versorgung und die BAGS die Kosten der

psychosozialen Betreuung, die im Rahmen von Substitutionstherapien mit L-Polamidon bei i.v. opiatabhängigen Personen entstehen.
Zusätzlich zum Kostenteilungsabkommen mit den Kassen und der KV konnte die BAGS die Hamburger Ärztekammer als Träger für die geforderte Methadonambulanz gewinnen. Das gelang vor allem durch das Angebot, ein bis zwei Ärzte und Sozialpädagogen aus städtischen Beratungsstellen zur Verfügung zu stellen und über finanzielle Zuwendungen aus dem Hamburger Haushalt die Kosten für die Ausstattung und den Betrieb der Ambulanz zu erstatten. In dieser Einrichtung sollen einige Opiatabhängige (über die Anzahl wird noch gestritten) eine umfassende (medizinische und psychosoziale) Betreuung und substitutionstherapeutisch tätige bzw. interessierte Ärzte und Drogenberater Beratung und Fortbildung erhalten können. Und die Absicherung, Aufstockung und Ausbaubarkeit der Kapazitäten für die psycho-soziale Betreuung der Substituierten hat die BAGS mittlerweile durch Bereitstellung von zusätzlichen Landesmitteln zur Pauschalfinanzierung eines Anteils der zu erwartenden Personal- und Sachkosten und durch eine vertragliche Verpflichtung der geförderten freien Träger, "die von ihnen erbrachten Leistungen in jedem Einzelfall gegenüber den Trägern der Krankenversicherung geltend zu machen" (Bürgerschaft 1990), ermöglicht.
Die Weichen für die Integration von Substitutionstherapien in das System der Krankenversorgung durch niedergelassene Ärzte und die vorrangige Zuständigkeit der Krankenkassen sind also gestellt.

Sucht als Krankheit

Ist die Kuh vom Eis? Können nun in Hamburg alle substitutionsbedürftigen Heroinabhängigen mit der Gewährung substitutionstherapeutischer Hilfen rechnen? Ein präzises Urteil wäre verfrüht. Aber eine genaue Analyse des Kostenteilungsvertrags begründet erhebliche Zweifel.
In der Präambel diese Vertrags findet sich statt einer Erweiterung eher eine Einengung der von der SVK empfohlenen Indikationsmöglichkeiten. Demnach soll die Abgabe von L-Polamidon "nur unter den engen Voraussetzungen" des BtMG § 13 zulässig sein und darüber hinaus nur dann, "wenn eine Behandlungsfähigkeit mit der realistischen Chance besteht, die Opiatfreiheit zu erreichen", d.h. nur, "wenn sie in begründeten Einzelfällen die einzig wirksame medizinische Maßnahme zu Herbeiführung einer Entwöhnung darstellt". In "einer dreijährigen Erprobungsphase" soll "geklärt werden, ob die Abgabe von Methadon-L-Polamidon dauerhaft ein geeigneter Weg zur Suchtrehabilitation ist" (Pressestelle 1990a, 1f.). Das ist m. E. ein von vornherein zum Scheitern verurteiltes Unterfangen. Zeigen doch vorliegende Erfahrungen, daß sich um Sub-

stitution in erster Linie diejenigen Opiatabhängigen bemühen, die sich zumindest vorerst ein opiatfreies Leben nicht vorstellen können. Davon abgesehen stellt der Hamburger Senat in seinem "Konzept zur Drogenbekämpfung" in Auswertung substitutionstherapeutischer Erfahrungen aus verschiedenen Ländern selbst fest, daß "eine auf Abstinenz zielende Strategie mit vorgegebenen Behandlungszeiten ... für die meisten Patienten illusionär" sei (Pressestelle 1990b, 9).
Dafür, daß die Auswahl der Substitutionsbewerber nach den nun vertraglich vereinbarten Spielregeln zukünftig eher noch die Strenge der bisherigen SVK-Praxis übertreffen könnte, gibt es ein weiteres Indiz. Den Krankenkassen ist es nämlich nach § 6 gestattet, ihre leistungsrechtlich relevante Zustimmung zu befürwortenden Bescheiden der SVK von positiver Begutachtung der vollständig einzureichenden SVK-Entscheidungsberichte durch den Medizinischen Dienst der Kassen abhängig zu machen (Pressestelle 1990a, 4). Es ist zu befürchten, daß hierbei nur die Indikationen bestehen werden, die der Reglementiertheit der Vertragspräambel genügen und im Geiste eines somatisch reduzierenden Krankheitsverständnisses gestellt werden. Letzteres stünde jedenfalls in der Tradition der Schulmedizin und der ihr überwiegend entsprechenden Denk- und Leistungsgepflogenheiten der Kassen, wie dies z.B. die gängige Kostenübernahmeverweigerung vieler Krankenkassen bei nicht ärztlich geführten sozialtherapeutischen Drogentherapien illustriert.
Gewiß ist es ein drogenpolitischer Erfolg mit bundesweiter Bedeutung, einer Landesarbeitsgemeinschaft der Krankenkassen und einer Landes-KV die grundsätzliche Anerkennung ärztlicher Begründbarkeit und Finanzierbarkeit von Opiatsubstitution abzuringen. Und zweifellos ist auch die medikamentöse und sonstige medizinische Versorgung Opiatabhängiger im substitutionstherapeutischen Kontext eine ärztliche und von den Kassen zu finanzierende Aufgabe. Aber es ist zur Zeit eben noch fraglich, ob die vom Hamburger Senat beschlossene Ausweitung von Polamidonsubstitution als Behandlung einer "Krankheit" mit wesentlich psychosozialer Natur mit den Kassen und der KV des Stadtstaates vorgenommen werden kann. Die dazu notwendige Verabschiedung vom Abstinenzparadigma, d.h. vom Dogma "Hilfe nur, soweit es der Abstinenz dient", läßt sich auf der Grundlage eines Vertrages nur schwer bewerkstelligen, der noch die Handschrift jenes Dogmas trägt.

Vorläufiges Resümee

Es wäre unangebracht, den Hamburger Weg gegen das NRW-Erprobungsvorhaben auszuspielen. Hamburg hat bei der Entwicklung seiner ja in der Praxis so gut wie noch gar nicht spürbaren Schritte zur Etablierung von Substitutionstherapien für Opiatabhängige vom couragierten praxiswirksameren drogenpolitischen Tabubruch des Landes NRW und dem dadurch geförderten Umdenken profitiert. Beide Wege sind im positiven wie im negativen Sinne Modelle für den Aufbau substitutionstherapeutischer Hilfen in der BRD. Dabei erscheinen mir folgende Schlußfolgerungen am wichtigsten:

1. Substitutionstherapien dürfen nicht als Angebote der Gnade lediglich einer kleinen Schar Auserwählter zugänglich sein. Damit alle Opiatabhängige, die daraus Nutzen ziehen könnten, möglichst bald in den Genuß dieser Hilfe kommen können, ist eine Streichung der behindernden Regelung des § 13 BtMG gemäß Hamburger Vorstoß unverzichtbar und analog zur Praxis in Großbritannien, den Niederlanden und der Schweiz eine Kombination von Versorgung durch niedergelassene, mit Drogenberatungsstellen kooperierende Ärzte im Sinne des Hamburger Weges einerseits und durch staatlich modellfinanzierte Ambulanzen nach NRW-Vorbild mit möglichst integrierter medizinisch-psychosozialer Betreuungskompetenz andererseits geboten. Hinzu kommen muß auf jeden Fall eine absichernde öffentliche Finanzierung ausreichender psychosozialer Betreuungskapazitäten für die Opiatabhängigen, die in Arztpraxen oder in nur medizinisch tätigen Ambulanzen substituiert werden. Das Hamburger Kostenteilungsabkommen liefert, wenn auch nicht hinsichtlich seiner Indikationskriterien und Aufnahmebestimmungen, dafür ein positives Modell. Nur so kann garantiert werden, daß substitutionstherapeutische Hilfe nicht nur im Rahmen medizinischer Indikationen und des für die Kassen geltenden Katalogs abrechenbarer Leistungen, sondern gleichberechtigt auch als therapeutische Antwort auf die weitverbreitete psychosoziale Verelendung Heroinabhängiger oder zur Verhütung dieser Misere erfolgen kann. Was die Indikationsstellung betrifft, so sollte der Nachweis einer bestehenden Opiatabhängigkeit (im übrigen nicht nur i.v.) und fehlender Motivationen für Opiatentzug sowie -abstinenz durch Drogenberater und/oder Ärzte eigentlich für die Aufnahme von Substitutionstherapien mit Levomethadon oder Codein (z.B. Remedacen) ausreichen. Angesichts der bestehenden Rechtsunsicherheiten vieler Ärzte und der anhaltenden Ablehnung von vor allem psychosozial indizierter Opiatsubstitution durch viele Gremien der Kassen, KVs und der Ärzteschaft in Bund und Ländern scheint zur Erhöhung der ärztlichen Substitutionsbereitschaft eine möglichst unbürokratisch zu organisierende und liberal zu handhabende Absicherung positiver Indikations- und Behandlungsentscheidungen durch Sachverständigengremien vorerst wohl noch vonnöten.

2. Entsprechend substitutionstherapeutisch gängiger Zielvorstellung sollte die Versorgung mit einem Opiatsubstitut Opiatabhängige in ihren Bemühungen um Rehabilitation unterstützen. Deshalb darf der Gebrauch

der medikamentösen Krücke nicht allzu mühsam, zeitraubend und einengend sein. Die Krücke sollte vielmehr Kraft, Zeit und Handlungsspielräume für die gesellschaftliche Wiedereingliederung, d.h. für die Wohnungssuche, die berufliche Integration, die Herstellung sozialer Kontakte außerhalb der Drogenszene, die Erholung und Verfolgung von Freizeitinteressen etc. freisetzen. Zwar muß die Regelung der Substitutvergabe Doppelrezeptierungen und Handel mit dem Substitut weitgehend ausschließen. Sie muß sich aber auch den individuellen Rehabilitationsbedürfnissen der Substitutionsklienten soweit wie möglich anpassen. Das heißt, das Substitut muß möglichst dezentral und terminlich flexibel ausgegeben werden und bei vertrauensbildender, fortschreitender sozialer Reintegration auch take-home-Dosen erlauben. Eine liberalisierende Novellierung der BtMVV, wie sie auf Initiative Hamburgs der Bundesrat seit kurzem der Bundesregierung empfiehlt, ist daher unumgänglich.

3. Substitutionstherapeutisch tätige Ärzte und psychoziale Betreuung für Substituierte anbietende Personen oder Institutionen sollten, wenn sie schon nicht unter einem Dach in einem interdisziplinären Team arbeiten können, kooperativ zusammenwirken. Die psychosoziale Betreuung, die sehr viele substitutionsbedürftige Heroinabhängige sicherlich benötigen, darf jedoch nicht zur ärztlich verordneten lästigen Zwangstherapie verkommen. Auf eine obligatorische Verpflichtung der Substituierten zur Teilnahme an solcher Betreuung sollte ebenso verzichtet werden wie auf eine Zurechtstutzung psychosozialer Hilfen in das Korsett des Verschreib- und Abrechenbaren.

4. Auch Substitutionstherapien können effiziente Hilfe in einem Klima der Kriminalisierung des Gebrauchs illegaler Drogen schlecht entfalten. Vom Beigebrauch von Heroin und anderen illegalen Drogen ist insbesondere in der Anfangszeit einer Substitutionstherapie eher als Regelfall auszugehen. Vorschnelle Behandlungsabbbrüche oder strafverfolgende und bestrafende Reaktionen von Polizei und Justiz würden mühselige Prozesse der Ablösung von der illegalen Drogenszene, der Stabilisierung und gesellschaftlichen Wiedereingliederung erheblich gefährden. Daher ist auch aus substitutionstherapeutischer Perspektive eine grundlegende Novellierung des BtMG zur Entkriminalisierung des Besitzes und Erwerbs illegaler Drogen zum Eigenverbrauch unverzüglich in Angriff zu nehmen. Hamburg hat dazu zwar nicht ausreichende, aber doch brauchbare Vorschläge in den Bundesrat eingebracht und dort zum Teil durchsetzen können.

Anmerkung

(1) Remedacen ist ein Codein-Präparat, das ähnlich dem Polamidon bei regelmäßiger Einnahme Entzugssymptome vermeidet. Es wird nicht unter das Betäubungsmittelgesetz subsumiert und wird deshalb von einigen Ärzten als Heroin- bzw. Polamidonsubstitut verwendet.

Literatur

Bürgerschaft der Freien und Hansestadt Hamburg: Hamburger Drogenhilfeplan 1989. Drucksache 13/2091. Hamburg 1988

Bürgerschaft der Freien und Hansestadt Hamburg: Unterstützung des Drogenhilfeplans 1989/1990. Drucksache 13/5336. Hamburg 1990

Bundesärztekammer: Ersatzdrogen. Stellungnahme des gemeinsamen Arbeitskreises des Wissenschaftlichen Beirats und des Ausschusses "Psychiatrie, Psychotherapie und Psychohygiene". In: Deutsches Ärzteblatt 85, 5/1988

Hamburger Ärztekammer: Empfehlungen der "Sachverständigenkommission Substitutionsmaßnahmen" zur Frage einer langfristigen Levomehtadon-Substitution. Hamburg 1987

Heinemann, H.: Sprechzettel für die Kabinett-Pressekonferenz am 15.7.1987. Düsseldorf 1987

Hellebrand, J.: Methadon. Chance oder Illusion? Bonn 1988

Hüsgen, H.-A.: Medikamentenersatz mit Methadon-Pro-Standpunkt. In: Öffentliches Gesundheitswesen 50, 1988, S.530-532

Hüsgen, H.-A.: Methadonbehandlung in Nordrhein-Westfalen. In: Bossong, H./ Stöver, H. (Hrsg.): Methadon. Chancen und Grenzen der Substitutionsbehandlung. Berlin 1989

MAGS, Minister für Arbeit, Gesundheit und Soziales des Landes Nordrhein-Westfalen: Wissenschaftliches Erprobungsvorhaben zur medikamentengestützten Rehabilitation bei i.v. Opiatabhängigen. Abschließender Sachstandsbericht. Düsseldorf 1987

Moll, St.: Strafrechtliche Aspekte der ärztlichen Substitutionsbehandlung von Opiatabhängigen. Unveröffentlichte Dissertation. Frankfurt a.M. 1989

Pressestelle der Freien und Hansestadt Hamburg: Konzept zur Drogenbekämpfung. Hamburg 1989

Pressestelle der Freien und Hansestadt Hamburg: Vertrag über die Abgabe und Finanzierung von Methadon-L-Polamidon zu Substitutionszwecken. Hamburg, 26. 2. 1990a

Pressestelle der Freien und Hansestadt Hamburg: Konzept zur Drogenbekämpfung. Drucksache 13/5196. Hamburg 1990b

Prognos: Jahresbericht wissenschaftlich begleitetes Erprobungsvorhaben medikamentengestützte Rehabilitation bei i.v. Opiatabhängigen. Köln 1989

2. Psychosoziale Betreuung von Drogengebrauchern im Rahmen einer Substitutionsbehandlung

Rolf Bergmann, Vera Kalinna

Die Drogenberatungsstelle Tiergarten bietet seit dem 1.1.1989 neben den Bereichen der traditionellen Drogenhilfe wie Beratung, Betreuung und Therapievermittlung eine ambulante Betreuung für Heroinkonsumenten an, die von einem niedergelassenen Arzt mit dem Heroinersatzmittel L-Polamidon substituiert werden. Darüber hinaus unterhält die Beratungsstelle eine Wohngemeinschaft für HIV-positive und AIDS-kranke Konsumenten, in der ebenfalls die Möglichkeit der Versorgung mit L-Polamidon besteht.
Im Zentrum der Arbeit steht die tatsächliche Lebenssituation der Klienten und die sich daraus entwickelnden aktuellen und langfristigen Veränderungsmöglichkeiten. Ein Neben- und Miteinander von Angeboten der traditionellen Drogenarbeit sowie Spritzenaustausch, ambulante Substitutionsbetreuung und Wohngemeinschaft sind nach unserer Auffassung sinnvoll, um bei dem bekanntermaßen nicht geradlinigen Verlauf einer Suchtkarriere Hilfestellungen zu geben. Wir verstehen unsere Arbeit als Reaktion auf eine Lebenskrise, in der sich Menschen befinden und in der sie Hilfe erwarten dürfen. Diese Krise drückt sich nicht allein im abhängigen Konsum von Heroin oder einer möglichen bzw. manifesten Erkrankung aus; sie ist auch geprägt durch einen oftmals dramatisch zu nennenden Verlust an sozialer Kompetenz. Schulden, Obdachlosigkeit, drohende Haftstrafen lassen die Entwicklung neuer Perspektiven und Lebenseinstellungen als aussichtslos erscheinen, führen wiederum zum Heroinkonsum oder in die Krankheit. In diesem Zusammenhang ineinander verwobener Problembereiche kann Drogenhilfe ein Haltepunkt sein, von dem aus Veränderungen möglich werden.

Zielsetzungen der Substitutionsbetreuung

Das Angebot der psychosozialen Betreuung für substituierte Klienten stellt keine Abkehr von der ursprünglichen Zieldefinition unserer Arbeit dar, nämlich Hilfestellung zur Überwindung abhängigen Heroinkonsums zu bieten, sondern ist vielmehr als ein neuer Weg neben den schon bestehenden Wegen der Drogenhilfe zu sehen. Allerdings steht Drogenfreiheit hier nicht am Anfang eines Veränderungsprozesses, sondern am Ende einer längerfristigen Entwicklung. Die tägliche Versorgung mit L-

Polamidon schafft eine stabile Ausgangsposition, von der aus Teilziele wie gesundheitliche und soziale Stabilisierung und eine Entkriminalisierung erreicht werden können.

Der Betreuungsrahmen

Voraussetzung für die Inanspruchnahme unseres Angebotes ist eine mehrjährige Opiatabhängigkeit. Bevor ein Bewerber in die psychosoziale Betreuung aufgenommen werden kann, sind mindestens drei gemeinsame Gespräche mit zwei Mitarbeitern der Beratungsstelle erforderlich. Die Gespräche beinhalten die anamnestische Erhebung, die Aufnahme der aktuellen Lebenssituation sowie die perspektivische Vorstellung des Bewerbers, ebenso die Darlegung der Bedingungen einer Substitution im Einzelfall.
Eine endgültige Entscheidung über die Durchführung einer Substitution kann nur auf der Grundlage einer ärztlichen Indikation erfolgen. Insofern streben wir einen frühzeitigen Kontakt zu dem behandelnden Arzt an, auch um eines der ersten drei Gespräche mit dem Arzt gemeinsam durchführen zu können. Die psychosoziale Betreuung erfolgt im Rahmen der Beratungsstelle und umfaßt die Schwerpunkte Einzelgespräche, Gruppe, Wohnsituation, Arbeit/Ausbildung, Schuldenregulierung, Aktivitäten und Workshops. Auf der Basis dieses Betreuungsrahmens wird ein Vertrag erstellt, der von allen Beteiligten (Klient, Arzt, Drogenberater) zu unterzeichnen ist. Über die verbindlich vereinbarten Einzelgespräche und die Gruppenteilnahme hinaus, wird in dem Vertrag auch der Modus der Urinkontrollen (Untersuchung auf Opiate, Barbiturate, Benzodiazepine) geregelt. Der Vertrag gilt jeweils für ein halbes Jahr und kann danach zu den gleichen oder veränderten Bedingungen verlängert werden. Mit dieser zeitlichen Begrenzung ist keine Begrenzung der Polamidonvergabe beabsichtigt. Sie soll lediglich der Bestimmung eines klar ausgewiesenen Zeitpunktes dienen, zu dem sich alle Beteiligten einer Reflexion der bisher gemachten Erfahrungen unterziehen und eventuell die Bedingungen der betreuten Substitution den Erfordernissen einer veränderten Lebenssituation anpassen.

Bisherige Erfahrungen

Wenn man von der "Berliner Linie" der L-Polamidon-Behandlung spricht, so ist die einzelfallbezogene, ärztlich begründete Substitution gemeint, für die sich die Ärztekammer Berlin und nun auch der Berliner Senat ausgesprochen haben. Die Ärztekammer Berlin hält die Verabreichung von Ersatzdrogen an Drogenkonsumenten für vertretbar, wenn eine zwingende ärztliche Indikation vorliegt und wenn andere Behandlungsmöglichkeiten nicht in Betracht kommen. Dabei wurde bewußt auf die Erstellung eines Kriterienkatalogs verzichtet, um die Abwägung im Einzelfall zu gewährleisten.

In der Zeit vom 1.1.1989-28.2.1990 haben wir insgesamt 16 Menschen betreut, die mit L-Polamidon von niedergelassenen Ärzten substituiert werden, davon zwölf ambulant in der Beratungsstelle und vier in der Wohngemeinschaft. Es handelt sich dabei um ein sehr heterogenes Kollektiv: neun Frauen und sieben Männer im Alter von 20 bis 42 Jahren und einem Schnitt von 34,3 Jahren.

Für alle Klienten gilt, daß eine mehrjährige Opiatabhängigkeit besteht. Drei Klienten verfügen über eine qualifizierte Berufsausbildung und sind - trotz fortgesetztem Heroinkonsum - überwiegend einer regelmäßigen Berufstätigkeit nachgegangen; vier Frauen haben Kinder und diese auch weitestgehend im familiären Bereich versorgt. Neun Klienten verbüßten Haftstrafen, bis auf drei Klienten haben alle mehrere Therapieversuche bzw. abgeschlossene Drogenlangzeittherapien durchlaufen, zwei Klienten hatten zuvor noch keinen Kontakt zu einer Drogenberatungsstelle.

Acht Menschen erhalten L-Polamidon in Zusammenhang mit einer HIV/AIDS-Problematik, bei drei weiteren bestehen schwere Erkrankungen und in fünf Fällen wurde eine Indikation aufgrund sozialmedizinischer Erwägungen ausgesprochen.

Bislang sind vier Klienten aus unserem Betreuungsrahmen ausgeschieden: zwei Klienten haben das Polamidon eigenständig mit dem Ziel der Drogenfreiheit abgesetzt, ein Klient wünschte eine weniger anspruchsvolle Betreuung, ein Klient verstarb aufgrund einer schon vorher bestehenden schweren Erkrankung, so daß aktuell zwölf Klienten von sechs niedergelassenen Ärzten substituiert werden.

Die Substitutionsbehandlung und der Aufenthalt in der Wohngemeinschaft ist in keinem der Fälle mit einer gerichtlichen Auflage verbunden. Vorherrschend bei all unseren Klienten ist die Unzufriedenheit mit der bisherigen Lebensweise als Heroinkonsument und einem anfänglich noch eher diffusen Wunsch, neue Perspektiven zu suchen und Veränderungen zu initiieren, um langfristig so selbstbestimmt wie möglich leben zu können. Als Indikatoren für eine erste Bewertung der Behandlungsverläufe im genannten Beobachtungszeitraum von 14 Monaten gelten vorerst die in unserer Arbeit angestrebten Teilziele: 1. Gesundheitliche, 2. soziale Stabilisierung und 3. Entkriminalisierung.

1. Zur gesundheitlichen Stabilisierung: Vielfältige gesundheitliche Schädigungen sind die Folgen eines unkontrollierten Konsums von Schwarzmarkt-Heroin und des ebenso unkontrollierten Konsums anderer

Substanzen (Barbiturate, Benzodiazepine) zur Überbrückung von Versorgungsengpässen. Durch die Vergabe von L-Polamidon kann das Gesundheitsrisiko erheblich vermindert werden. Dies gilt für Überdosierungen, Vergiftungen durch Beimischungen im Heroin, Leberschädigungen, Abszesse, HIV-Infektion etc. Zudem stellt sich mit der Polamidonversorgung das durch den beständigen Drogenkonsum meist verlorene Körpergefühl wieder ein: Schmerzen und Beschwerden, auch die teilweise unangenehmen Nebenwirkungen von L-Polamidon werden bemerkt und ernst genommen. Die jahrelange Vernachlässigung des Körpers wird deutlich empfunden, und als eines der vordringlichsten Bedürfnisse entsteht der Wunsch nach körperlicher Regeneration und Gesunderhaltung. Der kontinuierliche Kontakt zum niedergelassenen Arzt begünstigt eine allumfassende, über die Polamidon-Verabreichung hinausgehende medizinische Versorgung (im Idealfall). Von unserer Seite unterstützen wir dieses Anliegen nicht nur durch Gespräche, sondern darüber hinaus mit konkreten körperbezogenen Workshop-Angeboten wie Shiatsu (Bewegung und Massage) sowie Vollwertkochen.
Es hat sich gezeigt, daß - sofern keine AIDS-Erkrankung vorliegt - eine Verbesserung des Gesundheitszustands in der Regel wenige Monate nach Beginn einer Substitutionsbehandlung einsetzt. Bislang sind keine ernsthaften neuen Erkrankungen aufgetreten, längst fällige Zahnbehandlungen sind begonnen bzw. abgeschlossen worden, der Tag/Nachtrhythmus stellt sich langsam wieder ein, in jedem Fall hat sich das Eßverhalten deutlich verbessert und teilweise zu Gewichtszunahmen geführt.
2. Zur sozialen Stabilisierung: Die durch die Polamidon-Verabreichung erreichte Sicherung des täglichen Opiatbedarfs soll zu einer sozialen Stabilisierung bzw. Reintegration führen. Der beständige Kreislauf von Suchtmittelbeschaffung und Drogenkonsum wird unterbrochen und ermöglicht somit eine Distanz von der Drogenszene. Der Beginn der Substitution wird von den Klienten übereinstimmend als große Erleichterung erlebt, endlich aus dem bisher geführten Leben, der Prostitution und der Kriminalität herauszukönnen. Doch stellt sich nach der ersten Euphorie häufig schon sehr bald die Frage nach einer befriedigenden und sinnvollen Tagesgestaltung bzw. -struktur. Der tägliche Gang in die Arztpraxis, der Kontakt zur Beratungsstelle füllt nur einen geringen Teil der nun freigesetzten Energie und Zeit. Nicht selten fehlt das soziale Umfeld, Freunde, tragfähige Beziehungen werden vermißt und diejenigen, die eine langjährige Beziehung haben, entwickeln neue Ansprüche und Bedürfnisse an die Partnerschaft. Es gibt Enttäuschungen, Traurigkeit, Wut, Einsamkeit, Unsicherheiten - gerade jene unerwünschten Gefühle, die zuvor durch den Konsum von Drogen zugedeckt wurden. Es geht nun darum, neue Wege und Strategien auszuprobieren, einen ande-

ren Umgang mit Konflikten und Problemen zu erlernen, die "Normalität", die Höhen und Tiefen des Lebens anzunehmen, die eigenen Grenzen und Möglichkeiten zu erkennen und zu akzeptieren: ein längerfristiger Entwicklungsprozeß deutet sich an, der den üblichen Schwankungen unterworfen sein wird.
Einige Klienten haben sich einer Substituierten-Selbsthilfegruppe angeschlossen, um darüber eigene Interessen und Bedürfnisse formulieren und durchsetzen zu können. Klienten, die eine Arbeit suchen bzw. sich beruflich neu orientieren wollen, können wir bislang nur bei der Herstellung von Kontakten und Nutzung der bestehenden Arbeitsbeschaffungsmöglichkeiten unterstützen. Über Arbeitsangebote verfügen wir nicht, vier Klienten haben sich selbst eine Teilzeitarbeit gesucht: Putzen, Schreibarbeit, Küchenhilfe, Herstellung und Verkauf von Ledersachen. Ein Klient befindet sich in einem senatsgeförderten Arbeitsprogramm, zwei andere werden im Laufe dieses Jahres eine Umschulung beginnen.
Dabei wird der Prozeß der beruflichen Integration in den seltensten Fällen für diejenigen Klienten geradlinig verlaufen, die bisher selten oder vielleicht auch nie eine Berufstätigkeit ausgeübt haben. Es fällt oft schwer, einen mühsam erworbenen Arbeitsplatz zu halten, das notwendige Interesse für die Arbeit und die geforderte Kontinuität über einen längeren Zeitraum aufzubringen. Aber es gibt auch die andere Seite: Menschen, die aufgrund ihrer Erkrankung die Berufstätigkeit reduzieren bzw. ganz einstellen müssen. Als problematisch erweist sich in einigen Fällen eine Arbeit "auf Lohnsteuerkarte", weil hohe Schulden vorhanden sind. In diesen Fällen bemühen wir uns um eine entsprechende Schuldenregulierung.
Die Wohnsituation hat sich für alle Klienten verbessert, die zuvor obdachlos waren oder in unbefriedigenden Wohnverhältnissen gelebt haben. Auch bei der Wohnraumbeschaffung und -erhaltung können wir eher nur unterstützend tätig sein und haben - bis auf unsere Wohngemeinschaft und ZIK (Betreutes Wohnprojekt verschiedener Berliner Einrichtungen für Menschen mit HIV/AIDS) - keine konkreten Angebote zur Hand.
3. Zur Entkriminalisierung: Wir wissen, daß der verhängnisvolle Kreislauf von Sucht und Kriminalität durch die Polamidonversorgung aufgebrochen werden kann. Die Menschen sind von dem Zwang befreit, sich das Opiat mit allen zur Verfügung stehenden Mitteln wie Schulden, strafbare Handlungen etc. beschaffen zu müssen. Tatsache ist, daß kein substituierter Klient neue BTM-Verfahren hat und - bis auf zwei geringfügige Delikte (Ladendiebstahl, Schwarzfahren) - keine weiteren strafbaren Handlungen vorkamen.
Zum Problem des Beigebrauchs: Beigebrauch gibt es, und unsere bisherigen Erfahrungen haben gezeigt, daß er proportional zur Länge der

Vergabedauer abnimmt. Aus unseren Nachbarländern wird berichtet, daß vornehmlich in den ersten zwei Jahren einer Substitutionsbehandlung andere Substanzen zusätzlich konsumiert werden. Beigebrauch wird so lange stattfinden, wie noch keine ausreichende Stabilität vorhanden ist, keine neuen Ressourcen entwickelt sind, um in bestimmten Krisen- und Streßsituationen auf das zuvor gewohnte "Zumachen" verzichten zu können.

Es werden Barbiturate, Benzodiazepine und Haschisch, selten Heroin und Kokain konsumiert. Am häufigsten wird allerdings Alkohol verwendet, und zwar bei einigen zeitweise in problematischen Mengen. Der Beigebrauch wird thematisiert, nicht nur weil bestimmte Mischwirkungen lebensgefährlich sein können, sondern weil er ein Hinweis auf ganz bestimmte Schwierigkeiten und Probleme ist. Es kann auch die Möglichkeit bestehen, daß ein Klient nicht ausreichend hoch dosiert ist und ein Gespräch mit dem behandelnden Arzt notwendig wird. Bislang hat es wegen Beigebrauch noch keinen Ausschluß von der Behandlung gegeben, jedoch stellt sich in einem Fall zur Zeit diese Frage, weil ein dramatischer Alkoholkonsum stattfindet.

Zu unserem Betreuungsrahmen: Die Teilnahme an einem wöchentlich zu vereinbarendem Einzelgespräch ist verbindlich. Es ist problemzentriert ausgerichtet und bezieht sich in erster Linie auf psychische und soziale Belastungen (z.B. Partnerschafts- und Elternkonflikte, Organisation der alltäglichen Lebensaufgaben, gesundheitliches Befinden, Probleme im Zusammenhang mit der Substitution). Es hat sich gezeigt, daß gerade in den ersten Monaten einer Substitutionsbehandlung häufig eine große Nachfrage - über unser "Standard-Angebot" hinaus - nach Gesprächen, Hilfestellungen, Begleitungen besteht: Viele neue Eindrücke und Erfahrungen müssen verarbeitet, Ängste und Unsicherheiten abgebaut werden. Mit der Zeit reduziert sich dieses Bedürfnis, bei einigen Klienten stellen sich vornehmlich in Krisenzeiten Unregelmäßigkeiten ein. In keinem Fall ist der Kontakt jedoch über einen längeren Zeitraum hinweg abgebrochen worden.

Die Beteiligung an einer alle zwei Wochen stattfindenden Gruppe ist in der Regel ebenso verbindlich. Hier geht es um die Aufhebung von Isolation, den Austausch der mit der Substitution gemachten Erfahrungen, die gegenseitige Unterstützung bei Schwierigkeiten der alltäglichen Lebensbewältigung. Anders als es bei den Einzelgesprächen der Fall ist, wird unser Gruppenangebot weniger vorbehaltlos angenommen. Gerade Klienten, die mehrere Therapieversuche hinter sich haben, empfinden eine Gruppe als unerwünschte therapeutische Maßnahme. Andere haben Angst, im größeren Rahmen zu sprechen, lehnen aus diesem Grund die Gruppe ab. Aber es gibt auch Klienten, die sich noch mehr Gruppenangebote wie z.B. Frauen-Gruppen wünschen. Zudem gab es von unserer

Seite Schwierigkeiten, weil wir zum Teil aufgrund fehlender Personalkapazitäten unser Angebot nur mühsam aufrechterhalten konnten.

Sonderfall Wohngemeinschaft

Die Wohngemeinschaft für HIV-positive und an AIDS erkrankte Heroinkonsumenten ist als Unterstützungsangebot für Menschen konzipiert, die aus individuell verschiedenen Gründen die Aufnahme einer stationären Langzeittherapie ablehnen, durch ihren Kontakt zu uns aber gleichzeitig ihren Wunsch nach Hilfestellung und Veränderung deutlich werden lassen. Wir haben auf das in "therapeutischen Gemeinschaften" übliche Regelwerk weitgehend verzichtet, ebenso wie auf eine zeitliche Beschränkung des Aufenthaltes in der Wohnung. Verpflichtend für die Bewohner sind nur der Gruppenabend einmal pro Woche und die Einhaltung der Drogenregel innerhalb der Wohnung. Diese Regel soll die Wohnung als "Schutzraum" erhalten. Daher ist der Konsum von Heroin, Medikamenten und Alkohol in der Wohnung nicht erlaubt. Heroin- oder Medikamentenkonsum außerhalb der Wohnung wird besprochen, er führt nicht zum Verlust des Wohnrechts. Alle weiteren Angebote sind nicht verpflichtend, sondern werden frei vereinbart.
In der Wohnung leben sechs Personen. Nach einem mißglückten Start zum Jahreswechsel 1988/89 sind alle sechs nacheinander bis Mitte 1989 eingezogen und bis heute geblieben.
Im Januar 1989 sah es beinahe so aus, als ob das Projekt Wohngemeinschaft schon in den Anfängen zum Scheitern verurteilt sei. Drei Männer waren nach einer langen Vorlauf- und Umbauphase relativ überstürzt kurz vor Weihnachten eingezogen. Überstürzt deshalb, weil in der Folgezeit immer wieder bauliche Mängel auftraten. Die sanitären Anlagen funktionierten nicht, das Bad stand dreimal am Tag unter Wasser, und so ging der Gedanke an ein Zuhause im täglichen Chaos unter. Hinzu kam, daß es für das Leben in der Wohngemeinschaft bis dahin kaum Absprachen oder Vereinbarungen gab. Offensichtlich war nur den Mitarbeitern klar, daß in der Wohnung kein Drogenkonsum stattfinden durfte. Versuche, mit den Bewohnern über ihren Konsum zu reden, wurden von diesen zurückgewiesen. Es entstand ein beinahe feindseliges Klima zwischen Mitarbeitern und Bewohnern. Daraufhin entschlossen wir uns, die Wohngemeinschaft zunächst zu schließen und nach einer gewissen Zeit einen neuen Anfang zu machen. Die Mitarbeiter sorgten dafür, daß niemand von heute auf morgen auf der Straße stand, sondern daß alle in akzeptablen Pensionen unterkommen konnten. Jedem Bewohner wurde das Angebot gemacht, nach Ablauf von zwei Wochen, verbunden mit

der Auflage sauberer Urinkontrollen, wieder in die Wohnung einziehen zu können.
Unter diesen Bedingungen gelang es nur einem der Bewohner, wieder in die Wohnung einzuziehen. Sicher nicht zufällig war es gerade derjenige, der schon seit einigen Monaten von einem Arzt Polamidon bekam. In der ursprünglichen Konzeption hatten wir eine Vergabe von Polamidon lediglich als Überbrückungshilfe in Krisensituationen und eingeschränkt als Einzugshilfe vorgesehen, jeweils aber zeitlich begrenzt. Dies führte offensichtlich zu einer erheblichen Verunsicherung, ausgedrückt durch einen häufigen Beigebrauch anderer Substanzen neben dem Polamidon, und der Unmöglichkeit, mit uns darüber zu reden. Ständig unter dem Druck, entgegen den eigenen Bedürfnissen die Vergabedosis in absehbarer Zeit auf Null reduzieren zu müssen, ging jeder vertrauensvolle Kontakt zu uns verloren. Nachdem dieser Zusammenhang für uns deutlich wurde, änderten wir die bisherige Regelung dahingehend, daß nun auch Leute einziehen können, die von einem niedergelassenen Arzt auf unbegrenzte Zeit Polamidon bekommen. Im Fall des ersten "alten" und "neuen" Bewohners ließ bei gleichbleibener Vergabedosis schlagartig die Häufigkeit des Beigebrauchs nach und ist heute zur absoluten Ausnahme geworden.
Was vor einem Jahr noch als undenkbar galt, nämlich daß "Substituierte" und "Cleane" in einer Wohnung zusammenleben und das über einen langen Zeitraum, ist zumindest für die zurückliegende Zeit gelungen. Voraussetzung dafür ist, keine auch noch so heimliche Abwertung der Personen vorzunehmen, die Polamidon bekommen. Das schließt das offene Gespräch in der Gruppe über Schwierigkeiten und empfundene Vorzüge der Substitution ebenso ein wie das Gespräch über Höhe und Veränderung der Vergabedosis.

Ausblick

Wir gehen davon aus, daß eine betreute Substitution mehr ist als Ruhigstellung, Schmerzlinderung und - bezogen auf die Versorgung von AIDS-Erkrankten - eine spezifische Form der verlängerten Sterbehilfe. Allerdings machen wir die Erfahrung, daß der angestrebte Veränderungs- und Integrationsprozeß nach den bisher in der Drogenarbeit üblichen Kriterien durchaus nicht widerspruchsfrei verläuft. Die Vorstellung, mit der Polamidonvergabe seien nun alle Probleme auf einen Schlag gelöst und die Klienten in kürzester Zeit so brav, wie ihre Helfer es schon immer waren, geht sicherlich fehl. Wenn die Drogenarbeit bislang in ihren Programmen sowohl den vorhergehenden Verzicht auf jede Drogeneinnahme als auch den Verlust von Alltag zur Voraussetzung fast

jeder Hilfe gefordert hat und damit eine radikale Veränderung der gesamten Lebensverhältnisse, so heißt Substitutionsbetreuung Begleitung über einen langen Zeitraum. Veränderungen finden hier in den vordem gemiedenen "Niederungen" des Alltags statt. Dieser Alltag verläuft durchaus krisenhaft, ist geprägt durch andere Lebensentwürfe, als wir uns das vielleicht wünschen mögen. Daneben tauchen ganz "normale" Schwierigkeiten auf, denen auch Nichtkonsumenten ausgesetzt sind. Das ist fast so wie im wirklichen Leben, und das wiederum ist neu für die Drogenarbeit. Hier ist ein Mehr an direkter Sozialarbeit gefragt, auch wenn dies manchem zusatzausgebildeten Therapeuten in seinem beruflichen Selbstverständnis zu schaffen macht.
Neu für die Drogenarbeit ist auch, daß die Menschen sehr selbstbewußt ihre Forderungen formulieren, eigene Projekte aufbauen und sich in Arbeitskreisen zusammenfinden. Dies gilt nicht für alle - wie auch -, aber die Drogenhelfer können sich wieder streiten mit denen, um die es an sich geht und nicht mehr nur Bedingungen diktieren.
Und noch etwas ist neu. Die Polamidonvergabe läßt die Bilder und Vorstellungen brüchig werden, nach denen mit unabwendbarer Zwangsläufigkeit jede Opiateinnahme zur Zerstörung der Persönlichkeit, ins soziale Elend und in die Kriminalität führt.
Erkennbar wird, daß die darauf gründende Ächtung des Drogenkonsums und deren in der Betäubungsmittelgesetzgebung strafrechtlich verdichtete soziale Praxis ihre Prophezeiung selbst erfüllt. Die der "Droge" zugewiesenen Wirkungen fallen auf uns selbst zurück. Das eröffnet Chancen hin zu einer "Normalisierung" von Drogenarbeit und Drogenpolitik, zu einer Aufhebung der bigotten Unterscheidung in legale und illegale Drogen.
Die Polamidonvergabe ist ein Schritt dahin. Allerdings ist darauf zu achten, daß hier nicht wieder Bedingungen gesetzt werden, die diese Möglichkeiten zugunsten einer normierten Ausgrenzung und Behandlung aufheben. Restriktive Indikationskataloge weisen auf solche Gefahren hin, ebenso wie die Installierung groß angelegter und in ihren inhaltlichen Bestimmungen vereinheitlichter Programme. Statt Bevormundung ist Vielfalt gefragt und Unterstützung.
Dies gilt auch für uns. Wir verstehen unser Modell der Betreuung als Angebot und können feststellen, daß diese Form der Hilfestellung in wesentlichen Bereichen zu einer Verbesserung der Lebensverhältnisse der betroffenen Menschen geführt hat. Natürlich gibt es auch Konsumenten, die mit viel weniger Betreuung auskommen, so wie es auch die sogenannten Selbstheiler gibt, die noch nie eine Beratungsstelle, geschweige denn eine Therapieeinrichtung von innen gesehen haben. Das Berliner Modell der einzelfallbezogenen Substitution unter Rückgriff auf niedergelassene Ärzte und verschiedene Hilfseinrichtungen

scheint hier nach den bisherigen Erfahrungen ein guter Weg zu sein. Ohne zusätzliche Maßnahmen wird man aber auch in Berlin nicht auskommen. Strukturelle Verbesserungen hinsichtlich der Vergabe am Wochenende und bei Krankheit sind nötig, die Förderung von Selbsthilfeprojekten, die Erhöhung der personellen Kapazitäten von helfenden Einrichtungen, die Fortbildung und Qualifizierung von Helfern verschiedener Berufsgruppen muß materiell abgesichert werden. Ein erster Schritt dahin ist bereits getan. Der Berliner Senat stellt im Laufe des Jahres 1990 DM 500.000 zum Ausbau der Substitution zur Verfügung. Dies wäre noch zum Jahreswechsel 89/90 kaum denkbar gewesen.

3. Niedrigschwellige Methadonvergabe in den Niederlanden - Drogenarbeit, Drogenproblem und Normalisierung

Franz Trautmann

In den Niederlanden sind früher als in der Bundesrepublik Alternativen zu dem gängigen, im Strafrecht verankerten repressiven Ansatz der Drogenpolitik entstanden. Bereits, oder wie man aus der heutigen Sicht sagen muß, gerade in den 70er Jahren war es möglich, akzeptierende Ansätze in der Drogenarbeit durchzusetzen. Den Rahmen für diese "neue" Form der Drogenarbeit bildete u.a. die sogenannte alternative Jugendhilfe. Mit diesem Sammelnamen wurden die verschiedenen Projekte bedacht, die in den Niederlanden Ende der 60er, Anfang der 70er Jahre - vor dem Hintergrund der Jugend- und Studentenrevolte - von Kritikern des etablierten Jugendhilfeangebots entwickelt worden waren. Im Mittelpunkt ihrer Kritik stand, daß die etablierte Jugendhilfe aufgrund ihres individualisierenden Begriffsapparates lediglich eine Anpassung ihrer Klienten an die herrschenden gesellschaftlichen Normen leisten kann. Die alternative Jugendhilfe verstand sich dagegen als Interessenvertretung der Jugendlichen, deren Aufgabe es war, voraussetzungslos und in kritischer Distanz zu dem gesellschaftlichen Anpassungsdruck Hilfe anzubieten (de Kler/van der Zande 1978, 10 ff).

Dieser ideologische Rahmen bot ideale Voraussetzungen für die Entwicklung von Drogenhilfeprojekten, in denen Akzeptanz, Niedrigschwelligkeit und Normalisierung charakteristische Elemente waren. Wie weit man dabei gehen konnte, zeigt das Beispiel von zwei Amsterdamer Drogenhilfeprojekten, deren Klientel hauptsächlich aus Drogenkonsumenten bestand, die von anderen Hilfeeinrichtungen als hoffnungslose Fälle abgeschrieben worden waren. Akzeptanz bedeutete im Rahmen dieser Projekte - verkürzt aufgefaßt - unter anderem, daß es Klienten in diesen Einrichtungen erlaubt war, Heroin zu konsumieren (Stichting Kontakt Sentra 1978; Trautmann 1985). Beide gehören allerdings inzwischen der Vergangenheit an, doch dazu später.

Methadon in der niederländischen Drogenpolitik

Im Gegensatz zu der Methadondiskussion in der Bundesrepublik, wo Methadonvergabe ein durchweg progressiv besetzter Programmpunkt ist, kann die Entwicklung von Methadonprogrammen in den Niederlanden nur zum Teil im Rahmen einer progressiven Drogenpolitik gesehen werden. Die Niederlande sind ein Beispiel dafür, daß eine Methadonvergabe an sich nicht selbstverständliches Charakteristikum einer progressiven Drogenpolitik ist. Genauso wie andere Teile der Drogenarbeit können Methadonprogramme in sehr unterschiedlichen Rahmen entwikkelt werden. Es gibt humane Motive für eine Methadonvergabe, aber auch pragmatische und sogar reaktionäre. Man kann primär interessiert sein an einer Verbesserung der Lebensumstände der Drogenkonsumenten oder am Eindämmen der "unangenehmen" Begleiterscheinungen des Konsums illegaler Drogen, wie zum Beispiel der Beschaffungskriminalität. Man kann aber auch in einem kaum anders als reaktionär zu wertenden Interesse Methadon als eine im Vergleich zu anderen Rehabilitationsmaßnahmen billige Möglichkeit sehen, sich die Junkies samt den von ihnen verursachten Problemen im Bereich der öffentlichen Ordnung vom Halse zu schaffen. In der Praxis spielen meistens mehrere dieser Motive - je nach den politischen Interessen und dem Einfluß der jeweiligen Methadonbefürworter - gleichzeitig eine Rolle. Sogar mit diesem Ziel kann eine Methadonvergabe übrigens durchaus niedrigschwellig organisiert werden; um nicht zu sagen: je niedrigschwelliger, desto besser. Denn auch aus dieser Sicht gilt: je mehr Drogenkonsumenten mit einem solchen Methadonprogramm erreicht werden, desto größer der Erfolg. Das heißt, ob ein niedrigschwelliges Methadonprogramm auch die Prädikate akzeptierend und normalisierend verdient, ist von den jeweiligen sozialpolitischen Intentionen abhängig.

In diesem Zusammenhang sollte man allerdings nicht übersehen, daß der Wert eines niedrigschwelligen Methadonprogramms für die Drogenkonsumenten nicht unmittelbar von den ihm zugrunde liegenden Motiven bestimmt ist. Auch wenn pragmatische oder sogar reaktionäre Motive dahinterstecken, kann eine niedrigschwellige Methadonvergabe für den individuellen Konsumenten durchaus die Chance bieten, sich sozial zu stabilisieren. Obwohl das Fehlen intensiverer Maßnahmen, zum Beispiel auf dem Gebiet von Betreuung oder Therapie, eine Reihe von Drogenkonsumenten unbestreitbar in einer ausweglosen Lage belassen würde, kann nicht ausgeschlossen werden, daß anderen Konsumenten mit diesem "kargen" Angebot nach wie vor geholfen ist, gerade weil ihnen therapeutische Aufdringlichkeit und Besserwisserei erspart bleiben (Trautmann 1989b).

Ein positiver Aspekt des Amsterdamer Modells der Methadonvergabe ist denn auch, daß letzterem Aspekt Rechnung getragen wird, wenngleich das sicherlich ebenfalls mit pragmatischen Überlegungen zu tun hat. Die Methadonvergabe ist heute beinahe völlig abgekoppelt vom übrigen Drogenhilfeangebot, das allerdings als unentbehrliche Überweisungsmöglichkeit erhalten geblieben ist. Diese Trennung hat den auch der

Niedrigschwelligkeit zugute kommenden Vorteil, daß der Drogenkonsument, der Methadon nötig hat, nicht ohne daß er dazu das Bedürfnis verspürt, dem Zwang ausgesetzt ist, mit einem Sozialarbeiter oder Therapeuten zu reden. In der Praxis läuft dies nämlich erfahrungsgemäß nicht selten auf das Erzählen "schöner Geschichten" hinaus. "Therapeutisiert", wie Drogenkonsumenten häufig sind, wissen sie nur zu gut, was der Drogenhelfer gerne von ihnen hört (Stichting Kontakt Sentra 1978, 18).

Methadon wurde Ende der 60er Jahre in den Niederlanden zum ersten Mal in der Behandlung von Heroinkonsumenten verwendet, und zwar im Rahmen hochschwelliger (Entzugs-)Programme etablierter Drogenhilfeeinrichtungen. Akzeptanz, Niedrigschwelligkeit und Normalisierung spielten damals weder als ideologische Argumente noch in der Vergabepraxis eine Rolle. Die Perspektive einer niedrigschwelligen Methadonvergabe begann sich erst zu dem Zeitpunkt abzuzeichnen, als unter anderem in Amsterdam einige Hausärzte auf Drängen von Drogenkonsumenten, die an der hohen Schwelle der damaligen Programme gescheitert waren, dazu übergingen, Methadon entgegen der damals herrschenden Doktrin im Rahmen einer Dauerbehandlung zu verschreiben. Ähnlich wie in der Bundesrepublik vor ein paar Jahren (und teilweise noch heute) wurden diese "Pioniere" damals auch in den Niederlanden von Vertretern verschiedener Drogenhilfeeinrichtungen ebenso einfalls- wie gnadenlos attackiert und kritisiert wegen der Bestätigung der Abhängigkeit aufgrund ihrer Behandlungsweise.

Der "Medisch-sociaale Dienst Heroine Gebruikers" (MDHG), die Amsterdamer Interessenvertretung von Drogenkonsumenten, war eine der ersten Organisationen, die - vor ungefähr dreizehn Jahren - Methadon als Programmpunkt akzeptierender Drogenarbeit zum Thema machte. Eine niedrigschwellige Ersatzmittelvergabe war Teil der MDHG-Pläne für eine humane Drogenpolitik (Riemens o.J.). In diesen Plänen wurde betont, daß der User in seinem eigenen Wohnviertel, ohne große bürokratische Hindernisse, nach Möglichkeit von seinem Hausarzt Methadon oder eventuell auch andere Ersatzmittel erhalten sollte. Auch eine Heroinvergabe wurde dabei als Möglichkeit explizit nicht ausgeschlossen. Der Ausgangspunkt dieser Pläne war, daß nur mit Hilfe eines niedrigschwelligen, akzeptierenden Hilfeangebots das Drogenproblem adäquat angegangen werden kann.

Einige Aspekte dieses Entwurfs einer niedrigschwelligen Methadonvergabe wurden Anfang der 80er Jahre von der Stadt Amsterdam aufgegriffen. Damit wurde das Fundament zu dem gegenwärtigen Amsterdamer Modell der Methadonvergabe bei Methadonbussen und stadtviertelgebundenen Vergabestellen gelegt. Anfangs wurde zudem mit Nachdruck versucht, den Hausärzten eine wichtige Rolle in der Methadonvergabe zukommen zu lassen. So wurden zum Beispiel vom Amsterdamer Gesundheitsamt zwei sogenannte konsultative Ärzte angestellt, die die Aufgabe hatten, Hausärzte über Methadon zu informieren, wenn nötig, über den Sinn einer Methadonvergabe aufzuklären und sie bei der Verschreibungsarbeit zu beraten und zu unterstützen. Unter anderem wegen der erwähnten negativen Reaktionen auf die Methadonverschreibung durch Hausärzte war zu dieser Zeit nur eine relativ kleine Anzahl dieser Ärzte bereit, Methadon zu verschreiben, mit der Folge, daß diese von Drogenkonsumenten überlaufen wurden. Darum drohte auch bei diesen Ärzten langsam aber sicher die Bereitschaft abzunehmen, Methadon zu verschreiben. Mit dem Einsatz der konsultativen Ärzte wollte man dem vorbeugen und unter anderem erreichen, daß mehr Hausärzte sich an der Methadonvergabe beteiligen, das heißt, daß ein größerer Teil der Methadonvergabe über den eigenen Hausarzt des Drogenkonsumenten abgewickelt wird (de Loor 1982).

Niedrigschwelligkeit und Normalisierung - das Drogenproblem als widersprüchliche Realität

Eine Methadonvergabe über Hausärzte kann als Schulbeispiel eines niedrigschwelligen und normalisierenden Ansatzes in der Drogenarbeit gelten. Niedrigschwelligkeit in diesem Zusammenhang bedeutet schließlich in erster Linie, daß eine Methadonvergabe im Prinzip allgemein zugänglich sein muß. Der Hausarzt bietet, als die niedrigste Schwelle des primären Gesundheitswesens, hierfür optimale Möglichkeiten unter der Voraussetzung, daß auf strikte Zulassungskriterien verzichtet wird.

Hochgeschraubte Motivationsanforderungen und "Verelendungsindikatoren" als Zulassungskriterien, wie zum Beispiel eine bestimmte Anzahl von Jahren Drogenkonsum und eine festgestellte Zahl erfolglos unternommener Therapieversuche, sind grundsätzlich unsinnig und für die Praxis nicht von Nutzen. Sie sagen letztendlich nichts aus über den Ernst der Situation, in der sich ein Drogenkonsument befindet. Es gibt Menschen, die nach jahrelangem Drogenkonsum sozial stabil und gesellschaftlich integriert - und damit ist zumeist gemeint: unauffällig - funktionieren, die ihr Leben im Griff haben; und es gibt eben auch diejenigen, die bereits nach einem Jahr Drogenkonsum in einen Zustand völliger Verelendung geraten sind.

Sogenannte objektive, weil quantifizierbare Kriterien münden in eine Praxis, die von vielen Drogenkonsumenten verständlicherweise als scheinbar gerecht und damit als ungerecht empfunden wird. Eindeutige Kriterien medizinischer oder sozialer Art lassen sich in diesem Bereich nicht erstellen. Kriterien sind zudem - gerade in diesem Bereich - in ihrer Willkürlichkeit immer Ausgrenzungsmaßnahmen und als solche auch - zweifelsohne in bester subjektiver Absicht - beabsichtigt. Wenn man schon - aus welchen Gründen auch immer - eine Methadonvergabe auf eine bestimmte Gruppe von Drogenkonsumenten beschränken will, sollte man die damit verbundene Willkürlichkeit wenigstens reflektieren und nicht hinter scheinbar objektiven Kriterien zu verbergen suchen. Ein ausführliches Aufnahmegespräch, in dem die Lebensgeschichte des Klienten eher in ihrer Totalität (an-)erkannt werden kann, ist in diesem Zusammenhang eine adäquatere Entscheidungsgrundlage, auch weil es in einem Gespräch eher möglich ist, die Person des Klienten zu respektieren.

Letztlich sind Kriterien, wie zum Beispiel eine bestimmte Anzahl von Jahren Drogenkonsum als Voraussetzung für eine Aufnahme in ein Methadonprogramm, auch ausgesprochen zynisch. Man macht damit im Endeffekt ein gewisses Maß an gesellschaftlicher Ausgrenzung oder Verelendung zur Vorbedingung für Methadonvergabe, das heißt, man nimmt sie in Kauf.

Ein Verzicht auf eindeutige Kriterien führt, wie die niederländische Erfahrung zeigt, keineswegs zu einer Art unbegrenztem "Pfeffernüsse-Streuen". Weder durch die (relativ) niedrigschwellige Methadonvergabe an sich, noch durch das in diesem Rahmen mögliche Durchsickern von Methadon auf den Schwarzmarkt, hat sich in den Niederlanden die Befürchtung bewahrheitet, daß Methadon zum Beispiel auf dem Schwarzmarkt zu einer Art Einstiegsdroge werden könnte. Auf dem Schwarzmarkt wird Methadon von Drogenkonsumenten gekauft, die aus unterschiedlichen Gründen nicht an einem offiziellen Methadonprogramm teilnehmen. Eine hochschwellige Methadonvergabe, kombiniert mit strikten Kontrollmaßnahmen, ist lediglich eine scheinbare Lösung dieses Problems. Im Grunde genommen führt sie aber zu einer Verschärfung der Situation: der Bereich der Methadonvergabe wird reduziert, was eine Steigerung der Nachfrage auf dem Schwarzmarkt zur Folge hat. In diesem Zusammenhang sollte man außerdem bedenken, daß das Durchsickern von Methadon auf den Schwarzmarkt primär seine Begründung findet in der Kriminalisierung des Drogenkonsums und nicht in der Methadonvergabe an sich. Es ist in der heutigen, von der Kriminalisierung gekennzeichneten Situation ein unerwünschter Nebeneffekt der Niedrigschwelligkeit, der allerdings die unerwünschten Nebeneffekte einer strenger kontrollierten Methadonvergabe aufwiegt. Gerade im Zusammenhang mit notwendigen Maßnahmen im Bereich der AIDS-Prävention ist eine größtmögliche Reichweite dieses Hilfeangebots von eminenter Wichtigkeit, die sich - wie das Beispiel Amsterdam zeigt - nur

mit einem einigermaßen niedrigschwelligen Ansatz verwirklichen läßt (Buning 1989).
Auch bei der Methadonvergabe - genauso wie in anderen Teilbereichen der Drogenpolitik - zeigt sich, daß es keine einfachen, eindeutigen (Teil-) Lösungen des Drogenproblems gibt. Das liegt zu einem Teil daran, daß die heutige Politik in ihrer Zweigleisigkeit - auf der einen Seite von dem Strafrecht sanktioniertes repressives Eingreifen, auf der anderen Seite Drogenhilfe hauptsächlich in Form von Beratung und Therapie - im Grunde genommen widersprüchlich ist. Das Ziel der Drogenhilfe, Voraussetzungen zu schaffen für ein menschenwürdiges Leben der Klienten, kann schließlich prinzipiell nicht in Einklang gebracht werden mit der Kriminalisierung, denn letztere steht einem menschenwürdigen Leben der Drogenkonsumenten grundsätzlich im Weg. Von Kritikern der repressiven Drogenpolitik wird bereits seit langem darauf hingewiesen, daß Kriminalisierung sowohl direkt aufgrund des Betäubungsmittelgesetzes (BtMG) als auch indirekt in Form der Bekämpfung der sogenannten Beschaffungskriminalität eher Probleme kreiert als löst, übrigens nicht nur für Drogenkonsumenten (Quensel 1982, 160 ff.).
Drogenhilfe ist unter diesen - kriminalisierenden - Umständen zum Großteil dann auch nichts anderes als ein Versuch, die Folgen dieser Kriminalisierung zu beheben. Das gilt mit Nachdruck für eine Methadonvergabe, aber auch für psychosoziale Betreuung und Hilfe beim Aufbau einer konkreten Lebensperspektive (Arbeit, Wohnung, soziale Kontakte usw.), die als Folge der Kriminalisierung zur Unmöglichkeit wird. Die Probleme von Drogenkonsumenten sind zum Großteil Folgen der strafrechtlich sanktionierten Ausgrenzung.
Zu einem anderen Teil ist das Drogenproblem in seiner Verknüpfung von individuellen, sozialen, kulturellen und gesellschaftlichen Aspekten zu komplex, um einen Ansatz, in dem implizit die Möglichkeit von eindeutigen Lösungen dieses Problems unterstellt wird, als sinnvolle Perspektive zu sehen (Mol/Trautmann 1990). Jede drogenpolitische Maßnahme hat aufgrund der Komplexität und Widersprüchlichkeit des Problems nicht nur Vor-, sondern auch Nachteile. Anhand der Methadonvergabe ist dies bereits angedeutet worden. Das Ziel der Drogenpolitik kann darum bestenfalls nur sein, über eine Normalisierung einen weniger problematischen Umgang mit Drogen zu erreichen.
Eine Methadonvergabe über die Hausärzte bietet nicht nur gute Möglichkeiten in bezug auf die Verwirklichung eines niedrigschwelligen Hilfeangebots, sondern auch hinsichtlich einer normalisierenden Politik. Denn Normalisierung im Zusammenhang mit Methadonvergabe impliziert unter anderem, daß diese soweit wie möglich über die heute als normal geltenden Kanäle des ärztlichen Hilfeangebots, zum Beispiel eben über die Hausärzte, stattfinden sollte. Methadonvergabe ist dann

nicht mehr Teil einer eigenen, kategorialen Drogenhilfe, sie ist integriert in das allgemeine ärztliche Hilfeangebot, was zur gesellschaftlichen Akzeptanz des Drogenkonsums und des Drogenkonsumenten beiträgt. Eine Methadonvergabe als Teil eines spezialisierten, kategorialen Drogenhilfeangebots bestätigt und verstärkt im Grunde genommen die durch das BtMG sanktionierte gesellschaftliche Ausnahmeposition des Drogenkonsumenten. Sie unterstreicht in der ihr inhärenten Betonung des Drogenkonsums als außergewöhnlichem Problem die Sonderstellung und damit die gesellschaftliche Isolation des Drogenkonsumenten.
Diese Kritik trifft auch auf die Drogenhilfe insgesamt zu. Wie auch immer gut gemeint, eine kategoriale Drogenhilfe führt zwangsläufig zu einer Konzentration von Drogenkonsumenten und bestätigt damit (ungewollt) die Gettobildung und Stigmatisierung. Demgegenüber bietet eine Integration der Drogenhilfe in das allgemeine Hilfeangebot die Chance der Streuung und damit der Normalisierung. Der Aspekt der Ausgrenzung ist im Grunde genommen der Kern des Drogenproblems: Drogenkonsumenten werden kriminalisiert, was in gesellschaftliche Isolation mündet, die wiederum von dem kategorialen Ansatz der Drogenarbeit bestätigt wird. Mit einer auf Integration und Normalisierung abzielenden Strategie kann dieser Isolation entgegengewirkt werden.
In den Niederlanden hat man auf verschiedenen Gebieten des Gesundheitswesens die Bedeutung der Normalisierung für einen adäquaten Umgang mit unterschiedlichen Problemen eingesehen. Auf dem Gebiet der Psychiatrie und der Sorge für geistig Behinderte hat dies auch in der Praxis zu sichtbaren Erfolgen geführt. Im Bereich der Drogenpolitik wird zwar in der theoretischen Debatte immer wieder die Wichtigkeit der Normalisierung hervorgehoben, aber überzeugende und dauerhafte Resultate sind bisher - abgesehen von der de facto Entkriminalisierung des Besitzes und des Erwerbs von Cannabisprodukten - in der Praxis ausgeblieben.

Die gegenwärtige Situation - Das Beispiel Amsterdam

Die Niederlande stehen bereits seit einigen Jahren in dem teilweise als durchaus zweifelhaft zu wertenden Ruf eines Zentrums progressiver oder liberaler Drogenpolitik. Auf den ersten Blick ist das auch verständlich: Die Niederlande haben - nicht nur was die Drogenpolitik angeht - ein deutlich milderes strafrechtliches Klima, Normalisierung ist offizieller Ausgangspunkt der ministeriellen Drogenpolitik (Ministerium für Gemeinwohl ... 1989), im Bereich des Drogenhilfeangebots haben sich akzeptierende Modelle relativ ungehindert entwickeln können, Methadon wird problemlos an viele Drogenkonsumenten vergeben usw. Bei

näherem Hinsehen stellt sich allerdings heraus, daß die Lage weniger "beunruhigend" ist, als man in der Bundesrepublik häufig denkt.
Erstens kann meiner Meinung nach - mit Ausnahme der de facto Entkriminalisierung des Cannabisumgangs - keine Rede sein von einem grundsätzlichen Unterschied zwischen der niederländischen und der deutschen Drogenpolitik. Ein milderes strafrechtliches Klima besagt lediglich, daß der Drogenkonsument weniger schonungslos kriminalisiert wird, nicht aber, daß auf Kriminalisierung verzichtet wird (van Atteveld 1988). Auch in den Niederlanden hat diese Politik zu Problemen mit der Justizkapazität geführt. Ähnlich wie in der Bundesrepublik sind die Gefängnisse überfüllt mit Personen, die im Zusammenhang mit dem BtMG verurteilt sind (Erkelens 1987; Silvis 1986).
Zweitens, und das ist meiner Meinung nach das Schlimmste, muß man heute feststellen, daß der relative Vorsprung der Niederlande auf dem Gebiet der Drogenpolitik nicht weiter ausgebaut, sondern - im Gegenteil - langsam aber sicher abgebaut wird. Wie zu Anfang bereits angedeutet, ist von den ursprünglichen "wilden" Plänen heute nur noch wenig übriggeblieben. In den Niederlanden hat sich in den letzten Jahren eine drogenpolitische Wende vollzogen. Die in diesem Rahmen durchgesetzte Restaurierungstendenz haben die meisten Projekte der akzeptierenden Drogenarbeit nicht überlebt. Sparmaßnahmen und die herrschende No-Nonsense-Mentalität haben das ihre getan, um von der vor einigen Jahren doch ganz stattlichen Zahl an alternativen Drogenhilfeprojekten wenig übrig zu lassen (Trautmann 1989a). In den drogenpolitischen Plänen der Stadt Amsterdam ist seit Mitte der achtziger Jahre das frühere Ziel, dem Drogenkonsumenten ein menschenwürdigeres Leben zu ermöglichen, immer mehr in den Hintergrund geraten. Die Handhabung der öffentlichen Ordnung hat heute unverkennbar Priorität (Mol/Trautmann 1990).
Die Entwicklung des Amsterdamer Methadonprogramms in den letzten Jahren zeigt dies sehr nachdrücklich. Von den erwähnten ursprünglichen Plänen des MDHG kann man in dem gegenwärtigen Amsterdamer Drogenhilfeangebot kaum noch etwas wiederfinden. Resultat des "ordnenden Eingreifens" der Amsterdamer Stadtverwaltung, wie es von dem bei der Drogenabteilung des Amsterdamer städtischen Gesundheitsamtes beschäftigten Dr. Mulder so schön genannt wurde (Mulder 1987, 186), war nicht nur, daß das Gesundheitsamt heute die Methadonvergabe organisiert. Zu den Folgeerscheinungen gehört auch, daß die heutige Methadonvergabepraxis kaum noch den niedrigschwelligen Vorstellungen des MDHG entspricht. Strenge Registrierung, regelmäßige Urinkontrollen, mit Ausnahme des Wochenendes, tägliches Abholen, direkte Einnahme und relativ große Entfernung der sogenannten stadtviertelgebundenen Methadonvergabestellen vom eigenen Wohnviertel

stehen im Widerspruch zu einer niedrigschwelligen und normalisierenden Methadonvergabe. Auch die ursprüngliche Idee, Methadon möglichst vom Hausarzt verschreiben zu lassen, ist mehr und mehr in den Hintergrund geraten. Daran hat auch die erwähnte Anstellung von zwei konsultativen Ärzten beim Gesundheitsamt nichts ändern können. Dieses Projekt ist denn auch im Laufe der Zeit stillschweigend von der Bildfläche verschwunden.

Die Methadonvergabe in Amsterdam wird heute vom Gesundheitsamt nicht nur koordiniert, sondern größtenteils auch ausgeführt. Als Überbleibsel der Idee stadtviertelgebundener Methadonvergabe gibt es unter anderem zwei Methadon-Polikliniken mit je einer Nebenstelle. Das Programm dieser Vergabestellen ist bestimmt für Drogenkonsumenten, die eine relativ intensive medizinische Versorgung und/oder psychosoziale Betreuung nötig haben. Neben Dauerdosierungen, auch für User, die neben Methadon - unter anderem - Heroin konsumieren, wird hier auch ein Entzugsprogramm angeboten. Für Drogenkonsumenten, die mit einem Mindestmaß an Versorgung und Betreuung auskommen, gibt es den Methadonbus. Momentan fahren zwei Busse nach festem Haltestellenschema durch das ganze Stadtgebiet. Ein beratender Aspekt ist auch hier - fakultativer - Teil des Angebots. Dabei beschränkt man sich allerdings im allgemeinen auf Hinweise auf andere (Drogen-)Hilfeeinrichtungen. Auch eine Überweisung an andere Drogenhilfeeinrichtungen, z.B. an eine drogenfreie Therapie, gehört sowohl bei den Polikliniken als auch bei den Methadonbussen zu den Möglichkeiten.

Vor der Aufnahme in eines dieser Programme erfolgt in der Regel eine gründliche ärztliche Untersuchung des Klienten. Bei beiden Programmen gilt zudem, daß der Drogenkonsument sich das Methadon täglich außer samstags und sonntags abholen und direkt, d.h. unter Aufsicht, einnehmen muß. Die Portion für das Wochenende bekommt er freitags mit nach Hause. Eine der Polikliniken ist zudem für werktätige Drogenkonsumenten, die tagsüber nicht vorbeikommen können, abends geöffnet.

Zum Methadonangebot des Amsterdamer städtischen Gesundheitsamtes gehören außerdem noch:

- ein Programm für die sogenannten "extrem problematischen Drogenkonsumenten", im Amsterdamer Insiderjargon abgekürzt "EPD'er";

- das sogenannte "Passanten und Prostitutions Projekt" für Heroinkonsumenten, die nicht in Amsterdam ansässig sind (d.h., nachdrücklich auch Ausländer ohne Aufenthaltsgenehmigung) und darum normalerweise keinen Anspruch auf Methadon haben. Im Rahmen dieses Projekts wird nur in Notfällen und kurzfristig Methadon vergeben, um den Zustrom von "Usern" nach Amsterdam zu beschränken;

- die Methadonvergabe an Inhaftierte in Polizeigewahrsam (Buning 1990).

Neben diesem Angebot vom städtischen Gesundheitsamt gibt es in Amsterdam nach wie vor ein relativ kleines hochschwelliges Methadonprogramm im Jellinekzentrum, dem Amsterdamer CAD (Konsultationsbüro Alkohol Drogen), einer Einrichtung, die es flächendeckend in allen niederländischen Regionen gibt. Dann gibt es natürlich auch noch die Hausärzte, die in Amsterdam in erster Linie nur noch denjenigen Abhängigen Methadon verschreiben, die, vom Gesundheitsamt als genügend stabil befunden, an sie überwiesen werden. Und zu guter Letzt wird auch im Amsterdamer Untersuchungsgefängnis vom "Anstaltsarzt" Methadon sowohl im Rahmen eines Entzugsprogrammes als auch als Dauerbehandlung verabreicht.

Daß das Amsterdamer Modell der Methadonvergabe aus bundesrepublikanischer Sicht nach wie vor als beispielhaft niedrigschwellig und normalisierend gilt, ist zwar aufgrund der drogenpolitischen Gesamtlage in der Bundesrepublik verständlich, aber nur teilweise oder relativ richtig. Relativ, weil ein vergleichbares Methadonprogramm in einer deutschen Stadt, gemessen am gegenwärtigen Entwicklungsstand der bundesdeutschen Drogenpolitik, eben tatsächlich fortschrittlich, akzeptierend, niedrigschwellig usw. wäre. Zieht man aber die jüngste Vergangenheit niederländischer Drogenpolitik in Betracht, wird die stagnierende und in Teilbereichen sogar rückläufige Entwicklung des liberalen Ansatzes sichtbar.

LITERATUR

Atteveld, J.M.A. van: Het Nederlandse drugsbeleid in vergelijking met andere Westeuropese landen: liberaal? In: Tijdschrift voor alcohol, drugs en andere psychotrope stoffen 4/1988, S. 3ff.

Buisman, W.R.: De ontwikkeling van de methadonverstrekking in Nederland. Een beschrijving van de methadonprogramma's in de regio. In: Tijdschrift voor alcohol, drugs en andere psychotrope stoffen 1/1983, S. 24 ff.

Buning, E.C.: The role of methadone in Amsterdam's AIDS policy. Presentation at First Scottish National Symposium on Caring for AIDS. GG&GD Amsterdam, Januar 1989

Buning, E.C.: De GG & GD en het drugsprobleem in cijfers deel IV. Veröffentlichung des Gemeentelijke Geneeskundige en Gezondheitsdienst Amsterdam. Amsterdam 1990

Erkelens, L.H.: Ontwikkelingen in het Nederlands penitentiair drugsbeleid. In: Tijdschrift voor alcohol, drugs en andere psychotrope stoffen 4/1987, S. 107 ff.

Kler, H. de/Zande, I. van der: Alternatieve hulpverlening. Teksten en kritiek. SUA Amsterdam 1978

Loor, A. de: Medisch sociaal verstrekken van methadon door de eerste lijns gezondheidszorg en de rol van de huisartsen hierin. Diskussienota van de Begeleidingscommissie Consultatieve Artsen Amsterdam. Belangenvereniging Druggebruikers MDHG Amsterdam 1982

Ministerium für Gemeinwohl, Gesundheit und Kultur: Information über die Niederlande. Drogenpolitik. Fact Sheet-19-D-1989. Rijswijk

Mol, R./Trautmann, F.: Het drugsbeleid - tussen repressie en normalisering. In: Mol, R./Trautmann, F. (Hrsg.): Perspektief van het drugsbeleid - repressie of normalisering. Belangenvereniging Druggebruikers MDHG Amsterdam 1990, S. 1 ff.

Mulder, W.G.: Erfahrungen in Amsterdam (1. Teil). In: Minister für Arbeit, Gesundheit und Soziales des Landes Nordrhein-Westfalen (Hrsg.): Medikamentengestützte Rehabilitation bei Drogenabhängigen. 1987, S. 183 ff.

Quensel, S.: Drogenelend. Cannabis, Heroin, Methadon. Für eine neue Drogenpolitik. Frankfurt/New York 1982.

Riemens, J.W.E.: De heroïne epidemie - een aanklacht en een recept. Amsterdam o.J.

Silvis, J.: Strafrecht en drugs (1975-1985). In: Tijdschrift voor alcohol, drugs en andere psychotrope stoffen 2/1986, S. 50 ff.

Stichting Kontakt Sentra: Verslag over 1977. Amsterdam 1978

Trautmann, F.: Tages- und Nachtzentrum "Het Princenhof" Amsterdam. In: Krauß, G./Steffan, W. (Hrsg.): "... nichts mehr reindrücken". - Drogenarbeit, die nicht bevormundet. Weinheim 1985, S. 73 ff.

Trautmann, F.: Akzeptierende Drogenarbeit in Amsterdam - Wie fortschrittlich ist die niederländische Drogenpolitik heute? In: Kriminologisches Journal 2/1989a, S. 126 ff.

Trautmann, F.: Methadon in Amsterdam. In: Bossong, H./Stöver, H. (Hrsg.): Methadon. Chancen und Grenzen der Substitutionsbehandlung. Berlin 1989b, S. 73 ff.

Teil IV
Perspektiven akzeptierender Drogenarbeit und Drogenpolitik

1. Zum Verhältnis von AIDS- und Suchthilfe: Strategien akzeptierender Drogen- und AIDS-Arbeit

Helmut Ahrens

Die Strategien akzeptierender Drogen- und AIDS-Arbeit verhalten sich komplementär zueinander: Im Schnittpunkt struktureller Prävention greifen die Selbsthilfe- und gemeinwesenintegrierten psychosozialen und gesundheitlichen Versorgungsangebote von AIDS- und Drogenhilfen ineinander. Zum Teil sind sie, wie zum Beispiel im Berliner Wohn- und Betreuungsmodell für AIDS-Erkrankte "ZIK" (Zuhause wohnen im Kiez), durch gemeinsame Trägerschaft in einer gemeinnützigen GmbH von regionalen AIDS- und Drogenhilfen institutionell miteinander verbunden. Durch die akute soziale und gesundheitliche Problemlage von drogengebrauchenden, substituierten und ehemals drogenabhängigen Menschen in der AIDS-Krise haben sich in den Zentren der Drogen- und AIDS-Problematik neue Formen der Kooperation zwischen AIDS- und Suchthilfeeinrichtungen entwickelt, die als Ausdruck einer neuen institutionellen Verantwortung und solidarischen Kooperation zur Bewältigung der AIDS-Krise in der Drogenscene angesehen werden können.
Durch die Problemlage der bundesweit inzwischen 15.000 - 20.000 HIV-infizierten FixerInnen und Ex-UserInnen, die zum Teil bereits vor einer AIDS-Erkrankung ohne Wohnung und Arbeitsplatz waren und als Folge der Sucht- und AIDS-Erkrankung obdachlos werden, haben regionale AIDS- und Drogenhilfen damit begonnen, in sozioökonomisch verödeten Stadtteilen und Gemeinden, in denen AIDS und Armut sowie Sucht und Armut eine neue Qualität der Verelendung unter DrogenkonsumentInnen hervorrufen, Selbsthilfenetzwerke aufzubauen, die durch professionell arbeitende AIDS- und Drogenhilfen unterstützt werden.
Dem Charakter nach handelt es sich bei diesen Ansätzen zur Kooperation zwischen AIDS- und Drogenhilfen um den Aufbau von Regenbogenprojekten. Nach den Grundsätzen des Selbstbestimmungsrechts der AIDS-bedrohten und von AIDS betroffenen FixerInnen, Ex-UserInnen und Substituierten und nach den Grundsätzen der Solidarität mit den entrechteten, verfolgten und verelendeten Süchtigen sollen praktisch wirksame Konzepte zur strukturellen Gesundheitsprävention in Drogenscenen verwirklicht werden. Insoweit es der Gesundheitszustand der betroffenen Menschen zuläßt, soll Selbsthilfe vor professionelle Hilfe gestellt werden, und Maßnahmen zur strukturellen Prävention sollen Vorrang haben vor individualpsychologisch ausgerichteten Prozessen in der Sucht- und AIDS-Prävention. Dem übergreifenden Zielzusammen-

hang der Gesunderhaltung während der Dauer einer Drogenabhängigkeit oder einer HIV-Infektion zum frühestmöglichen Zeitpunkt ordnen sich besonders wegen der akuten Krisenlage der Betroffenen fernerliegende Ziele der Prävention, wie z.B. Drogenfreiheit, unter.

In Unterschied zum "believesystem" im etablierten Drogenhilfesystem, das auf der Basis einer durchgehend repressiv strukturierten Drogenbekämpfungsstrategie des Staates das Abstinenzdogma allen Angeboten zur Hilfe schwellenlos wie niedrig-, mittel- oder hochschwellig vorschaltet, wird die autonome Interessenwahrnehmung der hilfebedürftigen Süchtigen gefördert.

Der vielfach angeführte Kontrollverlust, als ein Kriterium der Diagnose für Suchterkrankungen, wird nicht als allgemeingültiges Faktum anerkannt. Dagegen basiert das Konzept akzeptierender AIDS- und Drogenhilfe auf der inneren Widerspruchsdynamik von Autonomie und Anpassung im Prozeß von Abhängigkeitsentwicklungen: sowohl Sucht- als auch AIDS-begleitend wird im Konzept bedürfnis- und problemakzeptierender Hilfe für Süchtige das psychische und soziale Geschehen nicht einem dogmatisch und abstrakt gesetzten Ziel, wie z.B. der Drogenfreiheit, untergeordnet. Die individuelle Freiheit zur Sucht bzw. zur Abstinenz soll im täglichen Ringen um verantwortliche und menschenwürdige Gestaltung der rausch- und liebesbedürftigen Menschen gegen fremdbestimmte Zurichtung durch patriarchalisch-kulturelle Normen und strukturelle Gewalt in den Lebensverhältnissen der Drogenkonsumenten Geltung bekommen.

Aus diesem Ansatz ergibt sich nicht zuletzt wegen der vielfältigen Problem- und Bedürfnislagen Süchtiger in der AIDS-Krise eine pluralistische Drogen- und AIDS-Hilfe. In Anerkennung der inneren Totalität von Vergesellschaftungsprozessen wird in einem ganzheitlich reflektierenden Gesundheitsbegriff gesundheitliche Hilfe nicht lediglich auf medizinische Hilfe oder psychosoziale Hilfe reduziert.

Im Bereich der professionellen Behandlungsangebote für Süchtige wird entgegen vorherrschender Repressionslogik nicht zwischen Behandlungsangeboten erster oder zweiter Wahl unterschieden. Abstinenzbehandlungsangebote und Substitutionsbehandlungen werden als grundsätzlich gleichrangige und damit als wirklich pluralistische Behandlungsangebote für Süchtige definiert, insofern sie bedürfnis- und problemadäquat angewendet werden.

Die Forderung zur Entkriminalisierung des Besitzes geringer Drogenmengen wird im Konzept akzeptierender Drogen- und AIDS-Hilfearbeit in Bezug zu einem langfristig durchzusetzenden Emanzipationsprozeß im Verhältnis von Gesellschaft und Droge gesetzt. Die Entkriminalisierung der Drogensüchtigen ist die vorausgesetzte, flankierende Maßnahme für gesundheitliche Prävention. Der Ausstieg aus der paradoxen

Herrschaftslogik von gesellschaftlich erzeugter Suchtmittelüberflußproduktion und gleichzeitiger Repression und Kriminalisierung abhängig gewordener Suchtmittelkonsumenten legt erst die Bedingungen frei für effektive Drogen- und AIDS-Prävention.
Ausgehend von der These, daß das Drogen- und AIDS-Problem nicht lösbar ist, sondern nur seine gesellschaftlichen und individuellen Risiken gesenkt werden können, entwickelte die akzeptierende AIDS- und Drogenarbeit pragmatische Präventionsansätze in der Strategie von "harmreduction". Trotz aller Kritik an kurzgreifenden behaviouristischen Verhaltensbotschaften wie "safer Drug-use" und "safer sex" werden heute durch Drogenselbsthilfegruppen, Drogen- und AIDS-BeraterInnen und street-worker instrumentelle Maßnahmen zur Prävention, wie Spritzenvergabe bzw. -umtausch und Kondomvergabe propagiert. Parallel dazu wird eine Strategie der Normalisierung des Lebensstils von Drogenkonsumenten angestrebt. In scenenahen Kontakt- und Gesundheitsläden werden z.B. FixerInnen zum "sauberen Drücken" angeleitet, primärhygienisch versorgt und über die Unreinheit der auf dem Drogenmarkt befindlichen Stoffe informiert. Drogenselbsthilfegruppen fordern konsequent den Verbraucherschutz für süchtige Konsumenten.
Es fehlt indessen eine die eigenen Risiken regulierende Drogensubkultur. Wegen der durch die Repressionsspirale verursachten Heimlichkeit des Drogenkonsums, wegen psychosozialer Desintegration und justitiellem Verfolgungsdruck kommt es zu einem erzwungenen Verlust von Handlungsspielräumen und Handlungskompetenz in der Wahrnehmung der unmittelbaren gesundheitlichen Interessen und damit zu Identitätsverlust, der sekundär durch übermäßigen Drogenkonsum bedingt ist.
Hepatitis- und HIV-Infektionen sind daher strukturell bedingt. Geschlechtskrankheiten und andere Symptome der gesundheitlichen Risikobereitschaft erweisen sich zumeist als Folge von Drogenbeschaffungsdruck, von Gewalt und Abhängigkeit unter den Bedingungen eines kriminalisierten und entrechtlichten Lebensstils von Süchtigen.
Vor diesem Hintergrund kämpft die akzeptierende AIDS- und Drogenhilfe für die Herstellung von psychosozialen und gesundheitlich definierten Moratorien für Menschen in Drogenscenen, d.h. für den Aufbau geschützter Räume, in denen z.B. AIDS-erkrankte Drogensüchtige wirklich krank sein dürfen, ohne bevormundet zu werden. Kontakt- und Gesundheitsläden, Wohngemeinschaften und Häuser für Süchtige in der AIDS-Krise sowie Arbeits- und Freizeitprojekte im Gemeinwesen sind als Maßnahme zur strukturellen Prävention unter dem Dach der Regenbogenträgerschaft kooperierender Drogen- und AIDS- Hilfen Praxis geworden.
Die Zugangswege zu Süchtigen von AIDS- und Drogenhilfen mögen im einzelnen unterschiedlich sein, die Zielsetzungen sind im Konzept

akzeptierender Drogen- und AIDS-Arbeit gleichlautend: Strukturelle Prävention vor Individualprävention. Niemand kann Verkehrsschilder aufstellen, ohne vorher Straßen gebaut zu haben, auf denen die Menschen gehen oder (ab)-fahren können. Daher ist der Aufbau von Selbsthilfenetzwerken mit Unterstützung professionell und interdisziplinär organisierter Gesundheitshilfe in Gemeinwesen mit "harten Drogenscenen" das vorrangige Ziel der Aktivitäten.
Entgegen der etablierten und enggleisigen medizinischen und psychosozialen Präventions- und Behandlungsstrategie ist die Strategie der Selbsthilfe, der Solidarität, der Aktzeptanz und der "harmreduction" eine Strategie der Süchtigen, aus Abhängigkeit, Unterdrückung und verordneter Unmündigkeit herauszukommen. Zu dieser Strategie der Normalisierung der Lebenslage von Süchtigen in der AIDS-Krise gibt es gegenwärtig keine vernünftige und humane Alternative.

2. JES - Junkies, Ehemalige, Substituierte: Geschichte, Forderungen und Zukunft einer Selbsthilfe-Initiative

Werner Hermann

"Drogengebraucher", so die Initiative JES, "besitzen ebenso wie alle anderen Menschen ein Recht auf Menschenwürde. Sie brauchen es nicht erst durch abstinentes und angepaßtes Verhalten zu erwerben. Sie haben damit auch ein Recht auf menschenwürdige, gesundheitliche und soziale Lebensbedingungen." (1)

Das endlose Elend der Drogenpolitik und die kurze Geschichte von JES

Sprachen Drogenkonsumenten in der BRD und Westberlin über ihre Situation, wurden sie sich schnell einig: Wir brauchen eine Interessenvertretung, einen Verband, der gegenüber der gesellschaftlichen Ausgrenzung und dem staatlichen Verfolgungsanspruch unsere Bürger- und Menschenrechte einklagt, unsere Interessen artikuliert und durchsetzt. Selbstorganisation von Süchtigen ist erst dann möglich, wenn Kriminalisierung und Verfolgung aufhören und ein Mindestmaß an existentieller Sicherheit vorhanden ist. Diese Voraussetzungen entwickelten sich überwiegend in den letzten Jahren durch die Substitution von Heroinsüchtigen mit Methadon, durch die Bedrohung durch HIV-Infektion, AIDS-Erkrankung und Tod, durch die Betonierung der staatlichen Drogenpolitik im "War on drugs". Vor allem die Substitution, der damit wegfallende Beschaffungsdruck und die dadurch freiwerdende Zeit sind eine wichtige Voraussetzung kontinuierlicher politischer Betätigungsmöglichkeit. Der kurzen Bewegung der Junkie-Bünde in mehreren Städten der Bunderepublik Anfang bis Mitte der 80er Jahre hat diese Voraussetzung gefehlt. Dies mag ein wichtiger Grund für die Auflösung dieser Initiativen gewesen sein.
Wo wir uns, als Ex-User, als Substituierte, aus den kriminellen Zusammenhängen lösen und der Beschaffungsdruck entfällt, wo wir als Menschen im Strafvollzug und als Süchtige in der Not partiell die Isolation durchbrechen, taucht solidarisches Denken und Handeln auf. Das trifft sich gut mit dem Vorhaben einer realistischen, humanen, akzeptierenden Drogenarbeit, wie sie sich in den AIDS-Hilfen, ihrem Dachverband der Deutschen AIDS-Hilfe e.V. (DAH), der progressiven Medizin und teilweise auch im traditionellen Drogenhilfesystem abzeichnet.

Hervorgegangen ist das Aktionsbündnis JES im Sommer 1989 aus Seminaren zur Drogen- und AIDS-Situation, die von der DAH veranstaltet wurden. Hier trafen sich die Mitglieder einiger Selbsthilfegruppen, der durch Drogensucht oder Drogenpolitik Geschädigten; Einzelmenschen mit Drogenerfahrung, Süchtige und ehemalige Süchtige, HIV-positive FixerInnen, mit verschiedenen Codeinpräparaten substituierte und in der Mehrzahl methadonsubstituierte Heroinsüchtige. Auf die Situation einer sich zuspitzenden AIDS-Problematik und einer Drogenpolitik, die die Gewichte nicht bei den gesundheitspolitischen, sondern den polizeilichen und gesetzlich repressiven Maßnahmen setzt, wollten die Gründungsmitglieder von JES mit einer authentischen, kompetenten Interessenvertretung antworten, die partielle Forderungen von Gruppen und gruppenübergreifenden Bedürfnissen und Rechten ständig artikuliert und vertritt. Wichtig für die Legitimität dieses Aktionsbündnisses erschien JES, nicht nur das Sprachrohr etwa der Ex-User oder Substituierten zu sein, sondern, über die jeweiligen Partialinteressen hinaus, gemeinsamen Forderungen in der Abwehr des Drogenelends größeres Gewicht zu verleihen.

Dabei ist die Zustimmung und Unterstützung der DAH und der AIDS-Hilfen mit ihren Impulsen für die Solidarität der Betroffenen und mit der gruppenübergreifenden Solidarität deshalb so wichtig, weil wir uns als betroffene Süchtige erst Gehör verschaffen müssen. Betroffenenkompetenz ist nicht anerkannt, und ohne die DAH und die Solidariät anderer Betroffener, so befürchten wir, würden die Ansätze unserer Selbstorganisation entweder ignoriert oder erstickt.

Trotz Strafe, Therapie, Selbstheilungen und einigen tausend Toten im Laufe der Jahre ist die Anzahl der i.v. Drogenbenutzer wohl mit 100.000 zu beziffern; die Zahl der HIV-Positiven mit 15.000 - 20.000. Vielen von ihnen droht eine AIDS-Erkrankung. Hinzu kommt, daß alle Ehemaligen in mehrfacher Hinsicht weiter den Stempel ihrer Vergangenheit tragen. Die Drogenerfahrung ist unser gemeinsames Merkmal: wir erleben die Ignoranz des Apparats gegenüber unserer Verelendung und unseren tatsächlichen sozialen und gesundheitlichen Bedürfnissen, gegenüber unseren Bürger- und Minderheitenrechten. Der neu aufgelegte "Nationale Rauschgiftbekämpfungsplan" der Bundesregierung mit den gleichen untauglichen Mitteln - nur noch mehr davon -, zeigt uns die gegenwärtige Verschärfung der Drogenproblematik nicht in Denkschriften, sondern als verschärfte Repression, als Ignoranz in Ermittlungsverfahren, als Gerichtsurteil und in Strafhaft oder Zwangstherapie. Wir erleben die Drogenpolitik am Anfang der 90er Jahre als Mittelverweigerung für Selbsthilfe, als Substitution unter repressiven Kontrollbedingungen und in sozialer Randexistenz, als Verweigerung der Substitution aus ideologischen Gründen und als geschminkte Angst der Drogenapparatschiks vor Überflüssigkeit. Geheiligte Grundsätze ärztlicher Ethik und eine Gesundheitspolitik, die ihre Patienten unabhängig von ihrer gesellschaftlichen Stellung gleich behandelt, gelten für uns nicht. Obwohl der lebensverlängernde Effekt der Methadonsubstitution bei AIDS-kranken Heroinsüchtigen in mehreren in- und ausländischen Arbeiten nachgewiesen ist, wird die Freigabe der Substitution verweigert und ist in Deutschland noch immer nur für einige wenige Hundert zugänglich. Wir erleben Drogenpolitik, wie sie als Berufsverbot für Ex-User wirkt, als Erschwerung beruflicher Wiedereingliederung durch Führerscheinentzug, als Diskriminierung bei der Arbeits- und Wohnungssuche. Ihren absoluten Tiefpunkt erreicht Drogenpolitik dort, wo sie sich mit diskriminierender AIDS-Problematik verbindet: obdachlose AIDS-Kranke, inhaftierte Todeskandidaten, entwürdigende polytoxikomane Lebens- und Sterbensumstände, aus den Beschaffungsnöten herrührend, ohne Entziehungsangebote. Verweigerung der Substitution wegen unpassender Indikation oder fehlendem HIV-Test. Diese Zusammenstellung ist nur ein unvollkommenes Bild der bundesrepublikanischen Drogenpolitik zu Beginn der 90er Jahre (2).

JES in der Deutschen AIDS-Hilfe e.V. (DAH)

Die Grundlage von JES sind natürlich in erster Linie die Selbsthilfegruppen an der Basis, wie "Junkiebund", "Fixpunkt", "Substi-Gruppen", "Palette", Junkie- und Knastgruppen in den örtlichen AIDS-Hilfen, Ex-User-Vereine etc. Als Initiative vermeidet JES den organisatorischen Ballast von Vereinen. Jedes halbe Jahr wird ein Sprecherrat gewählt, der die Aktivitäten bestimmt und plant. Arbeitsgruppen während der Seminare vertiefen die Arbeitsschwerpunkte und sollen in Zukunft auch zu regionalen, permanenten Einrichtungen werden. Geplant ist eine Arbeitsgruppe (AG) Öffentlichkeit, eine AG Substitution. Eine AG Entkriminalisierung besteht z.B. schon in Nordrhein-Westfalen. Das Referat Drogen- und Strafvollzug unterstützt uns aktiv.
Unsere Erfahrungen als ehemalige Drogenabhängige, Infizierte und Kranke sind, daß wir als zweitgrößte Betroffenengruppe in den AIDS-Hilfen und der DAH noch immer unterrepräsentiert sind. Das betrifft sowohl die laufende Arbeit und Unterstützung der Selbsthilfe-Projekte als auch die personelle und finanzielle Ausstattung unserer Arbeit. Das Verhältnis von Fixern und Schwulen, die Positionen zur Bündnispolitik in den AIDS-Hilfen, zur Selbsthilfe, zu Entscheidungsprozessen in den AIDS-Hilfen, zur Gelder- und Ressourcenverteilung müssen geklärt werden. Wir fühlen uns teilweise nur geduldet. 15.000 bis 20.000 von uns sind infiziert und krank oder werden erkranken, wenn sich kein

Heilmittel findet. Alle Spritzengebraucher sind infektionsgefährdet. Was wir brauchen, ist Unterstützung für unsere Selbsthilfebewegung, für unsere Frauen und Männer mit Drogenerfahrung. Wir wollen uns als Selbsthilfe-Gruppen in der AIDS-Hilfe-Bewegung organisieren und eigenständig werden. Im übrigen aber sind wir nicht grundsätzlich anders als andere Menschen. Wir wollen in Frieden leben und mit Anstand und Würde sterben, wenn es denn sein muß.
Wir müssen über ein solidarisches Bündnis in der AIDS-Hilfe reden, weil wir Bündnispartner brauchen gegen eine repressive Drogen-Politik als AIDS-Politik und umgekehrt, um aktionsfähiger zu werden. Obwohl sich die DAH im Februar 1990 einen komplett schwulen Vorstand gab - ein Vertreter der drogenabhängigen Infizierten wurde nicht gewählt (übrigens auch keiner der HIV-positiven und AIDS-kranken Gefangenen und keine Frau) - breitet sich JES mit Unterstützung der DAH regional und organisatorisch aus. Innerhalb der DAH ist die AIDS/Drogen-Problematik zum zweiten Schwerpunkt geworden.

Wie arbeitet JES?

Diese Frage müssen wir beantworten, indem wir uns organisieren, an unseren Konzepten für Prävention und Selbsthilfe arbeiten, uns bekannt machen und so eine gute Ausgangsbasis für solidarische Bündnisse schaffen. Wir beweisen, daß wir als Süchtige und Ehemalige sehr wohl kontinuierlich und verantwortlich arbeiten, wenn wir nicht wegen unserer Sucht unter Druck gesetzt werden.
Seit dem Start der Initiative richtet JES eine Serie von Seminaren im Rahmen der DAH mit folgenden Themenschwerpunkten aus:
AIDS und Verelendung in Drogenscenen.
Safer Use bei Drogengebrauchern.
Selbsthilfe im Drogenbereich.
1990 werden vier Seminare von JES mit folgenden Themen ausgerichtet:
Solidarität zwischen Menschen mit HIV und AIDS.
Safer Drug Use!
Arbeitslosigkeit! Wohnungsnot! Wo ist Hilfe?
Wut und Trauer über Diskriminierung.
Dazwischen findet regelmäßig einmal im Monat ein Erfahrungsaustausch des Sprecherrates statt. Um die laufenden Geschäfte kümmern sich mittlerweile zwei Koordinationsstellen, eine für NRW in Kamen, eine für die Gesamtorganisation JES in Berlin, die einen monatlich erscheinenden Rundbrief herausgibt.

Aufgrund der gemeinsamen Erfahrungsbasis einer alltäglichen Kriminalisierung, einer sozialen Ausgrenzung und Stigmatisierung gegenüber ihrem Suchtverhalten in der Gesellschaft sowie aufgrund der gemeinsamen Abhängigkeitserfahrungen kämpft die JES-Initiative für Drogenselbsthilfe und Solidarität:

1. für ein solidarisches Bündnis auf der Basis von Selbsthilfe;
2. für eine Legalisierung und Gleichstellung mit anderen Suchtmittelgebrauchern (Alkoholikern, Tablettengebrauchern etc.);
3. für eine größere Akzeptanz des Lebensstils von Drogengebrauchern und Ex-UserInnen durch die Gesellschaft;
4. für eine kulturelle, juristische, soziale und gesundheitliche, kurz für eine politische Alternative im Umgang der Gesellschaft mit den Bedürfnissen und den Problemlagen von Drogengebrauchern, Substitutierten und Ex-Usern;
5. für eine Wahrnehmung und Anerkennung der Betroffenenkompetenz durch Drogen- und Gesundheitspolitik.

JES ist nach den Prinzipien der Freiwilligkeit, der Anonymität und Solidarität zum Zwecke einer pluralistischen Interessenvertretung organisiert. Im Entscheidungsprozeß wird ein Werte- und Interessenkonsens bei kontrovers diskutierten Positionen und Forderungen angestrebt. Praktisch heißt dies, daß, trotz zum Teil unterschiedlicher Werte- und Selbstverständniskonzepte in den regionalen Selbsthilfegruppen, Autonomie und Solidarität zur Durchsetzung gemeinsamer politischer Interessen miteinander verknüpft werden müssen.

Unsere Absichten und Forderungen sind dort am dringlichsten, wo die Not am bedrückendsten ist: auf den Drogenscenen, in den Krankenhäusern und Knästen. Dort lastet der größte Druck auf den Süchtigen und Kranken, und das HIV-Infektionsrisiko ist am größten.

Konkret und dringlich fordern wir:

Keine Behinderung der Prävention, Angebot von sauberen Spritzen, Freigabe der Substitution für Heroinsüchtige. Wir fordern für die vielen Leute von der Scene, die auf Polamidon warten, aber die "falsche" Indikation haben, für die ernsthaft gesundheitlich Gefährdeten, für die noch nicht Infizierten, für die vom Beschaffungsdruck Gehetzten und von der nächsten Inhaftierung Bedrohten die Umstiegsmöglichkeit zur Substitution ohne Wenn und Aber! Nicht lang laufende Menschenversuche zur Substitution in besonderen Programmen, sondern den Einsatz des normalen Gesundheitswesens mit seiner Kapazität für die Ersatzmittelvergabe.

Für HIV-erkrankte Inhaftierte muß das gnadenlos durchgehaltene Strafbedürfnis des Staates gegenüber seinen drogenabhängigen Untertanen

oder sonstwelchen infizierten Außenseitern zurücktreten. Wir fordern frühzeitige Entlassung!
Wir fordern die speziellen AIDS-Abteilungen in den Krankenhäusern und alle Stationen, die i.v. drogenabhängige AIDS-Erkrankte aufnehmen, dringend dazu auf, eventuelle besondere Regularien für unsere Klientel auf Nachteile und Diskriminierung hin zu überprüfen und gegebenenfalls abzuschaffen. Aus einer zusätzlichen Entzugssituation oder sonstiger Schieflage durch Mangelversorgung der Sucht wird keine Behandlungssituation gegenseitigen Vertrauens! Wir fordern den Abbau des Mißtrauens gegen Drogenabhängige in den Krankenhäusern! Es muß eine Klimaverbesserung geben.
AIDS-kranke Drogenabhängige, die ständiger Pflege bedürfen, sollten in betreuten Projekten zusammenwohnen können - wir teilen mit ihnen den Horror vor einer endgültigen Abschiebung in Heime oder geschlossene Anstalten.
Diese Akut-Forderungen wollen wir bis zu ihrer Erfüllung mit Arbeitsgruppen, in Projekten, mit Kampagnen und solidarischen Aktionen vorwärtsbringen. Sowohl diese ganz konkreten dringenden Forderungen wie auch eine durchdachte, menschenwürdige AIDS-Politik für erkrankte und infizierte Drogengebraucher überschneiden sich ständig mit den Anforderungen einer humanen, akzeptierenden Drogenpolitik. An diesen Schnittpunkten, wo sich punktuelle Verbesserungen nur erreichen lassen, wenn strukturelle Änderungen erzielt werden, oder wo strukturelle Mängel positive Teilentwicklungen entwerten - an diesen Schnittpunkten wird Akzeptanz erzeugt, weil unsere Forderungen dort plausibel sind. An diesen Schnittpunkten entsteht Solidarität, weil ein dringender Handlungsbedarf vorliegt! Prävention/Substitution ist solch ein Schnittpunkt, Entkriminalisierung ein weiterer.

Wie sieht die Zukunft aus?

Für die Selbsthilfebewegung ist die Substitution der Heroinsüchtigen der Schlüssel zu allen weiteren Fortschritten, weil es ohne sie einfach nicht genügend Leute gibt, die mitarbeiten können und wollen. Wir müssen Bündnisse eingehen inner- und außerhalb der AIDS-Hilfen. Voraussetzung ist, daß wir zunächst zu uns selbst finden und uns organisieren.
Eine wachsende Zahl von Drogenkonsumenten, die im richtigen Augenblick da ist und verantwortlich und solidarisch in der Selbsthilfe handelt, wird sich für uns nur rekrutieren lassen, wenn sie zunehmend mit den elementarsten Bürgerrechten ausgestattet ist, z.B. mit dem Recht auf Sicherheit der Existenz trotz Drogenkonsums.

JES wird dies nur im Bündnis mit einer humanen, akzeptierenden Drogenpolitik erreichen und so zum Sprachrohr der Junkies, Ex-User und Substituierten werden. Zur Erringung unserer sozialen Rechte und zum Erreichen struktureller Verbesserungen werden wir die Unterstützung der DAH brauchen.
Was JES bisher macht, geschieht in den verfolgungsfreien Räumen "Substitution" und "Exuserdasein". Die Mittel dazu sind Eigenanstrengung, kommen aus der AIDS-Politik oder der Selbsthilfeunterstützung. Solche verfolgungsfreien Räume müssen ausgeweitet und vermehrt werden: Substitution ohne behördliche Auflagen, Druckräume für i.v. Drogengebraucher, ungehinderter Zugang zu sterilem Spritzbesteck, ernsthafte Legalisierungsdebatte zum Drogengebrauch mit einem Verfolgungsmoratorium, Entkriminalisierung und angemessener und humaner Umgang mit dem AIDS-Problem bei Drogengebrauchern.
JES hat in den letzten Monaten eine Konzeption für die Öffentlichkeitsarbeit und die Erarbeitung der Materialien begonnen, in mehreren Städten gründeten sich Junkiebünde oder andere Drogenselbsthilfegruppen und traten JES bei. Für das internationale HIV-Positiven-Treffen in Madrid im Mai 1990 haben wir unsere Delegation mit dem Auftrag versehen, Kontakte zu AIDS-Hilfen der Drogengebraucher zu knüpfen, um einen Informationsaustausch anzustreben und einen Anfang zu machen mit der Unterstützung durch europaweite Kampagnen (3).
Neben den Perspektiven unserer zukünftigen Arbeit wird es mit jedem konkreten Vorhaben für JES darauf ankommen, der Initiative die Überzeugungskraft ernsthaften Engagements zu verleihen. Trotz allem Grund zur Trauer und der Berührung mit Krankheit und Elend ist Selbsthilfe lebensorientiert - JES.

Anmerkungen

(1) Zitat aus der Gründungserklärung von JES am 23.6.1989

(2) Zur Verdeutlichung: Der bereits erwähnte "Nationale Rauschgiftbekämpfungsplan" sieht die Förderung von Selbsthilfe nicht vor; das gleiche gilt für die Droginitiative Nordrhein-Westfalen, vorgelegt von der Landesregierung zur "Landesdrogenkonferenz" am 19. März 1990 in Düsseldorf. Statt den Selbsthilfebereich personell auszubauen, geschieht gerade dies auf der Repressionsebene: Der "Nationale Rauschgiftbekämpfungsplan" schafft 314 Arbeitsplätze für Polizisten. Erinnert sei daran, welche Schwierigkeiten die Schaffung eines Arbeitsplatzes für JES-Verteilungs- und -Koordinierungsaufgaben bereitet hat! Soviel zur Gewichtung von Repression und Emanzipation in der gegenwärtigen Drogenpolitik.

(3) Seit kurzer Zeit hat sich ein europäischer Zusammenschluß der Selbsthilfegruppen von Drogengebrauchern gebildet. Kontakt zu dieser "European Working Group Self Organization of Drug Users (EGSOD)" über Wouter de Jong, P.O.-Box 2579, 3000 CN Rotterdam.

3. Zum Verhältnis von Drogenpolitik und Drogenarbeit. Ansätze zur Entkriminalisierung und Normalisierung

Heino Stöver

Drogenarbeit unter Kriminalisierungsbedingungen ist im wesentlichen Arbeit an den gesundheitlichen, psychischen, sozialen und ökonomischen Folgen der Kriminalisierung bei dem einzelnen Drogenkonsumenten. Bereits die freie Entscheidung für die Inanspruchnahme von Drogenhilfe wird verzerrt durch strafrechtliche Interventionen und justitiellen Zwang: Bei polizeilicher Auffälligkeit und Verurteilung bleibt nur die Alternative zwischen Strafe und - bei Zurückstellung der Strafvollstreckung - Therapie. Nicht nur die konkrete Drogenhilfe, auch die Prävention wird von der Prohibition dominiert und zeigt kontraproduktive Effekte: "Sie verhindert durch die Verbreitung von Angst vor Entdekkung und negativer Sanktionierung die aus präventiver Sicht notwendige offene Reflexion von Probier- und Konsumerfahrungen, die Artikulation von Hilfsbedürfnissen und die rechtzeitige Wahrnehmung von Hilfen zur Vermeidung von Suchtrisiken. Und sie beschert den auffälligen Konsumenten illegaler Drogen oft bereits im Probierstadium frühzeitige Stigmatisierungen und Ausgrenzungen, die einen eskalativen Prozeß von sich wechselseitig verstärkender Identifizierung mit der Außenseiterrolle einerseits und von zunehmender gesellschaftlicher Desintegration andererseits auslösen und so ein Abgleiten in Drogenabhängigkeit noch befördern können" (Schlömer 1991, 31). Vor diesem Hintergrund scheint das Konzept von der Akzeptanz des anderen kaum Platz zu finden. Akzeptierende Drogenarbeit muß sich daher erst rechtlichen und politischen Freiraum schaffen. Wesentliche Forderungen an eine veränderte Drogenpolitik lauten daher: Verzicht auf Strafandrohung und -vollstrekkung als "Initialzwang" für die Kontakt- und Therapieaufnahme, Herausnahme des Strafrechts aus einem Bereich allenfalls selbstschädigenden Verhaltens, legale Formen der Suchtbefriedigung, Normalisierung des Umgangs mit Konsumenten heute illegaler Substanzen. Erst im Laufe dieses Prozesses einer Entkriminalisierung und Versachlichung des Drogenumgangs und des Wegfalls kontrollinduzierter individueller, aber auch gesellschaftlicher Schädigungen scheint es möglich, tatsächlich effektive, auf Freiwilligkeit beruhende Suchthilfe leisten zu können. Dieser Beitrag versteht sich daher auch als ein Versuch einer erneuten Politisierung der Drogenarbeit, der Thematisierung des Tätigwerdens und der Arbeitsbedingungen, nach der historischen Verknüpfung von Politik und Hilfe in der Release-Bewegung (siehe Teil I, Kapitel 2) und der

weitgehend politischen Abstinenz der Phase der "Ernüchterung" und "Professionalisierung" in den Therapieketten.
Im folgenden werden zunächst aktuelle drogenpolitische Rahmenbedingungen für die Diskussion und Praxis einer akzeptierenden Drogenarbeit und sodann drogenpolitische Perspektiven für einen veränderten Umgang mit Konsumenten illegaler Drogen untersucht.

Drogenpolitische Rahmenbedingungen: Der Krieg gegen die Drogen

Drogenpolitik schlechthin (durch die willkürliche Trennung in legale und illegale Substanzen) sowie die selektive und repressive Vorgehensweise gegenüber den Konsumenten illegaler Substanzen sind in sich widersprüchlich: ihre drei Bereiche Prävention, Hilfe und Repression werden eindeutig durch Maßnahmen der Repression dominiert. Hierunter werden alle Aktivitäten verstanden, die der Angebotsverknappung von Drogen dienen sollen, um durch die generalpräventive Wirkung der Strafverfolgung oder durch die materielle Verknappung des Angebots eine Beeinflussung der Nachfrageseite zu erreichen. Um die Prohibition gegenüber gewissen Substanzen durchzusetzen, ist international eine Aufrüstung der Strafverfolgungsapparate unter der Leitlinie des "Krieges gegen die Drogen" vorgenommen worden. Mit dem "Übereinkommen der Vereinten Nationen gegen den unerlaubten Verkehr mit Suchtstoffen und psychotropen Stoffen", das 1988 in Wien beschlossen wurde, gehen die inzwischen über 70 Unterzeichnerstaaten eine weitreichende Verpflichtung zum Einsatz des Strafrechts in der Drogenkontrolle und zur therapeutischen Behandlung von "Drogendelinquenten" ein (vgl. Eisenbach-Stangl 1989, 9f). Doch trotz intensivierter technologischer und personeller internationaler Zusammenarbeit bei der "Rauschgiftbekämpfung", wird die Drogenbeschlagnahmungsrate lediglich auf etwa 5 bis 10 Prozent geschätzt (Thamm 1989, 239). Dies scheint jedoch kein Grund zu sein, die Kontrollbemühungen aufzugeben. Im Gegenteil: weitere Aufrüstung und erweiterte Interventionsmöglichkeiten mit verfeinerten Ermittlungsmethoden für die Strafverfolgungsbehörden, Ausdehnung der Straftatbestände, Heraufsetzung des Strafmaßes, internationale Vernetzung der Kontrollbemühungen werden gefordert (Bundesregierung 1990) und sind teilweise schon realisiert (Behr 1990). Die Priorität dieses strafrechtlichen Kontrollansatzes ist einmal mehr auf dem "Welt-Drogen-Gipfel" der zuständigen Minister Anfang April 1990 in London bestätigt worden. Sie findet sich auch wieder im "Nationalen Rauschgiftbekämpfungsplan" der Bundesregierung (1990), der im Juni 1990 beschlossen wurde, und stößt in der Fachöffentlichkeit der Drogen- und AIDS-Hilfe auf starke Ablehnung (JES 1990, FDR 1990, Akzept 1990, Deutsche AIDS-Hilfe) und erhebliche Kritik (Deutsche Hauptstelle gegen die Suchtgefahren 1990). Die negativen Folgen dieses strafrechtlichen Ansatzes in der Drogenkontrolle für die Drogenkonsumenten, aber auch für die Gesellschaft durch den Abbau von Grund- und Freiheitsrechten bleiben im "Moraldiskurs" (Eisenbach-Stangl) ebenso ausgeblendet wie die regionale und kulturelle Unterschiedlichkeit der Konsummuster, Bedeutungen und Einbindungen des Drogengebrauchs.

Trotz proklamierter Konzentration der Strafverfolgung auf die Drogenhändler ist dieser "Krieg gegen die Drogen" vor allem ein Krieg gegen die Drogenkonsumenten. Denn in der Praxis können die Verfolgungsbehörden meistens nur bei den Konsumenten ansetzen, die - um ihre Sucht finanzieren zu können - in der Regel gleichzeitig mit kleinen Mengen handeln. Konsumenten/Kleinhändler werden damit de facto zur bevorzugten Zielgruppe der polizeilichen Ermittlung: "Neben der Bekämpfung von Großhandelsorganisationen dürfen die Bekämpfung des Straßen- und Kleinhandels sowie des Konsums nicht vernachlässigt werden, weil sie entscheidende Mitverursacher des Rauschgiftproblems und der damit einhergehenden Beschaffungskriminalität und -prostitution sind. Dies setzt einen konsequenten Gesetzesvollzug auch ihnen gegenüber voraus" (Bundesregierung 1990, 31). Entsprechende Maßnahmen zum "konsequenten Gesetzesvollzug" sind in diesem "Nationalen Rauschgiftbekämpfungsplan" auch vorgesehen: Zerschlagung von offenen Drogenszenen, Ausbau des Bundeskriminalamtes mit 400 Stellen bis 1994, Verstärkung von Schwerpunktstaatsanwaltschaften, Einsatz von V-Leuten und verdeckten Ermittlern (auch zur "Verdachtsschöpfung"), verbessertes Verbundnetz von Datenspeichern etc. Bereits jetzt trifft die Kriminalisierung (d.h. die Mehrheit der 21.948 Verfahrensentscheidungen nach dem Betäubungsmittelgesetz im Jahre 1987) vor allem die Verbraucher, die nach den Grundtatbeständen des Betäubungsmittelgesetzes, d.h. oft im Bereich "geringer Mengen" verurteilt werden (vgl. Deutscher Bundestag 1989). Diese massive Verfolgung und Bestrafung fördert eine soziale Ausgrenzung, die mit ihren Folgen sowohl aus AIDS-präventiver Sicht (Kleiber 1988, 320f) als auch aus neueren Forschungen zum Verlauf und zur Beendigung von Sucht (Raschke/Schliehe 1985) als kontraproduktiv bewertet werden muß.

Kaum ein Moment im Alltag der therapeutisch-beraterischen Beziehung, der nicht geprägt wäre durch die mittel- oder unmittelbaren Probleme dieser sozialen Ausgrenzung: HIV/HBV-Infektion, AIDS-Erkrankung, Schulden, Wohnungslosigkeit, Zerstörung familiärer Beziehungen, gesundheitliche Verelendung. Vor allem die Integration der Therapie in die Strafvollstreckung hat nicht nur zum Glaubwürdigkeitsverlust bei den

Gebrauchern beigetragen, sondern hat massiv in die inhaltliche Gestaltung der Drogentherapie eingegriffen: "Aus unabhängiger, privater, selbständiger Therapie wird unter der Hand eine staatlich-strafjustitiell kontrollierte und kontrollierende, der Bewährungshilfe angenäherte, abhängige Tätigkeit" (Kreuzer 1989a, 1509).
Der strafrechtliche ist vom helfenden Ansatz in der Praxis nicht zu trennen; beide Ansätze hängen zusammen als widersprüchliche, einander widersprechende und zum Teil ausschließende Ansätze im Spannungsfeld von sicherheitspolitischen und sozial- bzw. gesundheitspolitischen Lösungsstrategien des sogenannten Drogenproblems. Die Dominanz des strafrechtlichen Ansatzes allerdings prägt das Klima, in dem sich eine Neuorientierung der Drogenarbeit vollzieht. Wenig Raum bleibt für Drogenkonsum akzeptierende Umgehensweisen, also eine Arbeit, die mit der Prämisse des Leben-Müssens und Leben-Könnens mit Drogen(konsumenten) eine offenkundige Herausforderung für verbietende Ansätze darstellt. Eine "Drogenkonsumentenpolitik" (Eisenbach-Stangl), die die zusätzlich kontrollinduzierten Risiken des Drogengebrauchs reduzieren möchte und um eine (Re-)Integration der ausgegrenzten und stigmatisierten Minderheit bemüht ist, ist wegen der universalen Kriegs-Erklärung und der Hochstilisierung des sogenannten Drogenproblems zum sozialen Problem Nummer eins schwer zu etablieren.
Welche Vorschläge werden gegenwärtig von fachlicher Seite diskutiert, um zunächst innerhalb des gegebenen Spannungsfeldes von Strafe und Therapie die Legitimationskrise der Drogenarbeit in Form mangelnder Reichweite und Haltekraft ihrer Angebote zu beheben? Und welche Vorschläge werden darüber hinaus gemacht, um die grundsätzlichen rechtlichen und politischen Bedingungen von Drogenhilfe zu verändern? Nachfolgend werden vier Strategien, die aus der Krise herausführen sollen, vorgestellt.

(Noch) Mehr justitielle Zwangsausübung?

Ein traditioneller Weg, Krisen zu bewältigen, besteht in der verstärkten Anstrengung, dasselbe mit noch mehr und/oder vermeintlich besseren Mitteln zu tun. Das gilt sowohl für die Krise der Drogenkontrolle (durch die geringe Beschlagnahmungsmenge allenfalls ein Preisregulativ am Markt zu sein) als auch für die Krise der Drogenarbeit. Einen vermeintlichen Ausweg aus der offensichtlichen Schädlichkeit einer Kriminalisierung nahezu aller auffällig gewordenen Drogenabhängigen vornehmlich durch Jugend- oder Freiheitsstrafen (1) zeigt Bühringer (1989) auf mit der Verstärkung justitieller Zwangsausübung. Damit soll die frühe Aufnahme einer therapeutischen Behandlung erreicht werden: Da die

Drogenabhängigen nicht freiwillig in die Behandlung kommen, "ist es notwendig, juristische Maßnahmen so zu gestalten, daß schon bei geringfügigen Straftaten, wenn eine Abhängigkeit vorliegt, die Zuweisung zu einer therapeutischen Maßnahme erfolgt" (Bühringer 1989, 26). Mit dieser Intensivierung der Verquickung von Strafe und Behandlung wird die Drogenpolitik der letzten 20 Jahre konsequent fortgeführt: das Selbstbestimmungsrecht und die Entscheidungsfähigkeit des Abhängigen wird zugunsten der "fürsorglichen Motive" justitieller Zwangsausübung ausgeblendet: "Justitielle Zwänge können dazu beitragen, das Gleichgewicht zwischen den intensiven positiven und den zunächst noch geringen negativen Folgen des Drogenkonsums schneller herzustellen - eine Voraussetzung für den Beginn von Überlegungen des Drogenabhängigen zum Besuch einer Behandlung."
"Zweitens können justitielle Zwänge dazu beitragen, daß Drogenabhängige zumindest für eine gewisse Zeit den therapeutischen Alltag, die Mitarbeiter sowie ein drogenfreies Leben erleben."
"Insgesamt können juristische Zwänge dazu beitragen, die 'Karriere' eines Abhängigen zumindest versuchsweise und für zeitlich definierte Fristen zu unterbrechen."
Gerechtfertigt werden die justitiellen Zwänge mit der Effektivität im Hinblick auf eine therapeutische Zielsetzung (Reduzierung der Rückfall- oder Abbruchquote), wobei angenommen wird, daß Klienten unter justitiellem Zwang zur Therapie "zumindest gleichgute Ergebnisse erreichen".
Doch nicht nur die Entscheidungsfähigkeit des drogenkonsumierenden Subjekts wird in einer Verknüpfung von Strafe und Therapie zur Straftherapie verneint, sondern auch die Möglichkeit, die Angebote so attraktiv zu gestalten, daß sie ebenso freiwillig in Anspruch genommen werden (können) wie andere Gesundheits- und Sozialdienste auch. Ganz entgegen einem systemischen Ansatz, der die verschiedenen Faktoren (Drogenkonsument, soziales Umfeld, Drogenarbeit, Drogenpolitik) und ihre Wechselwirkungen in den Mittelpunkt stellt, wird hier individualisierend auf den Abhängigen als Objekt einer veränderten Politik Bezug genommen, statt etwa den Angebotsfächer oder die grundsätzlichen Prämissen der Drogenarbeit oder auch die Lebensbedingungen zu überprüfen.
Die fatale Allianz von Strafe und Therapie wird durch Bühringers Ansatz festgeschrieben. Darin drückt sich auch ein Vertrauen auf die Potenz von Behandlung aus, die abgehoben und jenseits etwa substantieller materieller Verbesserung der Lebensbedingungen der Drogengebraucher bereits während der Abhängigkeit gedacht wird. Diese Behandlungsgläubigkeit scheint ebenso anachronistisch wie funktional zu sein: "Die Strategie der Verstärkung traditioneller Ansätze stellt den

Versuch dar, die Krise der deutschen Drogenpolitik zu kaschieren und als Motivationskrise einer Minderheit unter den Süchtigen umzudefinieren" (Bossong 1989a, 71). Ausdrückliche "Verstärkerprogramme" der Bundesregierung (Franke 1988; vgl. kritisch: Bossong 1989a) oder der Ruf nach Ausreizung und Ergänzung des Bestehenden im traditionellen Kriminalisierungsrahmen versprechen wenig Aussicht auf spürbare Verbesserungen der Lebensbedingungen von Drogengebrauchern.
Schließlich ist zu fragen, ob denn mit den Therapievorschriften im Betäubungsmittelgesetz die Ziele, die der Gesetzgeber damit erreichen wollte, überhaupt erreicht werden? Becker/van Lück (1990) haben die §§ 35ff BtMG in einer weitangelegten Untersuchung einer Effektivitätsanalyse (vor 1982 und von 1982-1986) unterzogen. Danach ist das gesetzliche Teilziel, mit der Einführung der Therapievorschriften in das novellierte Betäubungsmittelgesetz 1982 mehr Drogenkonsumenten in die Einrichtungen zu führen, lediglich für Männer erreicht worden. Und dieses Ergebnis geht auf Kosten einer erhöhten Fluktuation innerhalb der Einrichtungen. Seit 1982 ist die Abbruchquote bei Männern und Frauen gestiegen (2), während die Zahl der "ordnungsgemäßen" Therapieabschlüsse abnimmt. Bedeutsam ist, daß die Gruppe der "Freiwilligen" verstärkt die Therapie abgebrochen hat, was auf eine Verschlechterung des therapeutischen Settings aufgrund der Vielzahl relativ unmotivierter "Straftherapierter" in den Einrichtungen hindeutet.
Die Ergebnisse dieser Effektivitätsanalyse begründen erhebliche Zweifel am Sinn justitieller Zwangsausübung zur Behandlungsaufnahme.

Entkriminalisierung der Drogengebraucher

Die Forderung nach einer Reduzierung des Kriminalisierungsdrucks auf die Drogenkonsumenten wird inzwischen von vielen Experten und Fachverbänden erhoben. Sie konzentriert sich vornehmlich auf immanente Verbesserungen des Betäubungsmittelgesetzes. Zentraler Ansatzpunkt ist die gesetzlich schon vorhandene, doch in der Verurteilungspraxis wenig in Anspruch genommene Möglichkeit des Absehens von Strafe bei Besitz, Einfuhr, Herstellung "geringer Mengen" zum Eigenverbrauch (nach § 29 Abs. 5 BtMG). Für wichtig erachtet wird eine gesetzliche Fixierung der Obergrenze dieser "geringen Menge", um eine dringend notwendige Vereinheitlichung der Verfahrenseinstellung bzw. des Absehens von Strafe (3) zu erreichen: Bei Haschisch und Marihuana wären das etwa 2 g Tetrahydrocannabinol (Eberth 1989, 30; FDR 1989) oder die Untergrenze der "nicht geringen Menge" etwa 7,5 g Tetrahydrocannabinol, bei Heroin wäre dies 1,5 g reines Heroinhydrochlorid, bei Kokain 5 g Kokainhydrochlorid (Böllinger 1987, 83). In Verbindung

mit den Vorschriften der §§ 153b Strafprozeßordnung, 45 Jugendgerichtsgesetz könnten dann vermehrt die Staatsanwaltschaften das Verfahren bereits vor Anklageerhebung mit Zustimmung der Gerichte einstellen (DHS 1990). Diese Form der Entkriminalisierung des Eigenverbrauchs würde in einem Großteil aller Verfahrensentscheidungen zu einer deutlichen Reduktion der Bestrafung von Drogengebrauchern führen: In 78 Prozent (17.271) aller Entscheidungen des Jahres 1987 erfolgte eine Verurteilung aufgrund der sogenannten Grunddelikte, die sich im wesentlichen auf Straftatbestände im Bereich der geringen Menge beziehen (Deutscher Bundestag 1989, 13).
Eine Initiative der Freien und Hansestadt Hamburg zur Änderung des Betäubungsmittelgesetzes hat im Bundesrat am 11.5.1990 zu dem Beschluß geführt, den § 29 Abs. 5 zu streichen und statt dessen einen neuen §31a einzufügen. Dieser besagt, daß die Staatsanwaltschaft von der Verfolgung von Vergehen nach § 29 Abs. 1, 2 oder 4 absehen kann, wenn die Schuld des Täters als gering anzusehen ist, kein öffentliches Interesse an der Strafverfolgung besteht und der Täter die Betäubungsmittel lediglich zum Eigenverbrauch in geringer Menge anbaut, herstellt, einführt, ausführt, durchführt, erwirbt, sich in sonstiger Weise verschafft oder besitzt. Auch wenn die Klage bereits erhoben ist, soll das Gericht in jeder Lage des Verfahrens mit Zustimmung der Staatsanwaltschaft und des Angeschuldigten das Verfahren einstellen können. Durch diese Neuregelung wird Drogenabhängigkeit als solche aus dem Bereich strafwürdigen Unrechts herausgenommen. Der Vorrang sozialer und/oder medizinischer Ansätze zur Suchtbehandlung wird gegenüber den Belangen der Strafverfolgung betont (Freie und Hansestadt Hamburg 1990, 7). Wenn auch durch diese "Konsumentenverfahren" eine folgenlose Einstellung in den Fällen kleiner Mengen zum Eigenverbrauch vorgesehen ist, so ist doch immer noch nicht eine einheitliche und vor allem bundesweit verbindliche Obergrenze zur Einstufung eines Delikts als Konsumdelikt geschaffen worden.
Über die Entkriminalisierung der Drogengebraucher hinaus werden auch Rechtssicherheit verschaffende Hinweise im BtMG zur Strafbarkeit bestimmter Hilfsmaßnahmen gefordert. Neben der gesetzlichen Fixierung der Möglichkeit (in § 13 BtMG) und der Praktikabilität (in § 2 Btm-Verschreibungs-Verordnung) der Substitutionsbehandlung Drogenabhängiger (siehe im folgenden Absatz) geht es dabei auch um die Straflosigkeit der Abgabe von sterilen Spritzen. Der auf der bereits erwähnten Inititiative der Freien und Hansestadt Hamburg im Bundesrat zustande gekommene Beschluß nimmt das "Verschaffen einer Gelegenheit zu unerlaubtem Drogengebrauch" (§ 29, 1, Zi. 10 BtMG) aus dem Strafbereich heraus. Sollte sich der Bundestag diesem Votum anschließen, wäre nicht nur die Vergabe von sterilen Einwegspritzen als wichtige HIV-

präventive Maßnahme eindeutig straflos, sondern auch die Einrichtung von Kontakt- und Anlaufstellen, in denen der Gebrauch von Drogen toleriert wird (siehe Teil II, Kapitel 1).

Verbesserte Ersatzstoff- und Originalstoffvergabe

Als unverzichtbarer Teil einer Entkriminalisierungsstrategie wird zunehmend die Substitutionsbehandlung Opiatabhängiger betrachtet. Diese zielt ab auf eine gesundheitliche und soziale Stabilisierung der Konsumenten und eine Befreiung vom Drogenbeschaffungsdruck über eine legale Befriedigung der Sucht innerhalb einer kontrollierten Ersatzstoffabgabe.
Im Gegensatz zu anderen europäischen Ländern ist die Substitutionsdiskussion und -praxis in der Bundesrepublik lange gekennzeichnet gewesen von einer traditionellen vehementen Ablehnung durch Ärzte, Therapeuten, Eltern und Politiker (Bossong 1989b). Erst unter dem Eindruck zunehmender HIV-Infektionen und AIDS-Erkrankungen unter i.v. Drogengebrauchern hat sich diese strikte Ablehnungshaltung aufgelockert. Allerdings wurde dann die Einführung der Substitutionsbehandlung auch stark unter HIV-präventiven Gesichtspunkten diskutiert (Stöver 1989). Es besteht bei Drogenkonsumenten eine weit größere Nachfrage nach Substitutionsangeboten als diese vorhanden sind. Daß Substitutionsbehandlungen quantitativ so wenig Nachfrage abdecken, liegt neben der gerade aufgebrochenen Ablehnungshaltung vor allem an der Hochschwelligkeit bestehender Angebote in bezug auf zu erfüllende Voraussetzungen und an dem bürokratisch aufwendigen Entscheidungsverfahren von Substitutionsanträgen und -finanzierungen (siehe Teil III, Kapitel 1). Aber auch eine weiter bestehende Rechtsunsicherheit unter Ärzten begrenzt das Angebot an Substitutionsbehandlungen. Um diese mangelnde Reichweite und Rechtsunsicherheit aufzuheben, hat der Bundesrat auf Initiative der Freien und Hansestadt Hamburg im Mai 1990 beschlossen, § 13 Abs. 1 Satz 1 BtMG dahingehend zu verändern, daß L-Polamidon ausdrücklich im Rahmen einer ärztlichen Behandlung einer Drogenabhängigkeit verschrieben werden kann (Freie und Hansestadt Hamburg 1990). Dieser Beschluß - sofern er im Bundestag bestätigt wird - schafft eine größere Rechtssicherheit und eröffnet neue Chancen auch für die Ärzteschaft in der Hilfe von Drogengebrauchern. Die Frage ist, wie die Ärztekammern, Sozial- und Gesundheitsadministration und Kassenärztliche Vereinigungen diesen erweiterten Handlungsspielraum regional und kommunal im Hinblick auf eine erhöhte Reichweite und Haltekraft der Drogenhilfe insgesamt nutzen werden. Was die Modalitäten der Vergabepraxis anbelangt, so müssen die Bedürfnisse

und Interessen der Drogengebraucher berücksichtigt werden: die Höhe der Eingangsschwelle, der Umfang der Kontrollen, die Form der Sanktionen, die Existenz und die Inhalte psycho-sozialer Begleitung bestimmen schließlich die Akzeptanz und den Erfolg des Angebots (Fuchs 1989).

Um einen therapeutischen Zugang auch zu dem Personenkreis zu ermöglichen, der einer Ersatzstoffvergabe ablehnend gegenübersteht, hat die Fraktion der Grünen im Bundestag eine weitergehende Änderung des Betäubungsmittelgesetzes vorgeschlagen. Sie fordert, eine "unter Aufsicht niedergelassener oder im Krankenhaus tätiger Ärzte und in Zusammenarbeit mit therapeutischen Hilfsangeboten stattfindende kontrollierte Abgabe" von Opiaten, Kokain, Amphetaminen an Drogenkonsument/innen zu ermöglichen. Darüber hinaus soll eine "Entkriminalisierung aller ärztlichen und therapeutischen Behandlungsmethoden, die per Verordnung von Stoffen medizinische Hilfen für Drogenkonsumenten/innen zum Ziel haben" (Die Grünen 1989).

Dieser Vorschlag einer medizinisch kontrollierten Abgabe von gegenwärtig illegalen Substanzen wird sowohl in der BRD als auch im europäischen Ausland aus ökonomischer (Hartwig/Pies 1989; Pommerehne/Hartmann 1980), medizinischer (Seidenberg 1989), kriminologischer und humanistischer Perspektive diskutiert. All diesen Ansätzen ist gemeinsam, daß der Schaden durch die Prohibition größer als der intendierte Nutzen angenommen wird. Diese Erkenntnis wird besonders von medizinischer Seite betont. Seidenberg (1989) stellt in seinem Modell einer diversifizierten Opiatabgabe die Notwendigkeit in den Vordergrund, die gesundheitliche Verelendung als Resultat von Verfolgung und Ausgrenzung (und nicht etwa als Ergebnis der pharmakologischen Potenz von Opiaten) zu stoppen.

Die Diskussion um eine Originalstoffvergabe ist nicht neu: sie orientiert sich zum Teil an den Erfahrungen, die bereits seit langem im Rahmen ärztlicher Behandlung Drogenabhängiger mit Opiaten, Kokain und Amphetaminen in Großbritannien bestehen. Seit den 20er Jahren dieses Jahrhunderts können Drogen für Abhängige von Ärzten, seit 1965 in eigens dafür eingerichteten Behandlungszentren (Drug Dependence Clinics) verschrieben werden. Dieses medizinisch geprägte "British System" der Behandlung Opiatabhängiger hat eine gesundheitliche Stabilisierung und Entkriminalisierung des Abhängigen zum Ziel. Die Kliniken behandeln überwiegend ambulant, nehmen aber auch Patienten stationär auf (Huber 1981, 666). Die Verschreibungs- und Behandlungspolitik ist im Laufe der Jahre starken Veränderungen unterworfen worden: injizierbare Opiate und vor allem Heroin werden immer seltener abgegeben; die therapeutischen Qualitäten von oralem Methadon werden zwischenzeitlich stark betont. Seit Auftreten der HIV/AIDS-Problematik

wird allerdings der Ruf nach injizierbarem Heroin wieder laut, als einer Methode, um über den Originalstoff wieder vermehrt Kontakt zu den Drogenabhängigen herzustellen.
Der autorisierte Arzt in der Drug Dependence Clinic (DDC) stellt das Rezept auf eine bestimmte Apotheke in Wohnungsnähe des Drogenabhängigen aus, und zwar so, daß der Patient an den Wochentagen jeweils täglich seine Dosis und zum Wochenende die doppelte Tagesration beziehen kann. Dem Drogenabhängigen entstehen keine Kosten. Außerhalb dieser besonderen Behandlungszentren kann jeder niedergelassene praktische Arzt orales Methadon verschreiben, jedoch kein Heroin oder Kokain (Bschor 1980, 466).
Gegenwärtig sind etwa 12.000 Klienten beim Innenministerium als Drogenabhängige registriert; trotzdem besteht eine erhebliche Dunkelziffer von Personen, die die Verschreibungs- und Vergabepolitik nicht annehmen oder die nicht angenommen werden: Die Zahl der intravenös applizierenden Opiatkonsumenten wird in England und Schottland auf insgesamt 37.000 bis 75.000 plus einer unbekannten Zahl von intravenös applizierenden Konsumenten anderer Drogen geschätzt (Advisory Council on the Misuse of Drugs 1988/89).
Kritisiert am British System wird vor allem, daß die Kliniken vielseitige Personal- und Sachprobleme haben, die oft nur zu einer Aufnahme hochmotiverter Klienten und zum Teil vermehrt zu Entzugsbehandlungen führten. Berridge (1989, 136ff) verweist zudem auf den veränderten Stellenwert der Medizin und der Opiatverschreibung innerhalb einer sich neu orientierenden britischen Drogenhilfe: Psychosoziale Begleitung, Angebote im Bereich "harm minimisation" sowie eine Verbesserung der materiellen Lebensumstände sind zu wichtigen Inhalten avanciert.
Die Vorteile der Verschreibung als einem Teil der Drogenhilfe hingegen liegen in einem ständigen Kontakt und der dadurch gegebenen ärztlichen Behandlungsmöglichkeit von Begleit- und Folgekrankheiten bei Drogengebrauchern. Dieser relativ intensive Kontakt zwischen Ärzten, Betreuungspersonal und Drogengebrauchern gewinnt vor allem vor dem Hintergrund von HIV und AIDS enorm an Bedeutung. Eine Follow-Up-Studie über einen 10-Jahres-Zeitraum von 128 Klienten, die Heroin verschrieben bekamen, ergab, daß 15 Prozent gestorben waren, 38 Prozent drogenfrei und der Rest noch Opiatgebraucher war und die Klinik besuchte (Stimson/Oppenheimer 1982).
In Amsterdam wurde in den Jahren 1983/84 ebenfalls erwogen, einer Gruppe von ca. 300 "Extrem Problematischen Drogengebrauchern", d.h. langjährige, schwer integrierbare Drogenabhängige, Heroin zu verschreiben. Dieses Vorhaben wurde von der Landesregierung als nicht praktikabel abgewiesen, unter anderem, weil man Proteste aus dem Ausland befürchtete (Trautmann 1989, 75). Einem Teil dieser Gruppe

wird seit 1983 im Rahmen eines wissenschaftlich begleiteten Behandlungsversuchs Morphin verabreicht. Das Morphin-Abgabe-Programm richtet sich vornehmlich an langjährige Drogengebraucher (die Mehrzahl mehr als 11 Jahre abhängig), die von (oralen) Methadonangeboten nicht (mehr) angesprochen werden. Das Ziel dieser Morphin-Behandlung ist nicht die Abstinenz, sondern die Stabilisierung der Abhängigkeit und die Behandlung somatischer und psychiatrischer Störungen. Eine Reduktion der gesundheitlichen und sozialen Risiken wird durch die Vergabe von sauberem Opiat angestrebt: Zugang zum Programm mit ursprünglich 37 Klienten hatten Drogengebraucher mit einer somatischen oder psychiatrischen Indikation. Es wurde sowohl Morphin (zum Teil ausschließlich) als auch (ergänzend oder später zum Teil ausschließlich) orales Methadon verschrieben. Gegenwärtig befinden sich noch 18 Drogengebraucher im Programm. Die Resultate der Behandlung müssen vorsichtig bewertet werden. Weder große Erwartungen noch Befürchtungen bestätigten sich. Die Behandlungsergebnisse werden als mäßig eingeschätzt. Psychiatrische und soziale Probleme (insbesondere die Kriminalitätsbelastung) der Klienten wurden in befriedigendem Ausmaß reduziert (Derks 1988, 17).
Ein Ergebnis dieses Programms ist sicherlich, daß bestimmte Gruppen durchaus von einer differenzierten Opiatabgabe profitieren können, die etwa aus dem Methadon-Programm aufgrund bestimmter Auffälligkeiten herausfielen. Erwogen wird in Holland jedoch, auch weiterhin bestimmten Gruppen, etwa drogenabhängigen Prostituierten oder manifest AIDS-erkrankten Drogengebrauchern, Heroin zu verschreiben, um die Reichweite der opiatgestützten Drogenhilfe noch zu erweitern.

Ganzheitliche Drogenpolitik

Über die Forderung nach verbesserten Bedingungen für Substitutionsbehandlungen und eine medizinisch kontrollierte Originalstoffvergabe hinaus, formiert sich ein grundsätzlicher Widerstand gegen die Prohibition bestimmter psychotroper Substanzen. Dieser Widerstand hebt ab auf die Ineffizienz, Schädlichkeit und Inhumanität der Prohibition und ihrer Drogenkontrollversuche (Thamm 1989). Die Wegnahme des Strafrechts soll zu einer Deeskalierung und Normalisierung des Umgangs mit Konsumenten illegaler Drogen führen. Für die Drogenhilfe werden verbesserte Behandlungsvoraussetzungen und Arbeitsbedingungen sowie eine Entlastung erwartet: "Unter den Bedingungen der Freigabe kann die Drogenhilfe vielmehr - analog zur heutigen Hilfe für Alkoholkranke - unbelasteter und dementsprechend gezielter mit Abhängigkeitskranken arbeiten. Die Entkriminalisierung der Patienten stellt eine Arbeitserleichterung für die Sucht-(Drogen-)krankenhelfer dar" (Thamm 1989, 378f). Das Leidensdrucktheorem, Strafandrohung als Initialzwang oder "Fremdmotivation" einzusetzen, das Kooperieren der Therapie mit der Justiz zwecks Erhöhung des Leidensdrucks zur Therapiebereitschaft würde beendet werden. Der künstlich durch das Strafrecht erzeugte Leidensdruck würde einem Problemdruck weichen, der quasi "natürlich" erzeugt und erlebt wird und den Ausschlag für eine Verhaltensänderung gibt. Schließlich würde eine Drogenfreigabe dem Staat die Chance bieten, gesundheitspolitisch glaubwürdiger zu werden, "da es unter diesen Bedingungen keine 'Zwei-Klassen-Suchtkrankheit' und keine 'Zwei-Klassen-Suchtkrankenhilfe' geben würde, sondern nur ein drogenpolitisches Konzept für Hilfen bei Abhängigkeitserkrankungen" (Thamm 1989, 379).

Diese Überlegungen zur Drogenfreigabe sind zunächst als anti-prohibitiv zu verstehen, d.h. sie richten sich vornehmlich gegen die Prohibition unter Auslassung der Gestaltung des entstehenden Kontrollvakuums bei Wegnahme des Strafrechts, also der legislativen Ausgestaltung. Offen bleiben Formen einer alternativen Drogenkontrolle, die der Heterogenität von Bedeutungen, Gebrauchsweisen, Gefährdungspotentialen der Drogen in einer abgestuften Zugänglichkeit gerecht werden. Langfristiges Ziel sollte es jedoch sein, im Rahmen eines "einheitlichen Gesamtkonzeptes der Drogenpolitik" (Kreuzer 1989b, 48) Regelungen für den Zugang zu allen Drogen und Behandlungsmöglichkeiten für diejenigen zu schaffen, die ihren Drogenkonsum als problematisch erleben, oder deren Gebrauch Dritte schädigt oder wesentlich in Mitleidenschaft zieht.

Wie weit die gegenwärtige Drogenpolitik (gegenüber den illegalen Drogen) von einem ganzheitlichen Denken entfernt ist, zeigt die "Konzeption der Länder zur Bekämpfung der weiteren Verbreitung von Drogen, Drogensucht und Drogenkriminalität sowie zur Verstärkung der Hilfen für Drogensüchtige" (Sonderkonferenz 1990) der zuständigen Länderministerien. Danach ist das Ziel der Suchtvorbeugung: "totale Abstinenz im Hinblick auf illegale Drogen, selbstkontrollierte(r) Umgang mit 'legalen Suchtmitteln' (z.B. Alkohol, Tabakerzeugnisse) mit dem Ziel weigehender Abstinenz, bestimmungsgemäße(n) Gebrauch von Medikamenten" (Sonderkonferenz 1990, 6).

Die herrschende Drogendoppelmoral mit ihrem doppelbödigen Konzept von Selbstkontrolle findet hier ihren klarsten Ausdruck.

Abschließende Modelle einer alternativen Drogenkontrolle können an dieser Stelle nicht vorgestellt werden, wohl aber im Ausland praktizierte Modelle und vorläufige Überlegungen, die, auf dem Weg zur Abolition des Strafrechts im Drogenbereich, wichtige und realisierbare Teilziele darstellen bzw. formulieren.

Beispielhaft wird immer wieder auf das "holländische Modell" weitgehender Entkriminalisierung der Cannabis-Konsumenten Bezug genommen. Hier sind Besitz, Verkauf und Herstellung von weniger als 30 g Haschisch oder Marihuana entkriminalisiert, gegen den Cannabis-Verkauf in Jugendzentren, Koffieshops wird nicht mehr gezielt vorgegangen. Informationen des holländischen Gesundheitsministeriums zufolge bleibt der Konsum von Haschisch und Marihuana laut Untersuchungen trotz dieser de-facto-Entkriminalisierung des Cannabisgebrauchs seit einigen Jahren konstant (Ministerium für Gemeinwohl 1989, 1)
Der Handel findet heute "sichtbar" und damit kontrollierbar - für alle Beteiligten - in sogenannten Cannabis-Koffieshops (in Amsterdam gibt es ca. 300) und Jugendzentren statt; der Straßenhandel mit Cannabis in der Amsterdamer Innenstadt ist beinahe völlig verschwunden. Diese Politik scheint eine weitgehende Verkaufstrennung von "weichen" und "harten" Drogen erreicht zu haben. Koffieshops scheinen einen ähnlich normalen Charakter mit ebensolcher ökonomischer Bedeutung zu haben wie die "Kneipe". Eine Untersuchung über Koffieshops weist schließlich darauf hin, daß eine ziemlich problemlose Integration von Cannabis in die gesamte holländische Drogengengebrauchskultur erreicht worden ist (Jansen 1990).
Angesichts des europäischen Integrationsprozesses wird der Spielraum für die niederländische Regierung für einen drogenpolitischen Alleingang von den repressiver vorgehenden Nachbarstaaten allerdings immer mehr eingeengt (Silvis 1989). Daher muß jede drogenpolitische Veränderung im europäischen Kontext gedacht werden. Ebenso muß sich drogenpolitischer Widerstand europaweit organisieren (4).
Um die Begrenztheit und Selektivität der Opiatabgabe an nur Abhängige im Rahmen eines medizinisch legitimierten Kontrollmodells aufzuheben, hat Schmidt-Semisch (1990) "Überlegungen zu einem legalen Zugang zu Heroin für alle" angestellt. Er diskutiert einen legalen Zugang zu Heroin eben auch für gelegentliche oder kontrollierte Gebraucher und Neueinsteiger. Er kommt zu dem Ergebnis, daß eine Legalisierung jenseits von Konsumverbot und Konsumgebot die gesellschaftlichen Voraussetzungen für alle Konsumenten verändert und eine realistische Perspektive für eine Heroin-Kultur eröffnet. Innerhalb dieser Kultur können Drogenerfahrungen ausgetauscht und durch Regeln Sicherheit, Halt und Orientierung im Umgang mit Heroin vermittelt und verstärkt werden. Diese bereits in Ansätzen bestehenden Selbstregulierungskräfte einer drogenkonsumierenden Kultur sind bisher sowohl in der Drogenarbeit als auch in der Drogenpolitik völlig vernachlässigt worden.
Um die Wirkungen einer Entkriminalisierung im Hinblick auf die Zunahme des Gebrauchs ansatzweise prognostizieren zu können, bedarf es noch einer umfangreichen historischen und prospektiven Forschung, die

verschiedene Szenarien für eine Abschaffung des Strafrechts im Drogenbereich entwickelt. Pilgram (1980, 507ff) hat dafür folgende, überschriftenartig zusammengefaßte "Grundsätze einer rationalen Drogenpolitik" aufgestellt:

1. Einschluß legaler Drogen in die drogenpolitischen Überlegungen.
2. Differenzierung zwischen den Drogen - wider die Moral als drogenpolitisches Kriterium.
3. Klärung der Kontrollkriterien - wider ein Gesundheitsdiktat in der Drogenpolitik.
4. Kontrolle der Drogenwirtschaft - wider ein drogenpolitisches Laisserfaire.

Insbesondere der letzte Aspekt erscheint wichtig, um nicht das Konsumverbot in ein Konsumgebot umzukehren (Marzahn 1983).

ALTERNATIVE FORMEN DER DROGENKONTROLLE

Wenn Kreuzers Annahme zutrifft, daß das "Strafrecht insgesamt wenig Einfluß auf Ausmaße des gesamten Umgangs mit Suchtmitteln hat" (Kreuzer 1989b, 49), seine Rolle und Wirksamkeit in der Drogenpolitik also überschätzt wird (Pilgram 1980, 507), dann muß gefragt werden, wie das Ausmaß und die Dynamik des Gebrauchs bestimmter Drogen sonst zu erklären bzw. zu beeinflussen sind. Die Ätiologie des Drogenverhaltens in unserer Gesellschaft und bei dem Einzelnen bringt zwar eine Vielzahl von Erklärungsansätzen hervor: Kompensation von Sinnleere, Ausdruck von Ohnmacht angesichts ökologischer und militärischer Katastrophen, Identitätsgewinn in der Drogenszene, Erlebnis von Gefühlssensationen, Drogen als Selbsterfahrungsmedien und Emanzipationssymbole, Hilfen bei der Bewältigung und dem Ertragen des Alltags schlechthin. Welche Erklärung individuell und kulturell auch die größte Aussagekraft haben mag, das Strafrecht ist relativ wirkungslos in der Kontrolle und der Steuerung des Drogenverhaltens. Drogenkontrolle muß sich angemessenerer, für den Einzelnen und die Gesellschaft weniger schädlicher Mittel bedienen, um Drogenverhalten zu beeinflussen. Neben der Prävention kommen der Förderung und Stützung selbstregulierender Kräfte und den alternativen Kontrollen entscheidende Bedeutung zu.

Unsere Ängste gegenüber einem legalen und kontrollierten Zugang zu heute verbotenen Drogen rühren vor allem daher, daß wir einen enormen Anstieg des Konsums und die Einbindung der Produktion in eine ausschließlich profitorientierte Wirtschaft befürchten. Diesen Ängsten muß

mit den bereits angedeuteten wissenschaftlich begründeten Szenarien begegnet werden.
Zwei Effekte jedoch sind in diesen Szenarien besonders schwer zu kalkulieren und werden allzuoft ganz übersehen: Das sind 1. die positiven Selbstregulationsmechanismen der Drogengebraucher und der Drogenkultur und 2. alternative gesellschaftliche Kontrollmöglichkeiten.
Zu 1. Wir setzen an die Stelle der Herausnahme des Strafrechts nur die dominanten negativen Kräfte und blenden individuelle und kulturelle, zum Teil bereits bestehende Regulierungspotentiale systematisch aus. Dies ist ein Resultat auch unseres Objekt-Denkens in bezug auf die Konsumenten illegaler Drogen, deren subjektiv-gestaltende Kräfte wir ständig verleugnet haben. Wir haben ihnen die Opfer- und Krankenrolle zugeschrieben, die wenig Eigenverantwortung beinhaltet: "Oft wird der Widerspruch, daß jemand, der die Kontrolle verloren hat, selbstverantwortlich Ziele erreichen können soll, zugunsten der lebenslangen Kontrolle aufgelöst. Nach der Devise, Vertrauen ist gut, Kontrolle aber besser, wird oft eine lückenlose Behandlungskette um den Süchtigen gelegt, deren Glieder 'Selbstkontrolle' und 'Fremdkontrolle' heißen. Viele der üblichen Vorgehensweisen zeugen davon, daß es im Suchthilfesystem mit dem Zutrauen in die Eigenverantwortlichkeit und die Kompetenz der Klienten, eigene Ressourcen zu aktivieren und dauerhafte Lösungen zu finden, nicht zum besten steht" (Eberling 1989, 31f). Dieser tendenziell entmündigende Denk- und Behandlungsansatz gegenüber Gebrauchern illegaler Drogen ist vielleicht auch als "Spätfolge" unseres "Gedankengefängnisses" (Quensel) zu betrachten, indem wir diese prohibitive Ordnung für quasi naturgegeben hinnehmen. Eine aus der Prämisse der Notwendigkeit des Drogenverbots heraus entstandene Sicht kann natürlich nicht akzeptierend auf die in den Drogensubkulturen entwickelten Regeln, Werte und Normen und die (unterschiedlichen) subkulturellen und sozialen Bedeutungen des Gebrauchs bestimmter Drogen eingehen und diese in die Drogenarbeit mit einbeziehen. Diese Blockade kennzeichnete auch die traditionelle Drogenarbeit, die - abstinenzorientiert - der Kommunikation und der Kompetenz Betroffener wenig Beachtung schenkte. Etwa die Kompetenz betreffs Entzug: Die meisten Gebraucher machen im Laufe ihrer Drogenkonsumphase viele Entzüge, um sich herunterzudosieren oder damit die Venen sich regenerieren können. Diese Betroffenenkompetenz könnte durch kundige Anleitung unterstützt und verbreitet werden (wie etwa MDHG 1987). Weitere Beispiele für Selbstregulationen wären die gelegentlichen oder kontrollierten Gebraucher: Mit Hilfe welcher Regeln und Normen schaffen sie es, den Gebrauch immer wieder vor dem Auftreten von Entzugssymptomen zu unterbrechen? Das Phänomen dieses Gebrauchsmusters wurde erst in den letzten Jahren wahrgenommen, obwohl es sicherlich schon lange

existiert. Oder die sogenannten Selbstheiler: Wie kann Drogenarbeit und Drogenpolitik diese Prozesse des selbstgewählten Ausstiegs fördern? Schließlich muß die Selbstorganisation Betroffener erwähnt werden: Wie kann der bereits stattfindende Prozeß dieser Selbstorganisation unterstützt werden? Wie kann diese Selbstorganisation in die Drogen- und AIDS-Arbeit einbezogen werden? Insbesondere in der AIDS-Prävention kann die Integration Betroffener mit ihren authentischen Erfahrungen und ihrem Wissen wertvoll und unersetzbar sein. Zum Beispiel in der Verbraucherberatung über verschiedene Konsumformen: Ist nicht dringend eine moralfreie Verbraucherberatung über die Folgen bestimmter Einnahmeformen und über die Vermeidung von Risiken etwa bei der Injektion von Drogen (vgl. Berliner AIDS-Hilfe 1990) vonnöten?

Zu 2. Alternative Kontrollen: Mit dem Schlagwort Legalisierung wird zumeist die völlig freie Erhältlichkeit aller Drogen assoziiert. Diese verkürzte Sichtweise blendet jedoch die Anwendung bereits bestehender Kontrollformen in bezug auf eine eingeschränkte Verfügbarkeit heute legaler Drogen aus (vgl. Scheerer/Vogt 1989, 30ff): Tatsächlich gibt es ein weites Spektrum an Einschränkungen der Zugänglichkeit. Vom Verkehrs- und Verschreibungsverbot zur Verschreibungsmöglichkeit mit Sonderrezeptpflicht (im Betäubungsmittelgesetz), über Verschreibungs- und Apothekenpflichtigkeit (im Arzneimittelgesetz) zur freien Zugänglichkeit zu Drogen mit eingeschränkter Zugänglichkeit für bestimmte Konsumentenkreise (etwa Jugendliche in entsprechenden Schutzbestimmungen). Über diese formellen Zugänglichkeitskontrollen hinaus existieren jedoch auch noch andere Möglichkeiten der Gesellschaft zur Beeinflussung der Motivation von Konsumenten: Preisgestaltung, sachgerechte Aufklärung über Chancen und Risiken oder informelle Reaktionen auf als unerwünscht oder störend empfundenen Drogengebrauch (wie etwa gegenüber Tabak heute; vgl. Hess 1989, 154ff). Insbesondere diese informellen Reaktionen sind in der Lage, Bedeutungs- oder Imageveränderungen des Drogenkonsums zu initiieren oder zu unterstützen.

Anmerkungen

(1) Mehr als 90 Prozent der abhängigen Straftäter erhalten Jugend- oder Freiheitsstrafen, während dies im Durchschnitt aller Straftäter nach dem BtMG nur bei rund 33 Prozent der Fall ist (BT-DS 1989, 25).

(2) Den Berechnungen liegt eine Stichprobe von 20 Einrichtungen mit insgesamt 3.361 Drogengebrauchern zugrunde. Die durchschnittliche Abbruchquote der Männer

betrug vor 1982 62 Prozent. Nach 1982-86 stieg sie um 7,1 Prozent . Bei den Frauen lag sie vor 1982 bei 59,2 Prozent vor 1982 und stieg auf 76,3 Prozent nach 1982.

(3) Vgl. die stark variierende Einstellungspraxis der einzelnen Bundesländer (in: Deutscher Bundestag 1989, 15).

(4) Im März 1989 hat sich die "Internationale Liga gegen die Prohibition" in Brüssel gegründet, deren Ziel die Abschaffung der Strafgesetze ist, die den Gebrauch und den Verkehr mit bestimmten Drogen verbieten. Die Liga gibt mittlerweile eine Zeitschrift heraus: "The Anti-Prohibitionist Review" (Herausgeber: Anthony Henman, Brüssel).

Literatur

Advisory Council on the Misuse of Drugs: AIDS and drug misuse. Part 1 and 2. Department of Health and Social Security, London 1988/89

Akzept e.V. - Bundesverband für akzeptierende Drogenarbeit und humane Drogenpolitik: Memorandum: Zur aktuellen drogenpolitischen Debatte in der Bundesrepublik Deutschland. Berlin (Eigenverlag) 1990

Becker, M./van Lück, W.: Die Therapievorschriften des Betäubungsmittelgesetzes. Eine Effektivitätsanalyse. Freiburg 1990

Behr, H.-G.: Eurobull im Rausch der Drogen. In: die tageszeitung v. 19.5.1990, S. 12f

Berliner AIDS-Hilfe: Gesundheitstips für DrogengebraucherInnen. (Flugblatt) 1990

Berridge, V.: AIDS und die britische Drogenpolitik: Die Geschichte wiederholt sich. In: Kriminalsoziologische Bibliografie, H.63/64 1989, S. 131ff

Böllinger, L.: Drogenrecht, Drogentherapie. Frankfurt 2. Aufl. 1987

Bossong, H.: Drogenpolitik seit AIDS: Strategien deutscher Drogenhilfe. In: Kriminalsoziologische Bibliografie H. 63/64, 1989a, S. 65ff

Bossong, H.: Möglichkeiten und Grenzen der Methadonsubstitution. In: Bossong, H./Stöver, H.: Methadon. Chancen und Grenzen der Substitutionsbehandlung. Berlin 1989b, S. 8f

Bschor, F.: Strategien der Behandlung Drogenabhängiger in Großbritannien. In: Die Berliner Ärztekammer, H. 10/1980, S. 465ff

Bühringer, G.: Die juristischen Maßnahmen sollen so gestaltet werden, daß Drogenabhängige möglichst früh therapeutisch erreicht werden und der Strafvollzug weitgehend vermeidbar wird. In: Adams, M. u.a.: Drogenpolitik. Freiburg 1989, S. 19ff

Bundesregierung: Nationaler Rauschgiftbekämpfungsplan. Entwurf v. 6.2.90. Bonn 1990

Derks, J.: The efficacy of the Amsterdam morphine dispensing program. Paper presented at the conference "Responding to drug problems, an Anglo-Dutch debate". The Royal Society of Medicine, London, september 15/16 1988.

Deutsche AIDS-Hilfe: Memorandum: Zur aktuellen drogenpolitischen Debatte in der Bundesrepublik Deutschland. Berlin (Eigenverlag) 1990

Deutscher Bundestag: Bericht der Bundesregierung über die Rechtsprechung nach den strafrechtlichen Vorschriften des Betäubungsmittelgesetzes in den Jahren 1985-1987. BT-DS 11/4329, v. 11.4.89

DHS - Deutsche Hauptstelle gegen die Suchtgefahren: Drogenhilfe und Drogenpolitik. (Manuskript) 2.5.1990

Die Grünen im Bundestag: Abrüstung im Drogenkrieg. Entkriminalisierung des Drogenkonsums, Verringerung der Kriminalität und Förderung von Hilfsangeboten. Deutscher Bundestag, DS 11/4936, v. 10.7.1989

Eberling, W.: Problem Sucht, Suchtprobleme - Suche nach neuen Lösungen durch systemische Perspektiven. In: Buchholtz, F. (Hrsg.): Suchtarbeit: Utopien und Experimente. Freiburg 1989, S. 25ff

Eberth, A.: Verbesserung und Modifizierung des Drogenrechts, insbesondere der Therapievorschriften im 7. Abschnitt des BtMG. Entkriminalisierung des süchtigen Verhaltens. In: Adams, M. u.a.: Drogenpolitik. Freiburg 1989, S. 29ff

Eisenbach-Stangl, I.: Drogenpolitik in den 80er Jahren: Drogenkrieg und AIDS. In: Kriminalsoziologische Bibliographie H. 63/64, 1989, S. 3ff

FDR: Resolution zum Bundesdrogenkongreß. In: Weser-Kurier, Bremen, v. 1.6.90

FDR - Fachverband Drogen- und Rauschmittel: Zur Novellierung des Betäubungsmittelgesetzes. (Eigendruck) 1989

Franke, M.: Verstärker-(Booster) Programm zur Drogenpolitik. Unveröff. Manuskript, Bonn 1988

Freie und Hansestadt Hamburg: Bundesratsbeschlüsse zum Betäubungsmittelgesetz. (Manuskript) 1990

Fuchs, W.J.: Stand und Perspektiven der Methadonvergabe in der Schweiz. In: Bossong, H./Stöver, H.: Methadon. Chancen und Grenzen der Substitutionsbehandlung. Berlin 1989, S. 66ff

Hartwig, K./Pies, I.: Drogen vom Staat. Plädoyer für eine ökonomisch fundierte Politik. In: Die Zeit v. 3.3.1989, S. 95

Hess, H.: Tabak. In: Scheerer, S./Vogt, I. (Hrsg.): Drogen und Drogenpolitik. Frankfurt/M. 1989

Huber, B.: Drogengebrauch und Strafverfolgung in Großbritannien. In: Völger, G. (Hrsg.): Rausch und Realität. Drogen im Kulturvergleich. Köln 1981, S. 662ff

Jansen, A.C.M.: Cannabis und das "Abkommen von Schengen" aus niederländischer Sicht.(Manuskript) Amsterdam 1990

JES: An die Nationale Drogenkonferenz zur Verabschiedung des Nationalen Rauschgiftbekämpfungsplans. (Offener Brief) Berlin, 1990

Kleiber, D.: AIDS und Drogen: Erste Ergebnisse einer differentiell-epidemiologischen Untersuchung. In: Suchtgefahren 4/1988, S. 317f

Kreuzer, A.: Therapie und Strafe. Versuch einer Zwischenbilanz zur Drogenpolitik und zum Betäubungsmittelgesetz von 1981. In: Neue Juristische Wochenzeitschrift, H. 24/1989a

Kreuzer, A.: Was sollte an der Drogengesetzgebung in der Bundesrepublik Deutschland geändert werden? In: Buchholtz, F. (Hrsg.): Suchtarbeit: Utopien und Experimente. Freiburg 1989, S. 43ff

Marzahn, Chr.: Plädoyer für eine gemeine Drogenkultur. In: Beck, J. u.a. (Hrsg.): Das Recht auf Ungezogenheit. Reinbek 1983, S. 105ff

MDHG: Op eigen houtje afkicken. Amsterdam (Eigenverlag) 1987

Ministerium für Gemeinwohl, Gesundheit und Kultur: Informationen über die Niederlande. Drogenpolitik. Rijswik 1989

Pilgram, A.: Grundsätze einer rationalen Drogenpolitik. In: Mader, R./Strotzka, H. (Hrsg.): Drogenpolitik zwischen Therapie und Strafe. Wien 1980, S. 507f

Pommerehne, W.W./Hartmann, H.C.: Ein ökonomischer Ansatz zur Rauschgiftkontrolle. In: Jahrbuch für Sozialwissenschaft 31/1980, S. 102ff

Quensel, S.: Drogenelend. Frankfurt 1982

Raschke, P./Schliehe, F.: Therapie und Rehabilitation bei Drogenabhängigen - Langzeitstudie am Beispiel des Hammer Modells. In: Minister für Arbeit, Gesundheit und Soziales des Landes NRW (Hrsg.). Düsseldorf 1985

Scheerer, S./Vogt, I.: Drogen und Drogenpolitik. In: Dies. (Hrsg.): Drogen und Drogenpolitik. Frankfurt/M. 1989, S. 5ff

Schlömer, H.: Probleme drogenspezifischer Primärprävention - Thesen. In: Jusos: Werkstattgespräch Drogenpolitik. Drogenschutz für junge Menschen - aber wie? Auf der Suche nach neuen Wegen in der Drogenpolitik. Bonn (Eigenverlag) 1991

Schmidt-Semisch, H.: Überlegungen zu einem legalen Zugang zu Heroin für alle. In: Krimonologisches Journal, H.2/1990, S. 122ff

Seidenberg, A.: Chancen einer diversifizierten "Opiat"-Abgabe. In: Die Kette 15/1989, S. 6ff

Silvis, J.: Legalisierung der Drogen?. Tagung Tutzing 5.-7.5.1989 (Manuskript).

Sonderkonferenz der Innen-, Justiz-, Jugend-, Kultus- und Gesundheitsminister: Konzeption der Länder zur Bekämpfung der weiteren Verbreitung von Drogen, Drogensucht und Drogenkriminalität sowie zur Verstärkung der Hilfen für Drogensüchtige. 30.3.1990 Bonn

Stimson G./Oppenheimer, E.: Heroin Addiction, Treatment and Control in Britain. London 1982

Stöver, H.: Substitution und AIDS. In: Bossong, H./Stöver, H. (Hrsg.): Methadon. Chancen und Grenzen der Substitutionsbehandlung. Berlin 1989, S. 46ff

Thamm, B.G.: Drogenfreigabe - Kapitulation oder Ausweg?. Hilden 1989

Trautmann, F.: Methadon in Amsterdam. In: Bossong, H./Stöver, H.: Methadon. Chancen und Grenzen der Substitutionsbehandlung. Berlin 1989, S. 73ff

Autorinnen/Autoren

Helmut Ahrens, Soziologe
Deutsche AIDS-Hilfe
Nestorstr. 8-9, 1000 Berlin 31

Rolf Bergmann, Dipl.-Sozialarbeiter u. Dipl.-Pädagoge
Drogenberatung Tiergarten
Zwinglistr. 4, 1000 Berlin 21

Werner Hermann,
Mitarbeiter von JES (Junkies, Ehemalige, Substituierte)
Deutsche AIDS-Hilfe
Nestorstr. 8-9, 1000 Berlin 31

Vera Kalinna, Dipl.-Soziologin
Drogenberatung Tiergarten
Zwinglistr. 4, 1000 Berlin 21

Sabine Michaelis, Sozialpädagogin und Juristin
Kommunale Drogenpolitik/Verein f. akzeptierende Drogenarbeit e.V.
Kreuzstr. 29, 2800 Bremen 1

Dr. Ingo Ilja Michels, Soziologe
Deutsche AIDS-Hilfe
Nestorstr. 8-9, 1000 Berlin 31

Helmut Oppermann, Mitarbeiter im Verein Kommunale Drogenpolitik/Verein für akzeptierende Drogenarbeit e.V.
Kreuzstr. 29, 2800 Bremen 1

Prof. Dr. jur. Stephan Quensel
Universität Bremen FB 9
Postf. 330 440, 2800 Bremen 33

Hermann Schlömer,
Lehrer und Dipl.-Psychologe
Drob-Inn Hamburg
Nöltingstr. 33, 2000 Hamburg 50

Klaus Schuller,
Dipl.-Sozialwissenschaftler
Kommunale Drogenpolitik/Verein für akzeptierende Drogenarbeit
Plöner Str. 10, 2800 Bremen 1

Dr. Werner Steffan,
Dipl.-Sozialwirt
Holzschuherstr. 20, 8500 Nürnberg

Heino Stöver,
Dipl.-Sozialwissenschaftler
ARCHIDO (Archiv und Dokumentationszentrum für deutschsprachige Drogenliteratur)
Universität Bremen FB 9
Postf. 330 440, 2800 Bremen 33

Franz Trautmann, Dipl.-Pädagoge
Mitarbeiter des Projekts "AIDS und Drogenkonsum" am NIAD (Niederländisches Institut für Alkohol und Drogen)
Postbus 725, NL-3500 AS Utrecht

Willi Wambsganß,
Dipl.-Sozialwissenschaftler
Kommunale Drogenpolitik/Verein für akzeptierende Drogenarbeit
Kreuzstr. 29, 2800 Bremen 33